최소한의 중동 수업

세계 변화의 중심,
이슬람 세계의 모든 것

THE ESSENTIAL GUIDE TO THE MIDDLE EAST

최소한의 중동 수업

장지향 지음

시공사

추천의 말

✦

2022년 11월 사우디아라비아 왕세자 무함마드 빈 살만이 방한한 이래 '신新중동 붐'이라는 말이 유행어가 되었다. 특히 왕세자가 내로라하는 우리나라 그룹 총수들과 환담하는 모습은 "아, 역시 사우디아라비아가 대단한 나라구나. 한곳에 모이기 힘든 재계 거물들이 한걸음에 달려오다니!" 하는 탄성이 나올 정도로 깊은 인상을 남겼다. 하지만 거기까지다. 중동이라고만 하면 우리는 1970년대 '쿠웨이트 박'이 대변하는 중동 건설 노동자들의 땀과 노력과 눈물을 빼놓지 않고 이야기하지만, 사실 중동이 어떤 곳인지 모른다. 해방 이후 서양 중심적인 교육과정에 몰입하다 보니 중동을 제대로 배우지 못했다. 국민 대다수는 중동에 문외한인 데다가 전문가도 손가락으로 꼽는다. 이렇게 제대로 된 도움도 없이 중동에 뛰어들어 사업으로 돈을 번 우리 기업은 정말 대단하다. 그런데 언제까지 이런 상황을 끌고 갈 수는 없지 않은가? 번역서 아닌 우리나라 전문가의 손으로 쓴 책이라도 한 권 있어야 하지 않겠는가? 장지향 박사의 《최소한의 중동 수업》이 고마운 이유다. "오랫동안 고민해 직접 만든 명쾌한 프레임"으로 중동을 이해하려 한 저자가 "중동을 꿰뚫는 합리적이고 논리적인 분석의 시간에 오신 것을 환영합니다"라고 우리를 초대한다. 국제정치학자가 큰 틀에서 본 중동의 이야기는 조각조각 순간순간만 바라봐온 우리에게 새로운 시각과 지식이 무엇인지를 보여줄 것이다. 저자의 연구 노력에 비해 책이 늦게 나왔지만 그만큼 신선하고 새롭다. 함께 읽으면서 '이웃 나라'처럼 친근하게 중동을 느껴보자.

박현도(서강대학교 유로메나연구소 대우교수)

우리나라에서 중동에 대한 관심은 커지고 있다. 하지만 중동을 이해하기란 쉽지 않다. 우리나라와 멀리 떨어져 있어 거리감부터 느껴지는 게 사실이다. 역사, 문화, 종교, 심지어 사람 이름까지 우리에게는 많이 낯설다. 그렇기 때문에 중동을 '이해하는 방법'에 초점을 맞춘 《최소한의 중동 수업》은 특별한 가치를 지닌 책이자 우리에게 꼭 필요한 책이다. 어렵고 딱딱한 방식이 아니라 따끈따끈한 이슈를 바탕으로 현실적이면서도 정확한 설명으로 풀어나가는 매력을 지녔다.

국제정치학을 전공한 저자는 미디어와 대중에 적극적으로 중동을 알려왔다. 연구를 위한 연구, 나아가 재미없거나 현실과 동떨어진 연구와는 거리가 먼 학자다. 저자가 중동을 현재와 미래의 시각으로 보려 노력해왔고, 이것을 친절하게 설명하고 있다는 것을 알기에 더욱 이 책에 손이 간다.

이세형〈채널A〉 정책기획팀장·국제부 차장)

　현대 중동처럼 예측하기 어려운 대상을 공부하는 사회과학자의 입장은 전혀 부러워할 만한 것이 아니라고 생각했다. 특히 거대한 전 지구적 환경이 격렬하게 변하고 있는 오늘날은 더더욱 그러하다. 그럼에도 불구하고 지금의 중동을 창의적이고 재미있게 다루는 사회과학적 교양서도 가능함을 보여준 것이《최소한의 중동 수업》이었다.

　장지향 박사는 이 책을 통해 복잡한 중동을 정치학적으로 분석하면서도 알기 쉽고 깊이 있게 설명함으로써 종합적인 이해를 가능하게 한다. 박식한 저자는 많은 정보를 제공하면서도 접근성 있게 청중과 소통하고 있다. 국제 관계와 국내 정치 구조의 맥락에 대한 설명과 중동 국가와 집단의 다양한 입장 고려, 박진감 있는 발 빠른 전개 등이 크게 눈에 띈다. 특히 책에서 언급하는 사람들 모두가 주어진 환경 속에서 살아남으려 애쓰는 인간임을 느끼게 해주는 차분하고도 따뜻한 저자의 시선이 가장 마음에 들었다.

이은정(서울대학교 동양사학과 교수)

　《최소한의 중동 수업》은 복잡한 중동 정치를 알기 쉽게 풀이함으로써 그곳에서 일어나는 빠른 변화를 이해하는 데 훌륭한 입문서 역할을 하고 있다. 얽히고설킨 현실을 분석하는 데 있어 다양한 민족과 종교, 종파로 어우러진 그곳의 사람들을 잊지 않는다. 장지향 박사는 최근의 변화를 침착하게 설명하면서 낡은 전통에서 벗어나 민주화·세계화의 길을 궁리하는 중동의 초기 리더십을 평가한다. 저자가 객관성을 명료하게 유지하는 덕분에 독자는 스스로 더 배우고 조사하며 미디어에서 쏟아져 나오는 자료를 다시 평가하도록 독려받는다. 무엇보다 무함마드 빈 살만 사우디아라비아 왕세자에 대한 분석은 서구의 진부하고 뻔한 평가와 사뭇 구별되므로 한국 독자의 눈을 뜨게 할 것이다.

조셉 케시시안(킹파이잘 이슬람연구센터 선임연구위원)

프롤로그

우리가 '아는' 중동은 없다

왜 중동 공부를 택했냐는 질문에 지금까지 6경京 번 정도 답한 것 같습니다. 다른 나라를 향한 호기심이 많아 외국어를 공부하는 대학교에 들어갔고, 졸업 후에는 정치학 박사 공부를 이어가고자 미국의 텍사스 오스틴 대학교로 떠났습니다. 중동학 전공자는 주로 중동 현지나 유럽에서 문학이나 역사를 공부하는 게 추세였지만, 저는 미국에서 정치학을 제대로 공부하고 싶었습니다. '복잡하고 아리송한 중동'이라는 꼬리표가 싫었나 봅니다. 유학길에 오를 때는 중동과 텍사스의 석유산업을 비교하거나 국제 석유 정치학 분석 쪽으로의 연구를 계획했습니다. 그러나 결국 '이슬람 정치 세력의 온건화 과정에서의 이슬람 자본의 역할'로 논문을 써 박사 학위를 받았습니다.

동양 여성으로 중동의 이슬람 세계를 공부하고 인정받는 게 쉽지는 않았습니다. 학위 취득 후 치열한 취업 시장에서의 제 경쟁 상대는 백인 남성과 중동 출신 남성이더군요. 박사과정 중에 중동으로 현지 조사를 갔을 때도 어려움이 많았습니다. 보수적인 중동 사회에서 고위직 인사는 대부분 남성이었는데, 그들은 여성 박사과정생의 인터뷰 요청을 흔쾌히 받아들이지 않았습니다. 영문 이름만으로 제 성별을 파악 못 했다가 막상 제가 눈앞에 나타나자 당황해하는 그들을 보면서 어떻게 화기애애한 대화를 이끌어가야 할지 늘 난감했습니다. 처음 만난 순간 악수를 먼저 청할까 말까를 결정하는 것부터 도전의 연속이었지요. 외국 여성이 악수를 청할 때 많은 무슬림 남성이 거절의 표시로 자기 손을 가슴에 가져다 대고 톡톡 두드리기도 합니다. 하지만 이런 수고로움은 외국 남성이 무슬림 여성과 이야기를 나눌 때의 어려움에 비하면 아무것도 아닌 듯했습니다.

남성 학자가 못 하는 일을 저는 할 수 있었는데, 중동 이슬람 세계의 여성과 자유롭게 교류하는 것이었습니다. 그 덕분에 중동 전체의 그림 퍼즐을 맞출 기회가 더 많았습니다. 물론 검은 아바야abaya(검은 망토 모양의 의상)를 입고 히잡hijab(머리와 목 등을 가리고자 쓰는 두건의 일종)에 니캅niqab(눈 주위를 제외한 나머지 얼굴 전체를 가리는 일종의 얼굴 가리개)까지 쓴 무슬림 여성 지인을 구분하는 게 꽤 어렵기는 했습니다. 함께 있는 아이나 들고 있는 핸드백, 조금 가까운 거리라면 상대방의 눈을 유심히 관찰하면 구분할 수 있다고 했으나 그래도 어렵습니다. 현지 무슬림에게도 쉽지 않은 과제라네요.

박사 학위를 소지하고 싱크탱크 센터장으로 일하게 되면서 무슬림 남성도 제가 외국 여성임에도 바삐 돌아가는 세계정치 이야기를 함께 나누며 열띤 토론을 하고 싶어 하더군요. 한국으로 돌아와 아산정책연구원에서 일하면서 수시로 떠난 중동 출장에서 무슬림 남성들과의 업무 교류가 크게 어렵지는 않았습니다. 첫 만남에서 먼저 손을 내밀어 인사를 청할 것인가 말 것인가를 결정하는 갈림길에서 빠르고 슬기롭게 대응하지 못했더라도요. 물론 히잡을 자주 써야 하는 불편함은 있습니다. 머리를 덮는 스카프는 작은 움직임에도 자연스레 흘러내립니다. 중동의 여성 공중화장실에서는 무슬림 여성이 화장실 거울 앞에서 머리핀 10여 개를 입에 문 채 머리카락과 히잡 사이 여러 곳을 한 땀 한 땀 꼼꼼히 찌르는 것을 볼 수 있습니다. 히잡이 흘러내리는 것을 방지하는 비책이지요. 히잡을 머리에 쓰면 천으로 덮인 부위가 뜨거워지면서 가렵기도 합니다. 그러고 보면 머리카락이 이성을 유혹하는 씨앗이라며 꽁꽁 싸매고 덮는 게 자연스럽지만은 않은 일인 듯합니다.

과거와 달리 오늘날 중동의 여러 나라가 깜짝 놀랄 만한 변혁으로 꿈틀거립니다. 국가 체질 개선을 노린 파격적인 개혁을 시작하면서 빠른 사회 개방과 여성 인권 도모로 주목받고 있습니다. 미국의 셰일 에너지자원 개발에 따른 재정 위기설이 크게 대두됐지만, 무엇보다 젊은 세대의 인식 변화가 이 모든 변혁의 가장 큰 원인입니다. 어디든 세대차가 있겠지만, 걸프 산유국만큼 세대 간 격차가 큰 곳도 없습니다. 사막 유목 생활을 하던 부모 세대와 달리, 석유 개발이 본격화된 이후에 태어난 세대는 소위 '만수르'나 '억수르' 급의 부를 어색해하지 않을뿐더러 최첨단 정보통신기술로 무장한 일상을 보냅니다. 그러다 보니 전통이 지닌 권위와 가치를 추구하기보다는 자기표현의 욕구에 더 충실하다고 합니다. 갑자기 여성의 지위가 올라가니 남성이 싫어하지 않느

냐고요? 그렇지 않습니다. 사회에서 여성의 자유를 옭아맬 당시의 불편함과 부당함은 물론, 비싼 비용이 남성에게도 오롯이 부과됐습니다. 아내와 딸이 어디를 갈 때마다 남성이 동반해야 했으니까요.

사우디아라비아, 아랍에미리트United Arab Emirates, UAE, 카타르, 쿠웨이트 등 걸프 산유국으로 출장을 갈 때마다 부자 나라의 '스펙'에 종종 압도됩니다. 아랍에미리트 대통령이자 아부다비 통치자인 무함마드 빈 자이드 알 나흐얀Mohammed bin Zayed Al Nahyan의 친동생이 바로 우리에게 부자의 상징으로 알려진 만수르 빈 자이드 알 나흐얀Mansour bin Zayed Al Nahyan이지요. 아랍에미리트 부통령이며 잉글랜드 프로 축구팀 맨체스터 시티 FCManchester City Football Club의 구단주이기도 합니다. 2012년 아랍에미리트 출장 때 당시 공군 장군 출신과의 격식 없는 미팅이 잡혀 기다리고 있었는데, 그 장군이 흰색 벤츠를 타고 우리 팀을 데리러 왔습니다. 흰색 가죽 시트에 안마 시스템까지 장착된 차 내부를 보며 내심 감탄하는데 오늘따라 초라한 차만 남았다며 거듭 미안하다고 하더군요. 아랍에미리트의 중산층 이상의 가정은 열 대 이상의 차를 보유한다고 합니다. 미안함이 컸는지 장군이 에미리트 팰리스 호텔 복도에 있는 금 자판기에서 우리에게 준다며 금 선물을 뽑을 때 기겁했던 일이 기억납니다.

중동은 우리가 생각했던 것보다 더 빠르게 변하고 있습니다. 걸프 산유국이 전례 없는 개혁 행보에 나서고 있고 아랍 국가와 이스라엘이 아브라함의 이름으로 데탕트를 선언했습니다. 동시에 지역 '헤게모니'와 세계 패권을 놓고 중동 전역에서 역내·역외 나라끼리 불꽃 튀는 각축전을 벌입니다. 사우디아라비아와 이란, 튀르키예가 서로 눈치 싸움에 한창이고, 미국 매파와 이란 강경파가 요란한 탐색전으로 격돌하는 과정에서 미국의 가치와 러시아의 의리가 정면으로 대치합니다. 미국의 탈중동 움직임이 가시화하자 중국은 재빠르게 틈새를 노립니다. 요동치는 지정학의 한가운데서 어제의 적이 오늘의 동맹이 되기도 합니다. 중요한 것은 국가 간 상호작용을 분석할 때 반드시 개별 국가 내부의 렌즈로 봐야 한다는 데 있습니다. 그리고 이러한 변혁과 격변의 배후에 중동 'MZ 세대'의 꿈과 상식이 자리하고 있음을 눈여겨봐야 합니다. 요즘 중동에서도 세대 격차 문제가 심각한 모양입니다. 특히 MZ 세대 중 일부는 폭력적 극단주의에 경도되어 자신이 비판했던 권위주의적인 지도자보다 더 무능하고 괴물 같은 모습을 보이기도 합니다.

미국 정치학계에서 중동 정치 분야는 매우 중요한 영역입니다. 냉전 이후 미국 외교정책의 핵심이 공산주의 대신 이슬람 급진주의 봉쇄 기조로 바뀌었습니다. 무엇보다 2001년 미국 본토를 정면으로 겨냥한 알카에다alQaeda의 9·11 테러 발생 이후, 외교정책의 75% 이상이 중동과 이슬람 세계를 둘러싼 고민이었습니다. 20년 가까이 아프가니스탄과 이라크 전쟁에서 헤어나지 못한 미국은 전쟁에서 돌아온 젊은 병사들의 외상 후 스트레스 장애로 말미암은 심각한 사회문제에 시달렸습니다. 이라크 전쟁이 일어난 후 20년간 미국인 8천 명, 이라크인 27만 명 이상이 전쟁과 테러로 목숨을 잃었습니다. 목숨을 구했다 하더라도 외상 후 스트레스 장애로 자살하는 등 평범한 일상을 되찾지 못했고요. 미군뿐 아니라 전쟁고아가 된 이라크 아이들과 아부그라이브 교도소에 수감되어 미군에게 인간성을 짓밟힌 이라크 포로들도 전쟁의 참담한 비극적 결과라 할 수 있습니다. 미국의 신뢰도가 바닥에 떨어진 것은 말할 것도 없고요.

최근에는 극단주의 테러 조직 'ISIS Islamic State of Iraq and Syria'가 중동에서 미국의 발목을 잡았습니다. 미국의 중동 정책을 공부하며 우리나라의 외교정책 방향에 도움이 될 수 있겠다 싶었습니다. 미국 정부도 한미 간 동맹과 공조를 중요하게 여기지만 정치인에게는 자국 유권자의 선호가 우선입니다. 그런 이유로 한반도 의제가 중동과 이슬람 세계 정책에 어쩔 수 없이 밀리는 거지요. 따라서 우리는 미국의 외교정책 의제에서 어떤 이슈가 왜 우선순위를 차지하는지 정확히 파악해야 하는데, 이때 미국의 중동 정책 분석을 살피는 게 매우 중요합니다. 하지만 우리나라 학계는 중동 정치와 미국의 중동 정책 전공에 별 관심이 없어 보입니다. 이란의 핵 합의와 핵 개발, 리비아 핵 포기 모델, 시리아의 부자 세습 체제를 비교 연구해보면 교착상태에 빠진 한반도 위기를 돌파할 새로운 통찰을 얻을 수 있지 않을까요.

흔히 미국에서 공부했다고 하면 미국식 시각에 젖어 있다고 생각합니다. 미국식이라니, 너무 두루뭉술한 말입니다. 미국의 주립대학교는 특이한 구조입니다. 교수 대부분이 꽤 진보적인 성향인 데 반해 학생의 성향은 각 주의 특징을 따라가죠. 선거 결과를 보면 텍사스주 전체는 공화당의 상징인 붉은색으로 물들지만, 오스틴만 외로이 민주당의 푸른색 점으로 나타나고는 합니다. 텍사스 오스틴 대학교의 교수 대부분이 매우 자유분방하지만, 대대손손 남부 텍산(Texan, 텍사스 사람)의 후손인 학부 학생은 보수적입니다. 제 지도 선생님인 클레멘트 헨리 Clement M. Henry 교수는 보수적인 학생 단체에 의해 '좌파 이념으로 학생을 세뇌하는 교수' 명단에 단골로 올랐습니다. 그의 친親팔레스타인 시각 때문이었지요. '미국 학계에 미치는 정부의 영향력이 미국식 시각을 만든다'는 말이 있지만, 어쨌거나 공화당과 민주당의 중동 정책은 매우 다릅니다.

미국 주립대학교의 커리큘럼은 과학적 연구 방법과 양적 분석 기법을 지나치리만큼 강조합니다. 중동 정치를 전공하더라도 통계방법론은 의무적으로 공부해야 합니다. 물론 통계 기법을 사용해도 약 1년간의 현지 조사와 인터뷰는 당연히 완수해야 하고요. 전 튀르키예어를 구사할 수 있었지만, 중동 전체를 아우르며 큰 그림을 보고 싶어서 양적 분석 방법에 더 치중했습니다.

전 세계 변화의 중심인 '중동'에서 일어나는 역동성은 인간의 멈추지 않는 손익계산과 그에 따른 선택으로 봐야 가장 명쾌합니다. 그런데 인간이 자신의 이해관계를 확보하려고 행동하는 가운데 비합리적인 면을 자주 드러냅니다. 마음에서 불타오르는 합리적 선택의 욕구에도 불구하고 상식적이고 과학적인 판단과 결정이 얼마나 어려운지를 여실히 보여주는 것이지요. 이스라엘과 팔레스타인 간의 충돌을 해결하려는 과정에서 '평화'를 얻은 기쁨이 '영토'를 내준 박탈감을 상쇄할 수 있다고 여긴 것은 뼈아픈 실수였습니다. 중동의 굵직한 격변을 이해하려면 '티핑 포인트'와 '불가측성不可測性'에도 주목해야 합니다. 1979년의 '이란 이슬람혁명'과 2011년의 '아랍의 봄' 민주화 혁명을 아무도 예측할 수 없었는데, 이는 지극히 자연스러운 일입니다. 한쪽으로의 갑작스러운 쏠림을 일으키는 티핑 포인트에 이르기 직전까지 사람은 불안한 속마음을 끊임없이 저울질하며 선택의 순간을 미루기 때문이지요. 더구나 독재는 그 체제의 특성으로 별다른 전조 현상 없이 여느 때와 같은 정치 상황을 표면적으로 유지하다가 어느 순간 극적으로 무너집니다. 체제를 유지하려고 만든 억압과 감시 기제 때문에 오히려 체제의 몰락을 예고하는 포인트를 눈치챌 수 없다는 것이 독재의 아이러니입니다. 독재 체제하에서는 집권 세력조차 정확한 여론을 파악할 수 없기 때문이지요.

그럼에도 이 두 혁명을 두고 많은 이가 사후적으로 모두 다 예견된 사건이라고 하더군요. 심지어는 아랍의 봄 혁명을 예견하지 못한 학자는 자격이 없다며 학계를 떠나야 한다고 밝힌 기사도 있었습니다. 하지만 혁명은 예측할 수 없는 현상입니다. 만약 누군가 혁명의 발발과 권위주의 정권의 몰락이 언제 일어날지 정확히 예측했다면 신내림을 받았거나 거짓말을 한 것입니다.

지금까지 중동 정세에 관한 불편하고 막연한 주장에 지쳤다면 이 책이 새로운 길잡이가 될 수 있습니다. 진리 탐구는 과학을 통해 확실해지거든요. 논리 분석과 함께하는 중동 탐험의 길에 역사, 종교, 언어에 관한 세세한 지식은 필요 없습니다. 외우지 말고 멀리 바라보고 탐험하세요. 중동과 이슬람 세계를 이해하기 위해서는 우리에게 익숙하지 않은 문화와 역사를 어느 정도 알고 있어야 할 것 같다는 부담이 엄습합니다. 딱히 그럴 필요는 없습니다. 이스라엘 출신의 2002년 노벨 경제학상 수상자인 대니얼 카너먼Daniel Kahneman 교수가 2017년 노벨 경제학상 수상자인 리처드 세일러Richard H. Thaler 교수를 칭찬하면서 그의 장점은 바로 게으름이라고 했습니다. 세일러가 여러 가지 작은 디테일에 신경을 쓰지 않았기 때문에 진짜 중요한 질문에 집중할 수 있었다는 겁니다. 게으름의 미덕은 현대 중동학 분석에도 똑같이 적용됩니다.

중동 관련 논평 중 상당수가 '너무 복잡하다'에 방점을 두지만, 비교 정치학은 큰 그림을 볼 수 있게 합니다. 무엇보다 한 나라를 단일 행위자로 여기지 않습니다. 한 국가의 대외 행보는 내부의 여러 행위자가 자원 배분을 둘러싸고 벌인 치열한 권력 다툼과 경쟁 끝에 나온 역동적인 결과물이니까요. 이스라엘과 팔레스타인 간의 갈등 역시 각 나라의 내부 권력 구도를 들여다봐야 더 과학적이고 입체적인 분석이 나옵니다.

또한 중동과 이슬람 세계를 둘러싼 시각과 분석을 보면 이분법과 흑백논리가 짙게 나타납니다. 좀 더 논리적이고 비교·분석적으로 생각하고자 한다면 사고를 숫자로 바꿔보는 연습도 좋습니다. '중동의 민주주의 수준이 낮다고 하는데 백분율로 나타내면 얼마나 될까?' 또는 '튀르키예와 이집트 모두 권위주의 국가라던데 두 나라의 억압적인 상황을 백분율로 나타내면 서로 얼마나 다를까?' 하는 식의 방법도 흥미롭습니다. '사우디아라비아와 아랍에미리트가 개혁을 시작했다는데 성공 가능성을 숫자로 나타내면 몇 퍼센트가 될까?' 또는 '이란 강경파와 미국 매파가 무력 충돌을 일으킬 가능성을 몇 퍼센트로 나타낼 수 있을까?' 등의 방식도 좋습니다. 막연한 느낌이나 확고해 보이는 주장을 숫자로 바꿔 보면 구체성과 진실 찾기에 좀 더 가까이 다가갈 수 있습니다. 왜 그런 숫자가 나왔는지 설득력 있는 근거와 논리 및 비교 대조가 뒷받침되어야 하는 건 물론이고요. 비슷한 질문을 우리나라를 비롯해 우리에게 더 친숙한 미국, 일본, 중국, 유럽 등에 적용해보면 막연한 이분법으로부터의 탈출이 더 쉽습니다.

　'중동'을 외우려고 하지 마세요. 그리고 '중동은 어려워', '복잡해', '무서워'라는 편견을 깨부숴보세요. 중동에 대한 인식은 비단 우리나라뿐아니라 다른 나라에서도 비슷합니다. 익숙하지 않은 용어를 '공부'하려고 했거나 잘못된 정보로 생긴 오해 때문이죠. 그래서 함께 탐험해보려고 합니다.

　우리가 아는 중동이 진짜 중동일까요? 중동을 제대로 이해하는 방법은 무엇일까요? 암기하지 않고 낯선 중동을 이해하는 방법이 있을까요? 역동적인 중동을 꿰뚫는 프레임은 무엇일까요? 이 책에서는 '중동'을 새로운 시각에서 명쾌하게 분석하고 있습니다. 중동이란 대상을 체계적으로 분류하고 기존 분석의 허점을 논리적으로 따져 본 후에 주요 이슈마다의 통념을 차근차근 뒤집고 파헤칠 거예요. 그렇게 함으로써 중동에 대해 새롭고도 명확한 그림을 선보일 겁니다.

　중동은 '젊은 지역'입니다. 새로움이 꿈틀거립니다. 기회와 가치를 발견하려면 제대로 된 이해가 필요합니다. 오랫동안 고민해 직접 만든 명쾌한 프레임으로 중동을 이해하고자 합니다. 중동을 꿰뚫는 합리적이고 논리적인 분석의 시간에 오신 것을 환영합니다. 해묵은 음모론은 버리고 과학적 분석을 근거로 중동을 올바르게 이해해봅시다. 절대로 어렵지 않습니다. 논리와 분석, 손익계산과 인간의 제한된 합리성을 바탕으로 중동의 이해와 진실 추구에 나선다면 '왜 중동에서는 비합리적인 사건이 자주 일어나는가?'에 대한 답을 찾을 수 있을 겁니다. 더 나아가 우리가 일상생활에서 경험하는 수수께끼 같은 사건을 이해하는 실마리도 자연스레 찾게 될 겁니다.

무지와 편견을 깨고 '별나라' 같던 중동을 바라본다면 마치 '이웃 나라'처럼 친근하게 느끼실 겁니다. 자, 지금부터 함께 모험을 떠나시겠습니까?

차례

추천의 말 • 4

프롤로그: 우리가 '아는' 중동은 없다 • 8

Part 1 ✹ 한눈에 살펴보는 중동의 복잡한 현실

1장 민족과 종교, 종파가 서로 다른 중동 • 23

2장 우리는 중동을 어떻게 보고 있는가 • 40

3장 아직도 2% 부족한 중동 분석 • 54

Part 2 ✹ 중동으로 쏠리는 전 세계의 시선

1장 파격적인 개혁 개방을 선포한 걸프 산유국 • 67

2장 '아브라함'의 이름으로, 아랍-이스라엘 데탕트 • 92

3장 지역 헤게몬 자리는 나의 것 • 117

4장 중동의 민주주의 퇴보와 미국의 개입 • 144

Part 3 ✦ 예측이 불가능한 중동의 격변

1장 독재자의 착각, 엘리트의 변심, 시민의 계산 • 183

2장 아랍의 봄, 그 후 10년 • 205

3장 2021년 아프가니스탄 탈레반 재집권 • 218

Part 4 ✦ MZ 세대의 등장과 이슬람 테러 조직의 변화

1장 이슬람주의 운동의 특징적 변화 • 229

2장 비대칭 틈새 공격인 '테러'의 공포 • 252

3장 이슬람 테러 조직의 프랜차이즈화 • 259

에필로그: 중동 문제, 남의 일이 아니다 • 267

주 • 285

참고 문헌 • 291

도판 출처 • 296

Part 1

한눈에 살펴보는 중동의 복잡한 현실

민족과 종교,
종파가 서로 다른 중동

국가 역량에 따른 구분 프레임

중동 읽기, 어디서부터 시작해야 할까? 우선 중동은 다양하고 복잡하다. 중동에는 20개국이 있고 이들 나라에 아랍, 튀르크, 페르시아, 유대, 쿠르드 민족이 이슬람교, 기독교, 유대교를 믿으며 산다. 아랍 민족은 튀니지, 이집트, 팔레스타인 자치 정부Palestinian Authority, 이라크, 알제리, 레바논, 사우디아라비아, 아랍에미리트, 카타르, 바레인, 오만, 쿠웨이트, 요르단, 모로코, 시리아, 리비아, 예멘의 다수 민족이다. 튀르크 민족은 튀르키예, 페르시아 민족은 이란, 유대 민족은 이스라엘의 다수 민족이며 쿠르드 민족은 튀르키예, 이란, 이라크, 시리아 내에서 소수민족으로 분류된다.

이스라엘을 제외하고는 모두 이슬람교를 믿는 무슬림이 다수인 국가지만 같은 무슬림이라도 시아파와 수니파[1]로 나뉜다. 이스라엘은 국민 대다수가 유대교를 믿는 국가다. 사우디아라비아는 수니파 대표국이며 이란은 시아파 종주국이다. 레바논 인구의 40%는 기독교도이며 이집트 내 콥트교회 신도는 1억 명이 넘는 전체 인구 가운데 10~15%를 차지한다.[2] 사막 한가운데서 스키를 타고 보는 것만으로도 어지러운 마천루가 즐비한 아랍에미리트를 포함해 8개국에서는 아직도 왕이 지배한다. 비非왕정 국가 가운데 튀니지와 이스라엘을 제외하고는 비민주주의 체제다. 이들 중동 국가 가운데 튀르키예와 사우디아라비아는 G20 회원국이다.

이렇듯 복잡한 중동 국가를 국가 역량에 따라 나누어 보면 좀 더 입체적 그림이 보인다. 역량의 높낮이에 따른 '2×2' 프레임을 적용해 서로 다른 네 국가군으로 세분화해 보면 흥미롭고 명쾌한 비교·대조가 가능하다.

		사회 화답력	
		상	**하**
법 집행력	**상**	**제한적 민주주의국가** : 이스라엘, 튀니지	**위압적 권위주의 국가** : 이집트, 팔레스타인 자치 정부, 이라크, 알제리, 레바논, 튀르키예, 이란
	하	**개방적 왕정 국가** : 사우디아라비아, 아랍에미리트, 쿠웨이트, 카타르, 바레인, 오만, 요르단, 모로코	**취약한 독재국가** : 시리아, 리비아, 예멘

　국가 역량의 대표 요소는 '법 집행력'과 사회를 향한 '화답력'이다. 첫째, 법의 강제 집행력이 높은 국가는 특권층의 압박과 회유에 굴하지 않고 정책을 추진한다. 이러한 자율성을 확보한 관료 덕분에 공적 영역의 부정부패 정도는 낮고 공공기관의 신뢰도는 높다. 국가의 세금 징수력은 관료의 법 집행력과 자율성을 이끈다. 둘째, 사회 화답력이 높은 국가는 시민의 요구에 사회적 책임을 가지고 응하며 복지 정책에 힘쓴다.

　'저 국가 능력 있다'라고 말할 때 어떤 기준을 제시할 수 있을까? 국가 간의 상호작용을 다루는 국제관계학에서는 국가의 인구, 영토, 천연자원, 경제력, 군사력을 힘의 원천으로 본다. 이 경우 미국, 중국, 러시아 등이 힘센 나라다. 이런 '하드파워hard power'에 맞서 글로벌 영향력을 내세운 '소프트파워soft power' 개념이 등장했지만, 이 또한 국가 간 대외 정책 얘기다.

　나라 안의 권력 지형을 살펴보는 비교정치학에서는 힘 대신 역량을 중시한다. 역량 있는 국가는 법과 정책을 집행하는 능력이 뛰어나다. 재산권을 보호하고 거래의 안전을 보장하며 공공재를 제공하는 데 집중하는데, 이를 수행하는 관료는 정치 압력으로부터 독립적이다. 동시에 유능한 국가는 사회 구성원 간의 갈등을 제도 안에서 협상으로 해결하고 효과적인 복지 정책으로 국민 삶의 질을 높이고자 한다.[3] 큰 조세 저항 없이 직접세 비율을 올릴 수 있는 징수 능력은 집행력과 사회적 책임감이 동시에 높을 때 발휘할 수 있는 국가 역량의 최고 경지다. 우크라이나를 침공한 러시아는 국가의 힘은 셀지 모르나 그 역량은 지극히 떨어지는 나라다.

네 유형으로 분류한 중동 국가들

법 집행력과 사회 화답력의 수준에 따라 중동 국가는 아래와 같이 네 유형으로 세분된다.

국가 역량에 따른 유형별 중동 국가군

① 제한적 민주주의국가

이 유형의 국가는 두 가지 국가 역량이 모두 높은 나라로, 이스라엘과 튀니지가 해당한다. 국가는 개혁 정책을 추진해 혜택을 고르게 배분하며 법질서를 존중한다. 시민사회는 다양한 구성원을 포용한다. 제한적이나마 민주주의국가라고 본다. 그러나 한때 공고화된 선진 민주주의국가였던 이스라엘의 민주주의는 내림세를 타는 중이다. 보수정당이 극우 민족주의와 안보 포퓰리즘을 선동하기 때문이다. 매년 전 세계 200여 나라의 민주주의 정도를 측정하는 '프리덤하우스Freedom House'에 따르면 최근 4~5년 사이에 이스라엘의 민주주의 지수가 빠르게 하락했다. 이스라엘을 유대인의 나라로 규정한 배타적인 '유대민족국가법'이 2018년 의회에서 통과되면서부터다. 인구의 20%를 차지하는 아랍계 이스라엘인은 '2등 시민'으로 전락하고 요르단강 서안 지구의 유대인 불법 정착촌은 묵인됐다. 팔레스타인과의 공존을 주장하는 중도·진보 연합은 강경 우파의 폭주를 막지 못한 채 분열하거나 패배주의에 빠졌다.

2019년에는 강경 보수의 아이콘 베냐민 네타냐후Benjamin Netanyahu 현직 총리가 부패 혐의로 기소되자 국민 여론이 안보 우선주의와 법치주의로 첨예하게 갈렸다. 이후 보수와 중도 모두 연립정부 구성에 잇달아 실패하면서 2019년부터 2022년까지 총선이 다섯 차례나 시행되는 혼란이 일어났다. 2021년에는 우파부터 시오니스트 좌파, 중도파, 아랍 이슬람계까지 다양하게 참여한 연립정부가 출범하기도 했다. 이들 구성원은 '팔레스타인과의 공존' 문제에는 의견을 달리했으나 최장기 집권한 네타냐후 총리가 약화시킨 자유민주주의와 법치의 회복에는 동의했다. 그러나 이들 연립정부마저 내부 갈등으로 1년 만에 무너지고 2022년에 치러진 다섯 번째 총선에서 네타냐후가 극우 성향의 연립정부를 구성해 민주주의와 포퓰리즘 사이의 위험한 줄다리기를 시작했다.

튀니지는 10여 년 전 아랍의 봄 민주화 혁명을 겪은 나라 가운데 유일하게 민주화에 성공했다. 이슬람주의자와 세속주의자 엘리트 간 합의가 결정적 역할을 했다. 이슬람주의란 사회에서 이슬람의 역할을 확대해 이슬람 전통에 기반한 변혁과 발전을 일으키자는 사상과 운동이다. 반면 세속주의는 근대국가로 도약하기 위해 종교를 사적 영역으로 제한하자는 이념이다. 중동 이슬람 세계에서는 도시 엘리트가 강력한 중앙집권화를 추진하면서 지방 보수 세력을 억압할 때 세속주의 이념을 동원했다. 현대 중동 정치는 이슬람주의와 세속주의 세력 간의 치열한 갈등 속에서 발전해왔다. 2011년 독재 정권의 몰락 이후 첫 민주 선거에서 집권당이 된 이슬람 정당 '엔나흐다Ennahda'는 일방통행식 국정 운영으로 유권자의 분노를 샀다. 두 번째 총선에서 세속주의 정당인 '니다투니스Nidaa Tounes'가 집권 이슬람 정당인 엔나흐다를 제치고 승리하자 이슬람주의자는 패배를 깨끗이 인정하며 세속주의자를 축하했다. 이후 엔나흐다는 이슬람 정당임에도 여성 의원 수를 절반 가까이 늘리는 등 당내 민주화에 힘썼고 소속 여성 의원은 의회뿐 아니라 시민단체에서 활발히 활동했다. 나아가 두 정당은 연립정부를 구성해 신앙의 자유를 인정하고 비무슬림 보호와 성평등, 여성 권리 신장을 명시하는 헌법 개정에 합의했다. 새로운 헌법은 중동 내 이슬람 세계에서 가장 민주적이라는 평가를 받는다.

두 세력의 타협은 시민사회의 중재 덕분이었다. 튀니지의 대표 시민단체인 노동총연맹, 변호사연맹, 인권 단체 등으로 구성된 '국민4자대화기구Tunisian National Dialogue Quartet'는 이슬람주의와 세속주의 세력 모두를 압박해 조기 민주 헌법 제정을 이끌어냈다. 국민4자대화기구는 이러한 공로를 인정받아 2015년 노벨 평화상을 수상했다. 이러한 성과에도 신흥 민주 정부는 이슬람 극단주의 추종 세력의 테러를 효과적으로 막지 못해 치안력 부족을 질타받기도 했다. 하지만 튀니지는 민주화 이후 총선과 대선을 다섯 차례 안정적으로 치르면서 다원주의 제도화를 공고히 했다. 그런데 2019년에 당선된 카이스 사이에드Kais Saied 대통령이 경제 회생과 부패 척결을 부르짖으며 의회를 해산하고 총리를 해임해 우려를 낳았다. 게다가 사이에드가 대통령의 권한을 대폭 늘리는 개헌까지 무리하게 추진하자 야당 연합과 일반 시민이 그의 사임을 촉구하는 시위에 나섰다. 아랍 세계의 유일한 민주주의국가인 튀니지마저 최근 민주주의 후퇴라는 위협에 처했다.

② 위압적 권위주의 국가

법 집행력이 높고 사회 화답력은 낮은 위압적 권위주의 국가는 자유화와 권위주의로의 회귀를 오간다. 이집트, 팔레스타인 자치 정부, 이라크, 알제리, 레바논, 튀르키예, 이란이 이런 유형에 포함된다. 이들 나라의 관료제와 '강권기구'(强權機構, 국가가 사회를 지배·통제하기 위해 동원하는 물리적 수단이나 기관)는 개방적 왕정과 취약한 독재국가에 비해 확고한 위계질서와 높은 조직력을 보유하므로 법 집행력, 정책 추진력, 관료 자율성이 비교적 높다. 그러나 이러한 국가 역량은 사회 구성원 전체의 공익이 아닌 관료 조직의 집단 이익을 추구하는 데 쓰인다. 시민사회는 국가의 지속적 탄압과 배제로 제도적 경험을 쌓지 못해 대對정부 협상력이 낮다. 세계화에 따른 외부의 압력과 시민사회의 요구가 맞물리면서 이들 권위주의 국가는 부족하나마 경쟁 체제를 도입하고 형식적이나마 정치 자유화를 소개하지만, 종종 자유화 이전 시기로 다시 회귀한다. 이들 공화국의 외교정책은 대체로 '비동맹'과 '강경' 노선을 따른다.

앞선 표에 따르면 위압적 권위주의 국가는 제한적 민주주의국가처럼 '높은 법 집행력'을 보유한 것으로 나타나지만 두 유형 간 높고 낮음의 정도 차이는 분명히 존재한다. 한편 위압적 권위주의 국가의 사회 화답력 역량은 취약한 독재국가와 비슷하게 낮지만, 국가가 시민사회를 상대로 협박과 회유 두 가지 전략을 모두 구사한다는 점에서 차이를 보인다.

한때 제한적 민주주의국가로 분류되던 튀르키예와 이란은 선거 권위주의 체제로 퇴행했다. 선거 권위주의 체제에서는 지배 엘리트가 정권 생존이 가능하다고 판단할 때만 선거 경쟁을 허용하는데, 이마저도 완전히 공정한 것은 아니다. 비민주적 정권의 엘리트가 영악해지면서 가끔 선출직 교체를 용인하기도 한다. 이러한 민주주의 없는 선거제도를 시행하는 '하이브리드 정권'이 전 세계에 다수 존재한다.[4] 2003년 튀르키예 총리로 취임한 후 20여 년 가까이 장기 집권한 레제프 타이이프 에르도안Recep Tayyip Erdoğan 튀르키예 대통령은 '21세기 술탄'이라 불리며 일인 체제를 공고히 했다. 에르도안 총리는 2007년 튀르키예 역사상 최초로 대통령 직선제 개헌안을 통과시켜 2014년 대통령에 당선됐다. 에르도안 대통령은 2017년 개헌을 통해 의원내각제를 대통령중심제로 바꾸고 제왕적 대통령의 철권통치 체제를 제도화한 후 2018년 재선에 성공했다. 에르도안은 일인 체제에 반대하는 당내 온건파를 축출하고 과거 온건 이슬람주의 운동을 함께 한 이슬람 은행가와 기업인을 숙청했다. 물론 시민사회도 거세게 억압했다. 2016년 자신을 겨냥한 쿠데타가 실패하자 강도 높은 공안 정치를 벌이는 한편, 오스만 제국의 영광을 되찾자는 시대착오적인 '신오스만주의'와 포퓰리스트의 단골 메뉴인 배타적 '튀르키예 민족주의'를 선동했다. 그리고 2023년 5월 에르도안 대통령은 결선 투표까지 가는 접전 끝에 또다시 대선에서 승리함으로써 종신 집권의 길을 열었다.

이란의 강경 보수파 지배 연합은 대선과 총선 후보의 사전 자격 심사를 통해 입후보자를 선별함으로써 선거 권위주의 체제를 관리한다. 이란이슬람공화국(이란)의 지배 연합은 이슬람 성직자이자 법학자인 울라마ulama 그룹과 이들의 핵심 군사 조직인 혁명수비대로 이뤄진다. 체제 수호가 목표인 헌법수호위원회가 자격 심사에서 당선 가능권에 있던 온건파 후보를 대거 탈락시키자 이들을 지지하던 도시 중산층과 젊은 세대가 투표 거부로 맞섰다. 지배 연합은 정권 생존에 위협이 안 되는 조건하에서만 야권의 선거 참여를 허락했고 혁명수비대는 반체제 시위를 강경 진압했다. 역대 최저 투표율과 많은 무효표로 싸늘한 민심을 보여준 2021년 대선에서 알리 호세인 하메네이Ali Hosseini Khamenei 최고 종교 지도자의 제자이자 충복인 에브라힘 라이시Ebrahim Raisi가 대통령에 당선됨으로써 차기 최고 종교 지도자로서의 발판을 마련했다.

레바논 역시 제한적 민주주의국가에서 퇴행한 사례다. 레바논은 1990년에 내전 종식 후 종교·종파별 권력을 나누는 협약을 체결하며 민주주의 시스템을 도입했으나 지금은 정치적 부도 상태다. 2020년 수도 베이루트에서 일어난 대규모 선착장 폭발 참사는 국가 실패의 전형을 보여줬다. 국가 통합과 소수 정파 보호라는 명분으로 만들어진 분권 시스템이 투명한 경쟁을 억누르고 정파별 후원 관계를 고착화하면서 초래한 비극이다. 외부 세력인 이란과 사우디아라비아, 이스라엘이 이러한 분권 체제를 악용해 레바논 국내 정치에 영향력을 행사함으로써 레바논은 최악의 국가 실패를 겪었다. 특히 시아파 무장 정파인 헤즈볼라Hezbollah는 이란의 전폭적 지원을 받으며 국가 안의 국가로 군림하고 있다.

이집트에서는 아랍의 봄 혁명으로 장기 독재 정권이 무너졌으나 1년 만에 군사 권위주의가 다시 찾아왔다. 혁명 직후 과도정부를 이끈 군부는 신헌법에 군부의 권한 보장 조항을 넣으며 민주화 이행 과정에서 영향력을 유지했다. 이집트 내 가장 강력한 기득권 세력인 군부는 집단 이익을 확보하려고 같은 군 출신 독재자인 무함마드 호스니 무바라크Muhammad Hosni Mubarak 대통령을 끝까지 지키지 않았다. 대신 첫 민주 선거로 정부를 구성한 이슬람 정치 세력이 미숙하고 편협한 국정 운영으로 불안정을 초래하자 바로 쿠데타를 일으켰다. 무슬림형제단 정부가 쫓겨난 후 군인 출신인 압델 파타흐 알 시시Abdel Fattah Al Sisi가 대통령에 오르면서 다시 군부독재 시대가 열렸다. 반면 아랍의 봄 혁명이 일어나기 전까지 튀니지의 독재자인 제인 엘아비딘 벤 알리Zein el-Abidine Ben Ali 대통령은 쿠데타 공포로 군부를 대폭 축소하고 비밀경찰을 키웠다. 독재자의 사적 후원망에서 배제된 군부는 조직의 역할을 국가 방위에 한정함으로써 군인으로서의 '전문직주의professionalism' 정신을 유지할 수 있었다. 이러한 차이로 튀니지는 이집트와 달리 민주화 이행에 성공했다.

　팔레스타인 자치 정부는 서안 지역 및 가자 지구의 팔레스타인 주민을 대표하지만, 서안의 지배권은 팔레스타인해방기구Palestine Liberation Organization,PLO의 최대 정파인 파타흐Fatah가, 가자의 통제권은 이슬람 급진주의 무장 조직인 하마스Hamas가 장악했다. 두 조직 모두 권위주의적 통치 방식으로 내부의 반대 세력과 시민사회를 억압했다. 1964년에 조직된 팔레스타인해방기구는 이스라엘을 상대로 무장투쟁을 벌이다가 1993년에 평화협정을 맺고 팔레스타인 자치 정부를 세웠다. 반면 1987년에 결성된 하마스는 팔레스타인 자치 정부가 이스라엘과 맺은 평화협정과 서구식 국가 건설에 반대한다. 2006년 총선에서 하마스가 승리하자 파타흐가 이끄는 팔레스타인 자치 정부는 총선 결과를 부정한 채 팔레스타인 수반 선출 선거 및 총선을 무기한 연기했다. 파타흐와 하마스의 갈등은 결국 무력 충돌로 번졌고, 이스라엘 우파의 안보 포퓰리즘 폭주 속에 팔레스타인 주민의 민생은 방치됐다. 팔레스타인 자치 정부는 해외 원조금을 부정하게 착복하고 하마스는 반대 세력을 무자비하게 탄압했다. 프리덤하우스에 따르면 서안 지역과 가자 지구 모두 '자유롭지 않은' 상태이며 팔레스타인 자치 정부의 통치보다 하마스의 통치가 더 억압적이다.

　이라크에서는 아직도 민족과 종파, 외부 세력 간의 갈등이 계속되고 있다. 2003년 이라크 전쟁을 시작한 미국은 전후 안정화 과정에서 사회 협약을 통한 민주주의 체제를 이식하려 했으나 두드러진 성과가 나타나지 않고 있다. 정치적 영향력을 행사하려는 이란과 미국, 사우디아라비아 간의 경쟁으로 '친이란-친미' 갈등이 촉발되면서 이라크 내 아랍-쿠르드 간, 수니파-시아파 간 갈등이 불거졌고, 결국 이라크의 내부 분열은 심화됐다. 이라크는 미국의 군사 지원을 받았지만 이웃인 이란과도 활발한 교역 관계를 유지했다. 이란 강경파의 영향력이 이라크 정치권 안으로 빠르게 파고들자 2019년에 정부의 독자적 리더십과 경제개혁을 요구하는 거센 시위가 전국에서 일어났다. 2021년 총선에서 반미·반이란 민족주의 성향의 시아파 성직자인 사이이드 무끄타다 사드르Sayyid Muqtada al-Sadr의 정파가 크게 이겼으나 누리 알말리키Nouri al-Maliki 전 총리가 이끄는 친이란계의 방해로 연립정부 구성에 실패했다. 이후 양측 지지 세력 간의 유혈 충돌도 발생했다. 나아가 이라크 정세 불안의 원인에 시아파 내부 대립이 추가되면서 정국 혼란의 해법은 더 복잡해지고 말았다.

알제리에서는 1989년 위로부터의 정치 자유화가 시행됐으나 바로 10년여의 장기 내전으로 이어지면서 모든 정치조직에 대한 시민의 불신이 깊어졌고 나아가 사회 전체가 정치적 무력감에 빠졌다. 1989년 세속주의 정당인 민족해방전선의 독재에 반대하는 대규모 반정부 시위가 일어나자 독재 정권은 다당제를 허락했고 첫 민주 선거에서 이슬람구국전선이 승리했다. 그러나 군부가 개입해 선거 무효화를 선언하자 이슬람 급진주의 분파들은 게릴라전에 돌입했다. 군부와 이슬람 급진 세력의 유혈 충돌로 무고한 민간인 10만여 명이 잔혹하게 희생됐다. 이로부터 10여 년 후, 아랍의 봄 혁명이 일어나 중동 전체를 뒤흔들었지만 자유화의 실패와 내전의 악몽에 지친 알제리 시민은 눈에 띌 만한 규모의 시위를 조직하지 않았다. 정치적 대안 세력도 존재하지 않았다. 이러한 현실은 이웃한 모로코가 국왕 주도로 개헌과 개각을 단행한 것과 첫 민주 선거 시행 이후 시민사회가 민주화를 이끌어 간 튀니지의 모습과도 매우 달랐다. 하지만 2019년 오랜 민생고로 결국 독재자 퇴진 시위가 일어났고 20년간 집권한 압델아지즈 부테플리카Abdelaziz Bouteflika 대통령도 물러났다. 그러나 아이러니하게도 옛 정권 인사가 다시 대통령이 되면서 현재 알제리는 반정부 시위와 정치적 냉소가 뒤섞여 정국이 불안정한 상태다.

③ 개방적 왕정 국가

앞선 두 유형과 달리 사회 화답력이 높고 법 집행력이 낮은 국가 유형으로 왕정 국가를 꼽을 수 있다. 여기에는 걸프(gulf, 통상 페르시아만 주변 지역을 일컬음) 산유 왕정 6개국과 비산유 왕정 국가인 요르단, 모로코가 속한다. 전통적으로 친서구 실용주의와 경제 우선주의 정책을 추구한 이들 국가는 세계화 시기에 신자유주의 정책을 추진했으므로 개방적 왕정 국가군으로 분류한다. 그러나 이들 국가는 종교와 혈연 공동체를 강조하며 온정주의 국가관을 내세워 세습을 정당화한다. 특히 산유 왕정은 최근 '자원의 저주', '풍요의 역설' 증후군에서 벗어나고자 개혁 개방과 산업 다각화를 선포하며 변신을 꾀했다. 왕정 엘리트가 정실 자본주의 혜택을 독식하지만 '오일머니'(와 '가스머니') 덕택으로 국가는 무차별 복지 정책을 시행하고 있다. 왕정 국가는 이러한 사회 화답력을 내세워 국가 복지와 국민 순응의 맞교환으로 체제의 내구성을 다진다. 산유 왕정은 풍부한 재정 덕분에 비산유 왕정에도 원조를 종종 제공한다. 1950년대부터 이웃 왕정이 군사 쿠데타로 무너지자[5] 산유 왕정은 재정이 부실한 비산유 왕정을 경제적으로 힘껏 도왔다.

왕정의 온정주의 구호 아래에서 시민사회는 늘 국가 의존적이다. 이들 왕정 국가는 세금 징수 부담이 적은 대신 법 집행력과 더불어 관련된 제도적 역량이 취약하다. 하지만 비교 관점에서 살펴보면 왕정의 관료제는 취약한 독재국가보다는 높은 수준의 법 집행력을 보인다. 물론 개방적 왕정의 국가 주도 친시장 경제 체제는 위압적 권위주의 국가의 시스템보다 더 효율적이고 경쟁력이 높다.

걸프협력회의Gulf Cooperation Council, GCC 회원국인 산유 왕정 국가에서는 아랍의 봄 혁명 시기에도 대규모 시위가 발생하지 않았다. 또한 바레인과 쿠웨이트는 혁명에 동요하는 움직임이 나타나자 빠른 회유로 마무리했다. 비산유 왕정 국가인 요르단과 모로코에서 일어난 소규모 시위도 정부의 즉각적인 개헌 및 개각 결정과 개혁 약속으로 일단락됐다. 개방적 왕정 국가의 혁명 길들이기는 이웃 나라에서 나타난 혁명의 도미노 현상과 큰 대조를 보였다. 시위대를 향한 왕정의 회유와 협박은 국제사회로부터 비난을 받았으나 주변국이 군부 권위주의로 회귀하거나 장기 내전에 휩싸이자 오히려 개방적 왕정 국가 체제의 내구성이 주목을 받았다.

최근 산유 왕정 국가 중, 사우디아라비아와 아랍에미리트가 극단주의 테러 위협에 맞서면서 이란의 패권 추구를 견제하고 저유가 위기에 대응하기 위해 개혁을 선포하며 변신을 꾀했다. 이들은 밀실 외교를 단절하고 국제적인 연합 전선에 적극적으로 참여하는 한편, 세금 징수와 보조금 폐지, 첨단산업 육성, 여성 인재 등용 등으로 탈석유 시대를 대비해왔다. 한편 카타르는 최근 중동의 스위스를 표방하며 걸프협력회의의 형제 회원국과 발맞춰 온 외교 노선에서 벗어나 이란, 튀르키예와 돈독한 관계를 맺었다. 산유 왕정 국가와 비산유 왕정 국가 모두 코로나19 대응에 있어 권위주의적 감시 체제를 십분 활용해 감염자 격리와 봉쇄를 빠르게 실행하고 관련 정보를 신속히 공개했다. 이러한 대처 덕분에 위압적 권위주의 국가보다 더 높은 국가 역량을 보였다는 평가를 받았다.

④ 취약한 독재국가

　마지막으로 취약한 독재국가는 법 집행력과 사회 화답력이 모두 낮은 국가로 현재 내전 중인 시리아, 리비아, 예멘이 속한다. 이 세 나라는 아랍의 봄 혁명으로 독재 정권이 흔들리자 파벌 간 분열이 확산되더니 이내 내전으로 번졌다. 시리아와 리비아, 예멘의 경우 1960년대 특정 정파가 쿠데타로 권력을 장악하면서 기존 국가기구 전반이 파괴됐다. 이후 국민의 사적 소유권 대부분을 약탈해 통제하고 관리했으며 임의로 세금을 과도하게 부과하고 외부 세계와 단절하는 폐쇄 정책을 펼쳤다. 취약한 독재국가에서 군대와 검경檢警은 사유 조직으로 전락하고 시민단체는 감시·통제·처벌 시스템으로 움직이는 공포정치하에 자유화를 경험하지 못해서 급진적이다. 이들 나라는 국제금융기구가 정한 만성적인 채무국으로 잦은 구조 조정을 실시하지만 지극히 형식적인 흉내 내기에 불과하다. 그러므로 외부의 압박에도 오히려 독립적이다. 결국 장기 철권통치가 무너지거나 흔들리자 내전으로 이어졌고 내전 발발 후에는 외세가 개입했다. 이들 나라에서는 내전이 끝나더라도 국가 재건의 길이 매우 험난할 것이다.

　시리아 내전은 시아파의 소수 분파인 알라위파Alawites 출신 바샤르 알아사드Bashar al-Assad 대통령의 세습 독재 정권이 아랍의 봄 민주화 시위를 유혈 진압하면서 비롯됐다. 미국과 유럽, 중동의 대다수 국가가 수니파 반군을 지원했고 이란과 러시아는 알아사드 정권을 밀었다. 그러나 이슬람 극단주의 테러 집단인 ISIS가 시리아 동부에서 발호하면서 알아사드 정권은 차악次惡의 존재로 변했다. 반군을 지원하던 여러 나라는 ISIS 격퇴에 우선순위를 뒀고, 그 틈을 타 알아사드 정권은 반군 공세 명목으로 민간인을 대량 학살했다. 2000년 갑작스레 권좌에 오른 알아사드는 내전 시기에 군 고위 장성의 자율권을 철저히 보장하고 수니파 출신 군·경제 엘리트를 적극 포용했다. 측근 엘리트는 충성 맹세로 화답했다. 2018년 무렵부터 알아사드 정권은 전쟁에서 승기를 잡은 후 정상 국가 복귀를 선언했다.

리비아 내전은 무아마르 알 카다피Muammar al Qaddafi 독재 정권이 민주화 시위대의 퇴진 요구에 무너지면서 비롯됐다. 반군이 카다피를 사살한 후 2012년 총선에서 제헌의회가 출범했으나 지역과 이념으로 분열된 1,700여 개의 무장 정파와 군벌이 동시다발적으로 할거했다. 장기 독재자 카다피가 막대한 오일머니를 이용해 부족 간 분할통치를 벌인 결과였다. 2014년 리비아 서부의 이슬람주의 세력과 동부의 세속주의 세력이 각각 정부를 세웠고 두 세력 간 무력 충돌이 격화하면서 2차 내전이 시작됐다. 급기야 동부 지역에서 ISIS까지 부상하면서 정국 불안정은 더 악화했다. 튀르키예와 카타르, 이탈리아가 이슬람주의 정부를, 러시아와 프랑스, 이집트, 아랍에미리트, 사우디아라비아가 세속주의를 표방하는 리비아 국민군을 지원했다. 2020년 유엔의 중재로 양측이 휴전협정에 서명한 후 선거가 치러질 예정이었으나 무기한 연기되면서 리비아는 다시 혼란에 빠졌다.

예멘에서는 알리 압둘라 살레Ali Abdullah Saleh 대통령의 독재 정권이 민주화 시위로 맥없이 무너지면서 과도정부가 들어섰다. 하지만 시아파의 소수 분파인 자이드파Zaydis 계열의 무장 단체 후티Houthis 반군이 무장봉기를 일으키면서 내전이 발발했다. 예멘 내전 역시 외부 세력이 개입해 복잡한 대리전 양상을 보였는데, 사우디아라비아가 이끄는 아랍연합전선은 정부군을, 이란은 후티 반군을 지원했다. 미국은 아랍연합전선에 첨단 군사기술을 지원하는 한편, 내전의 혼란을 틈타 세를 불린 예멘 알카에다를 상대로 대테러 작전을 수행했다. 2017년 후티 반군이 사우디아라비아 본토를 향해 공격을 퍼붓자 사우디아라비아는 예멘의 모든 항구를 봉쇄해 보복했고 그 여파로 인도주의적 위기가 발생했다. 2018년 양측이 유엔의 휴전협정에 합의했으나 충돌은 계속됐다.

중동 문제의 해법을 찾는 게 어려운 것은 앞서 살펴본 중동 국가 내 산재한 불안정한 다양성에 그 원인이 있다.

쿠르드 민족을 형상화한 그림. 튀르키예, 이란, 이라크, 시리아에 소수민족으로 흩어져 살며 나라를 건설하지 못한 쿠르드는 ISIS 격퇴전에서 맹활약했다.

우리는 중동을
어떻게 보고 있는가

중동의 국가 역량 분석

중동의 국가 역량은 전반적으로 낮다. 많은 개발도상국처럼 중동의 여러 나라는 제국주의의 영향 아래 근대국가의 토대를 다졌으나 비대해진 국가와 시민사회의 한없는 위축이라는 부작용을 겪었다. 군과 검경 등의 강권기구가 행하는 폭압 정치 아래서 시민사회는 급진적이거나 순응적인 극단의 취약한 형태로 발전했다.[6]

2011년 아랍의 봄 혁명이 일어난 지 10여 년이 지난 후, 튀니지를 제외한 모든 나라가 민주화 이행에 실패하면서 권위주의로의 회귀나 내전을 겪었다. 혁명 발발에 따른 독재의 몰락과 민주주의 안착은 철저히 별개의 것으로 보인다. 민주화를 방해하는 원인은 어디든 비슷하지만, 독재 몰락 이후의 결과는 각 나라에 이미 존재하는 고유한 권력 지형에 영향을 받는다. 민주화 이행 과정에서 혁명을 주도한 세력과 옛 정권의 강압 기구가 어떻게 갈등을 조정하고 협약을 끌어내는가가 민주화 성공의 열쇠다.

1972년부터 전 세계 민주주의의 변화를 추적해온 프리덤하우스는 2020년 보고서를 통해 지난 15년간 민주주의가 정착된 25여 개국에서 민주주의의 후퇴 현상이 두드러졌다고 밝혔다. 미국, 이탈리아, 스페인, 오스트리아, 헝가리, 폴란드, 이스라엘, 인도 등에서 인종차별주의, 폐쇄적 민족주의, 자국 우선주의가 확산했으며 표현의 자유, 법치, 정부의 기능 또한 훼손됐다는 것이다. 세계적으로 시민 자유와 정치 권리 수준이 떨어지면서 과거 제한적이나마 민주주의국가군으로 분류하던 튀르키예, 이란, 레바논이 하이브리드 권위주의 국가로 빠르게 퇴행했다. 특히 이들 국가는 사회 화답력의 역량을 잃었다.

반면 개방적 왕정 국가군의 변화는 주목할 만하다. 이들 국가는 코로나19 팬데믹 시기에 개혁 추진력과 위기관리 역량을 보이며 법 집행력 차원에서 위압적 권위주의 국가보다 뛰어나다는 평가를 받았다. 2020년 초 중동의 코로나19 희생자는 빠르게 늘었다. 2020년 5월 당시 걸프 산유국은 하루 최다 확진자 수를 연일 경신했다. 인구가 280만 명인 카타르는 인구 대비 최다 확진자 수로 세계 1위를 기록하기도 했고 이란과 튀르키예 또한 최다 확진자 수가 세계 10위권 안에 들었다. 코로나19 확산 초기에 이란은 중국, 이탈리아와 함께 최다 사망자 수를 기록한 나라였다. 이집트에서도 역시 맹렬한 기세로 확진자 수가 늘어났다.

그러나 비슷해 보이는 피해를 자세히 들여다보니 서로 구별되는 상반된 그림이 드러났다. 걸프 산유국은 드라이브스루drive-through 진료소 확대와 대규모 추적 검사 같은 공격적 방역 시행으로 확진자 수가 급증한 사례였다. 심지어 외국인 노동자를 직접 찾아가 무료 검사도 시행했다. 이들 나라의 인구 대비 검사 건수는 세계 상위권으로 치솟았다. 전 세계적으로 코로나19 희생자는 취약 계층에 집중됐는데 중동도 마찬가지였다. 시리아, 리비아, 예멘 등의 내전 지역과 튀르키예, 요르단, 레바논 등의 대규모 난민촌에는 많은 사람이 무방비로 방치됐다. 이곳의 코로나19 감염자 수와 사망자 수는 알려진 바가 없으며 매우 처참할 것이란 추측만 나돌 뿐이다. 사우디아라비아, 아랍에미리트, 카타르를 비롯한 걸프 산유국의 희생자 대다수가 취약 계층인 외국인 노동자였는데, 특히 비숙련 노동에 종사하는 서남아시아 출신 노동자가 많았다. 외국인은 걸프 산유국 전체 노동인구의 절반을, 민간 부문 노동인구의 90% 이상을 차지한다. 유럽과 이웃 중동 국가 출신 노동자가 사무직 또는 서비스 분야에 종사하는 데 반해 주로 저임금 단순노동에 종사하는 인도, 파키스탄, 방글라데시 출신 노동자는 열악한 환경의 공동 숙소에 모여 산다.

취약 계층의 감염은 지역 감염으로 확산했다. 이에 걸프 산유국은 권위주의식 감시 시스템을 이용해 격리와 봉쇄를 일사불란하게 집행하고, 감염 관련 정보도 모두 공개했다. 비민주적일 수 있으나 법 집행력과 투명성에서 국가 역량을 선보인 순간이었다. 이어 사우디아라비아가 재정 위기를 정면으로 돌파하고자 부가가치세 인상과 보조금 지급 중단을 단행했다. 위기를 기회 삼아 기존의 석유산업 체제 탈피를 목표로 한 개혁에서 정공법을 택했다고 볼 수 있다.

반면 팬데믹 초기에 희생자가 속출한 이란, 튀르키예, 이집트는 어느 순간 집계 속도가 더뎠다. 정권의 역량과 의지 부족 때문이었는데, 이들 정부가 발표하는 공식 통계는 신뢰마저 잃었다. 걸프 산유국이 택한 선제 방역과는 극명한 대비를 이뤘는데, 바이러스 확산 금지라는 명목 아래 긴급사태를 선포해 집회를 금지하고 반정부 인사를 감시했다. 정권은 정적을 잡아들이고 언론사를 폐쇄했다.

코로나19 시기에 일반 시민은 단호하고 강력한 지도자를 선호했다. 하지만 감염병의 공포와 혼란이 지나간 후 권위주의 체제의 지도자는 민생고 심화에 따른 사회적 불만에 맞닥뜨릴 수밖에 없다. 저항과 탄압의 악순환이 이어지면서 정권은 흔들리고 시민의 기본권은 내팽개쳐진다. 최악의 시나리오는 국가의 실패를 틈타 ISIS와 같은 극단주의 테러 집단이 공공서비스를 제공하면서 부활해 소위 '이슬람 국가'를 자처하는 일이다.

위의 사례는 법 집행력과 사회 화답력 중 개방적 왕정 국가군이 보유한 사회 화답력의 우선 확보가 이후 법 집행력 강화의 전제 조건이 될 수 있음을 보여준다. 중동에서 빠른 민주화 성취가 어렵다면 걸프 산유국처럼 특정한 국가 역량을 먼저 갖춤으로써 역내 안정과 경제 발전을 꾀할 수 있다. 아랍의 봄 혁명 이래 시행해온 '아랍 청년 여론조사 Arab Youth Survey'에 따르면 아랍 젊은이들은 가장 살고 싶은 나라로 미국, 캐나다, 프랑스, 독일이 아닌 아랍에미리트를 매년 꼽았고 이런 추세는 더 강해졌다. 이곳 청년들에게 아랍에미리트는 자존감을 지켜주는 자랑거리와 비슷하다.[7] 적어도 젊은 세대는 걸프 산유 왕정이 전력으로 키우는 국가 역량의 중요성에 공감하고 있음을 보여주는 사례다.

중동을 한눈에 꿰뚫어 볼 핵심 지표

국가 역량 외에 한 나라를 여러 각도에서 가늠할 수 있는 지표로 1인당 국민소득, 인간개발지수, 민주주의 지수 등을 들 수 있다. 경제지표인 '1인당 국민총소득GNI'은 국내외에서 창출되는 소득을 합해 국민의 수로 나눈 것으로 미국 달러 환산 구매력 기준이다. 한편 '국내총생산GDP'은 외국인 노동자를 포함한 모든 주민이 생산하는 재화와 서비스의 가치를 합산한 것이다. 사회지표라고 할 만한 유엔개발계획United Nations Development Programme, UNDP의 인간개발지수는 수명, 지식수준, 생활수준 영역의 평균적 발전을 측정한다. 지식수준은 성인의 문자 해독률과 초·중·고등학교 진학률의 총합으로, 생활수준은 1인당 국민소득으로 측정한다. 마지막으로 정치학계에서 대표적으로 사용되는 민주주의 지표인 프리덤하우스 지수는 한 나라의 민주주의 수준을 정치적 권리와 시민 자유도를 기준 삼아 측정한다. 전자는 시민이 얼마나 자유롭게 투표권과 피선거권을 행사하고 대표를 뽑는 과정에서 공정하고 평등한 기회를 누릴 수 있는지, 정부는 부패하지 않고 투명하게 운영되는지에 대한 항목이다. 후자는 시민이 표현과 사상 및 집회의 자유를 누리는지, 전쟁과 내란 및 범죄 등으로부터 보호받는지, 법치와 사법부의 독립성이 보장되는지, 개인의 자율성과 권리 및 남녀평등이 보장되는지 등에 대한 사항이다.

중동 국가의 경제·사회·민주주의 지표

국가군	기준 지표	1인당 국민총소득 (2022년, 구매력평가 지수[PPP] 기준)	인간개발지수 (2021년 기준)	프리덤하우스 민주주의 지수 (2022년 기준)
제한적 민주주의국가	이스라엘	44,272	0.919	76
	튀니지	10,578	0.731	64
위압적 권위주의 국가	이집트	12,781	0.731	18
	팔레스타인 자치 정부	5,722	0.715	23(서안 지역)
				11(가자 지구)
	이라크	9,199	0.686	29
	알제리	11,187	0.745	32
	레바논	12,987	0.706	42
	튀르키예	32,998	0.838	32
	이란	15,308	0.774	14
개방적 왕정 국가	사우디아라비아	50,023	0.875	7
	아랍에미리트	74,299	0.911	17
	쿠웨이트	49,169	0.831	37
	카타르	97,097	0.855	25
	바레인	51,855	0.875	12
	오만	35,337	0.816	24
	요르단	9,319	0.72	33
	모로코	8,062	0.683	37
취약한 독재국가	시리아	4,192	0.577	1
	리비아	19,797	0.718	9
	예멘	1,314	0.455	9
비교군	한국	44,501	0.925	83

'1인당 국민총소득', '인간개발지수', '프리덤하우스 민주주의 지수'는 각각 세계은행World Bank, 인간개발보고서Human Development Report, 프리덤하우스 자료를 발췌 후 정리한 것이다.[8] 단 레바논의 1인당 국민총소득은 2021년도 세계은행 자료에서, 시리아와 예멘의 1인당 국민총소득은 2021년도 인간개발보고서 자료에서 가져왔다.

중동 국가의 경제지표는 개방적 왕정 국가군에 속한 걸프 산유국에서 높게 나타난다. 이들의 풍부한 석유·가스 자원 덕분이다. 2022년 기준 1인당 국민소득 수치를 보면 중동 20개국 가운데 카타르(97,097달러, 이하 PPP 기준으로 통일), 아랍에미리트(74,299달러), 바레인(51,855달러), 사우디아라비아(50,023달러), 쿠웨이트(49,169달러)가 각각 1위부터 5위까지 차지했다. 이들 다섯 나라의 1인당 국민소득은 우리보다 높다. 오만(35,337달러)은 이스라엘(44,272달러) 다음으로 7위에 랭크되어 있다. 전 세계 191개국 중에서는 카타르 4위, 아랍에미리트 6위, 바레인 19위, 사우디아라비아 21위, 쿠웨이트 23위다. 한국의 1인당 국민소득은 세계 29위다. 취약한 독재국가군의 시리아(4,192달러)와 예멘(1,314달러)은 중동 국가 가운데 가장 낮은 수치를 기록했고 산유국인 리비아(19,797달러)는 원유 수출 덕분에 중동 20개국 중 9위에 올라 있다. 세계 기준에서 시리아는 143위, 예멘은 179위를 차지해 1인당 국민소득이 매우 낮은 국가군에 속한다. 제한적 민주주의국가군과 위압적 권위주의 국가군에 속한 나라들은 경제지표에서 크게 두드러진 차이점을 보이지 않는다.

사회지표인 인간개발지수(유엔개발계획이 발표한 2021년 통계자료 참고)에서 보면 제한적 민주주의국가인 이스라엘이 중동 지역 국가를 통틀어 가장 높은 순위에 랭크되어 있다. 이스라엘 다음으로 랭크된 순으로 보면 아랍에미리트, 바레인, 사우디아라비아, 카타르, 튀르키예, 쿠웨이트와 오만 등이다. 이들 나라는 전 세계를 기준으로 설정한 '아주 높은 단계'(지수 0.8 이상)의 인간개발지수 그룹에 속한다. 191개국 가운데 66개국의 인간개발지수가 이에 해당하는데, 중동의 8개국이 이에 포함됐다. 전체 순위HDI Rank로 보면 이스라엘은 22위, 아랍에미리트는 26위, 바레인과 사우디아라비아가 공동 35위, 카타르 42위, 튀르키예 48위, 쿠웨이트 50위, 오만은 54위다. 참고로 2021년 인간개발지수에서 한국은 세계 19위다.

　인간개발지수는 1인당 국민소득의 수치를 포함하기 때문에 경제지표와 밀접한 연관성을 지닐 수 있다. 그러나 최근 10년간 걸프 산유국에서 1인당 국민소득은 크게 변하지 않았으나 인간개발지수는 오름 추세다. 이들 국가의 문자 해독률과 초·중·고 진학률이 올라간 것이다. 10년 사이 아랍에미리트의 인간개발지수는 4단계, 바레인은 7단계, 사우디아라비아는 21단계, 쿠웨이트는 13단계, 오만은 35단계 올랐고 카타르는 5단계 내려갔다. 한편 취약한 독재국가군의 시리아와 예멘은 인간개발지수에서도 가장 낮은 순위를 보였는데, 특히 예멘은 세계 191개국 가운데 183번째로 낮은 지수를 기록했다.

　한 국가의 민주주의 측정 지표로 활용되는 프리덤하우스 지수를 보면 제한적 민주주의국가군은 다른 중동 국가보다 더 높은 등급에, 취약한 독재국가군은 가장 낮은 등급에 위치해 있다. 2022년 프리덤하우스의 세계자유보고서Freedom in the World에 따르면 개방적 왕정 국가인 사우디아라비아는 지수 7을 기록하며 상대적으로 매우 낮은 등급에 머물러 있다. 아무래도 사우디아라비아 출신 반정부 언론인인 자말 카슈끄지Jamal Khashoggi의 살해 사건이 영향을 끼친 것으로 보인다. 프리덤하우스는 사우디아라비아의 등급을 2017년 지수 10에서 2018년 7로 하락시킨 후 줄곧 같은 등급을 매김으로써 사우디아라비아 왕정을 혹독하게 비판했다.

　보고서 내용을 토대로 살펴보면 위압적 권위주의 국가군과 개방적 왕정 국가군의 민주주의 지표가 엇비슷해 보인다. 위압적 권위주의 국가의 프리덤하우스 평균 지수는 25이고 개방적 왕정 국가의 평균 지수는 24이다. 물론 경제와 민주주의 지표 간에 주목할 만한 상관관계는 없어 보인다.

중동은 세계적인 민주화 추세에 역행하는 지역으로 알려져 있다. 최근 권위주의로의 퇴행이 전 세계적인 추세이지만, 과거 세계화와 민주화 바람이 전 세계에 몰아쳤을 때 유독 중동만 변화에 저항한다고 평가 받았다. 실제로 중동의 민주주의 지수는 세계적인 기준에서 보면 절대 높지 않다. 하지만 중앙아시아 역시 마찬가지인데, 2022년 프리덤하우스 지수에 따르면 투르크메니스탄 2, 타지키스탄 8, 아제르바이잔 9, 카자흐스탄 23, 키르기스스탄 28을 기록했다.

프리덤하우스 지수는 50년 넘게 전 세계 각국의 민주주의 수준을 객관적이고 정량적으로 측정하고 추적해왔다는 점에서 활용 가치가 매우 높다. 그런데 중동, 특히 걸프 산유 왕정 국가는 낮은 지수에 불만을 보인다. 이들 왕정에 정당과 직접선거제도는 없지만 자세히 살펴보면 시민이 청원하고 의사 결정권자가 협의하는 시스템이 있다는 것이다. 이들은 '마즐리스Majlis'로 불리는 전통 부족 회의에서 통치자와 집권 엘리트가 통치 대상을 만나 고충을 듣는 자리를 마련해 보호자의 책임을 다한다고 강조한다.[9] 정권 안정을 다지는 독특하고 덜 권위주의적인 메커니즘이다. 또 중동 시민이 민주주의를 향해 반감을 보인다는 통념이 있으나 이는 자기 대표를 직접 선출하는 기제가 아닌 여러 분쟁 과정에서 강대국이 민주주의를 이식하려는 시도에 대한 불만으로 보는 게 타당하다. 다만 중동에서는 성평등과 이혼, 낙태, 성소수자의 권리에 대한 인식이 아직은 보편적이지 않다.

중동을 바라보는 우리의 불편한 시선

중동의 민주주의를 둘러싼 통념은 대체로 부정확할 뿐 아니라 논란의 중심에 있다. '아랍 국가는 역사적으로 권위주의의 경향을 보였다', '이슬람은 중동 민주주의의 핵심 걸림돌이다', '여성 인권의 증진은 중동 민주화에 필수다', '아랍의 친서구 자유주의자는 민주화의 핵심 세력이다', '중동 민주주의는 이슬람 테러리즘의 치료제다', '미국은 중동 민주주의를 원한다', '이라크 전쟁은 중동 민주주의의 대의를 발전시켰다' 등이 그것이다.[10] 무엇보다 이런 명제는 흑백논리로 설명할 수 없다. 논리적 접근법의 출발이자 이분법적 사고에서 벗어나는 방법으로써 이들 명제의 진의를 백분율로 나타내보는 연습이 유용하다. 이 책 곳곳에서 이 통념들을 다룬다. 물론 콕 집어 백분율 숫자를 제공하지는 않지만 독자가 사실에 가깝게 다가갈 수 있도록 가이드라인을 제공하고자 한다.

미리 짧은 힌트를 주자면 첫째, 속도의 차이가 있을 뿐 대다수의 나라가 역사적으로 권위주의 체제를 유지해왔다. 미국도 1964년이 돼서야 아프리카계 미국인의 법적 권리를 보장하는 민권법을 통과시켰다. 하지만 여전히 인종차별은 일상에서 흔히 일어나며 도널드 트럼프 Donald Trump 전 미국 대통령은 민주주의에 정면으로 배치하는 차별 발언을 억눌린 시민의 마음이라며 거리낌 없이 내뱉었다. 둘째, 이슬람주의 운동의 원조인 '무슬림형제단'은 부패하고 무능한 자국의 독재 타도를 핵심 목표로 삼았고, 결성 초기에는 시민의 열렬한 지지를 받았다. 이슬람주의 운동은 많은 시민에게 변혁의 희망을 안겨줬으나 냉전 이후 이슬람 극단주의 진영의 '빌런villain'에게 뿌리를 제공하기도 했다. 셋째, 중동의 여성 인권 단체 대다수가 미국과 유럽 국가의 지원을 받는다는 이유로 토착 시민단체는 이들과 연대하는 것을 꺼린다. 권위주의 정권은 반정부 조직 대신 이들 여성 인권 단체에 소극적인 유화책을 제시하며 서구의 압박 앞에 체면치레하는 동시에 시민사회의 분열을 조장한다. 넷째, 아랍의 친서구 자유주의자 세력은 대체로 강한 엘리트주의 성향을 띠며 대중과 함께 반독재 민주화 운동을 조직한 경험이 매우 적다. 다섯째, 민주주의가 발전한다고 테러가 줄지는 않으며 테러가 빈번하다고 해서 민주주의가 발전한 것은 더욱 아니다. 민주화 이행 시기에 사회가 개방되면서 오히려 일정 기간 테러가 더 기승을 부릴 수 있다. 권위주의 체제의 통제 시스템이 테러를 막는 데 더 효과적일 수 있다지만 집권 세력은 테러 방지라는 공익보다는 정적 감시라는 사익 추구에 전력을 쏟는다. 여섯째, 미국의 대對중동 정책은 국내 권력 지형의 산물이며 국가는 한목소리를 내는 단일 행위자가 아니다. 미국의 대외 정책은 정당과 의회를 둘러싼 정치 다이내믹의 결과물이며 공화당과 민주당 정부의 핵심 기조에 따라 크게 달라진다. 일곱째이자 마지막으로, 2003년 미국은 이라크의 사담 후세인Saddam Hussein 정권을 상대로 전쟁을 벌이며 민주주의와 선거제도를 이식했다. 그러나 전후 국가 안정화와 재건 과정에서 무차별적인 종파주의를 동원함으로써 일반 시민의 반미 감정을 확산시켰고 이슬람 극단주의 테러 조직인 ISIS 출현에 계기를 제공했다.

아직 우리에게 중동은 낯설다. 그런 이유로 이중적인 시선으로 바라

중동 민주주의를 둘러싼 통념을 단편적으로 보여주는 이미지들. 무슬림 여성을 통제받는 마리오네트로 표현한 일러스트레이션(맨 왼쪽)과 원유 채굴 시설을 배경으로 서 있는 미군 병사(가운데), 그리고 '엉클 샘Uncle Sam' 선전 포스터. 엉클 샘은 '미국(정부)', '전형적인 미국인' 등을 뜻하는 용어로, 그가 짊어지고 있는 살상 무기와 '나는 전쟁을 원하지 않는다I don't want war'는 문구가 대조를 이룬다. 이를 통해 '겉과 속'이 다른 미국의 행태를 꼬집고 있다.

보기도 하고, 국익에 중요하다면서도 배타적인 태도를 취하기도 한다. 한국인은 중동을 대체로 긍정적으로 인식했지만, 중동 출신 이민자에게는 유독 부정적이었다. 아산정책연구원의 연례 조사 결과[11] 중동 이미지 관련 질문에서 응답자 절반 이상(54.8%)이 중동을 에너지자원 부국과 연관 지었다. 다음으로 이슬람 문화(21%), ISIS 등의 테러(13.9%), 독재와 종파 갈등 등의 정치적 혼란(6%), 고대 문명 발상지(1.7%), 만수르 같은 유명 인사 및 관광지(1.6%) 순으로 떠올렸다. 여성보다 남성이, 젊은 층보다는 고령층에서 중동에 대한 이미지가 더 긍정적이었다. 남성의 긍정적 응답이 62.4%로 여성(51.7%)보다 10%포인트 정도 높았고, 연령대별 긍정의 응답은 20대 44.7%, 30대 50%, 40대 56.2%, 50대 62.3%, 60세 이상 65.6%로 고령층으로 갈수록 높았다. 이러한 응답 결과는 경제활동인구 분포에서 남성이 여성보다 많고, 고령층의 경우 1970년대 중동 건설 붐과 오일머니 벌이를 경험했기 때문으로 보인다. 여성층에서 중동에 대한 부정적 이미지가 높게 나타난 원인으로

2018년 '제주 난민 사태' 이후 무분별하게 퍼진 난민 성범죄 관련 가짜 뉴스 및 이슬람 혐오 정서가 연관 있어 보인다. 그리고 이슬람 극단주의 테러 집단인 ISIS의 세기말적 폭력, 중동의 독재 정권 몰락과 뒤이은 정치적 혼란이 알려지면서 이를 접한 젊은 층이 부정적 이미지를 떠올린 것으로 보인다.

또한 '우리의 국익에 중동이 중요한가'라는 질문에는 다수(80.3%)가 '그렇다'고 대답했다. 중동에 대해 중립적이거나 부정적 이미지를 떠올린 응답자도 중동이 국익에 중요하다고 봤다.

그런데 '중동' 하면 석유·가스 자원 부국을 떠올리고 중동이 국익에 중요하다고 했으나 정작 중동 출신 이민자에게는 유독 부정적(70.9%)이었다. 중동 다음으로 부정적 인식이 높았던 아프리카 출신 이민자(51.7%)에 대한 긍정적·부정적 인식 차는 오차 범위 내였다. 즉 중동 출신 이민자를 향한 한국인의 편견이 더 두드러졌다. 중동 이미지에서 테러 및 정치 혼란을 떠올린 비율이 낮았음에도 중동 출신 이민자에 대한 인식은 부정적이었다. 거리를 조금 두고 바라보면 중동에 대해 우호적일 수 있지만, 잠재적 이민자의 대상으로 바라보는 순간 중동을 둘러싼 부정적 꼬리표가 낙인효과처럼 작동한다. 이러한 인식의 모순은 여성과 젊은 층에서 더욱 두드러졌다.

중동을 향한 한국인의 배타성은 시리아 난민 문제에서도 드러났다. 응답자 절반 이상(60.5%)이 우리 정부가 시리아 난민 문제 해결에 적극적으로 나서지 않아야 한다고 답했다. 한편 미국발 이란 제재 참여에 대해 절반이 넘는(61.4%) 응답자가 동참하지 않아야 한다고 밝혔다. 트럼프 전 대통령 주도의 이란 제재를 향한 부정적인 인식은 중동 이미지,

중동 출신 이민자, 시리아 난민 문제를 둘러싼 태도와 관계없이 나타났다. 국내외에서 확산하는 반反트럼프 정서가 영향을 미쳤을 것이다. 한 나라의 외교는 상대국 국민의 마음을 얻는 것에서 출발한다. 한국인의 중동 편향과 이슬람 혐오는 상대국의 마음을 얻는 외교에서 걸림돌로 작용한다.

젊은 층과 여성층의 오해와 달리, 국내 난민 신청자는 잠재적 범죄자가 아닌 테러·전쟁·독재 정권이 야기한 폭력의 피해자에 가깝다. 우리나라 정부가 국민의 불필요한 불안을 해소하려면 난민 심사가 난민 협약 조약국인 한국의 난민법에 따라 엄정하게 이뤄지는 사실을 널리 알려야 한다. 법과 절차에 따른 난민 수용의 공론화는 다문화 사회로 갈 수밖에 없는 우리에게 필수적인 요소다. 조사 결과에서 보듯 대다수 한국인이 중동의 전략적 중요성에 공감하므로 불가능한 일은 아니라고 생각한다.

3

아직도 2%
부족한 중동 분석

이슬람이 지구 평화를 위협한다고?

'중동' 하면 종교 분쟁, 극단주의, 테러를 떠올리는데 이러한 문제의 근원이 이슬람이라고 당연시하기도 한다. 《문명의 충돌The Clash of Civilizations and the Remaking of World Order》의 저자이자 하버드대학교 정치학과 교수를 지낸 새뮤얼 헌팅턴Samuel P. Huntington은 보편적인 규범에서 벗어난 이슬람 문명 때문에 이 세계가 혼란에 빠질 수 있다고 경고한다. 헌팅턴은 숱한 이념 대결에서 살아남은 이슬람 문명이 끈질긴 생명력을 자랑하는 만큼 쉽게 변하지 않을 거라고 예상했다. 거대한 제국도 결국에는 쇠퇴하고 한 국가의 정부도 늘 사라지지만, 문명은 인류의 격변사 속에서 살아남은 불멸의 존재이기 때문이다. 그런데 서구 문명권이 오만한 착각에 빠져 이슬람 문명권에 정교분리, 대의제, 법치, 자유주의, 다원주의, 인권 등의 보편 가치를 강조함으로써 갈등을 일으켰다는 것이다.

헌팅턴에 따르면, 근대화를 거치며 성장을 일구고 군사력을 키운 개발도상국은 서구 문명권의 예상과 다르게 고유의 전통 가치와 문화를 되찾고 싶어 했다. 생존 자체에 더 이상 급급해하지 않게 된 개발도상국 사람들은 어느새 사회에 널리 퍼진 도덕적 방종과 물질주의를 개탄하며 종교에서 안식을 찾고자 했다. 산업화가 고도화됨에도 종교가 부흥하는 아이러니한 현상을 '신의 복수La Revanche de Dieu'라고 부른다. 게다가 서구 문명권의 핵심 국가인 미국이 보편주의적 세계관을 확장하려는 노력을 꾀하지만 이를 뒷받침할 능력이 항상 받쳐주는 것은 아니었다. 이슬람 문명권을 비롯한 다른 문명권은 이러한 미국의 행태를 제국주의의 위선과 이중 잣대로 읽었다.

헌팅턴의 문명충돌론과 이슬람 문명

문명충돌론에서 문명권은 중국, 일본, 힌두, 이슬람, 정교, 서구, 라틴 아메리카, 아프리카로 나뉜다. 이 가운데 이슬람 문명권이 서구 문명이 발전시킨 보편 가치에 가장 강한 거부감을 보인다. 이슬람 문명권이 고유 가치를 버리고 서구 보편주의를 받아들일 가능성은 제로다. 폭력을 미화하는 문화에 기반해 거대한 단일 이슬람 공동체 건설마저 추구한다. 이슬람 문명권 내의 인구는 폭증하는데 중심을 잡을 핵심 국가가 없으니 갈등과 전쟁이 '기본값'으로 따라온다. 헌팅턴은 중국 문명권 역시 서구식 보편주의를 거부하고 막강해진 경제력을 앞세워 중화주의로 뭉칠 것이라고 진단한다. 최악의 상황은 이슬람과 중국 문명권이 힘을 모아 서구 문명권이 이끄는 세계 질서에 대항함으로써 지구 평화가 흔들릴 때라고도 했다. 헌팅턴은 서구의 오만, 이슬람의 편협, 중국의 독단이 만나 문명이 충돌하는 최악의 조합을 매우 걱정했다.

《문명의 충돌》은 미국 내에서도 엄청난 반향을 일으킨 초대형 베스트셀러다. 이 책에서 헌팅턴은 무슨 말을 가장 하고 싶었을까? 그에 따르면 1990년대 미국의 민주당 정부가 국내외 정치에서 다양성을 장려하며 문제를 일으켰다. 문명충돌론에서 다양성의 수용은 매우 위험한 발상이다. 헌팅턴은 이 책에서 당시 빌 클린턴William Jefferson Bill Clinton 정부의 대외 정책 실패를 예로 들며 보스니아 전쟁에서 순진한 이상주의와 도덕주의, 발칸반도에 대한 무지 때문에 이슬람 문명권인 보스니아에 우호적 태도를 보였다고 비판한다. 인류의 대재앙이었던 보스니아 전쟁에서 서로 싸운 보스니아, 크로아티아, 세르비아는 각각 이슬람, 서구, 정교 문명권에 해당하며, 그중 보스니아 무슬림 민간인의 학살 피해가 가장 컸다. 서구 문명권에 속하는 국가는 크로아티아를 지원하면서 세르비아를 질책했고 보스니아에는 큰 관심을 두지 않았다. 그런데 미국은 문명적 패턴을 따르지 않은 채 보스니아를 향해 말뿐이긴 해도 연일 지지를 보냈다. 정작 물리적 지원은 많이 하지 않았다. 전쟁이 깊어가던 무렵에 독일은 크로아티아에게, 러시아는 세르비아에게 평화 협상에 참여하라고 압박할 수 있었으나 미국은 보스니아와 문화적 공통점이 부족해 특별한 역할을 할 수 없었다. 헌팅턴은 이 대목에서 다시 한번 강조한다. 서구 문명이 다른 문명과 충돌하는 것은 세계 평화와 국제 질서 유지에 가장 큰 위협이 되며, 한 문명을 대표하는 핵심 국가는 다른 문명이 연루된 갈등에 개입해서는 안 된다는 것이다.

책의 결론 부분은 다문화 이민 사회에 사는 미국 독자에게 주는 메시지로 가득하다. 미국 건국의 아버지는 다문화 국가가 지닌 다양성을 내부 안정과 협력을 해치는 문제점으로 봤다. 문명충돌론은 나라의 태생적인 취약점을 극복하려면 서구 문명의 보편 가치와 규범을 확고한 국시로 삼아야 한다고 주장한다. 문명의 충돌은 국제 질서의 안정은 물론 나라 안의 원활한 통치에도 걸림돌이 되기 때문이다. 문명에 기반한 국제 질서는 세계 전쟁을 막는 가장 확실한 보호 장치다. 때문에 미국 내 질서 안정 역시 서구 문명에 기반해서 얻을 수 있다. 동화주의 이민정책인 '멜팅 팟melting pot'이 다문화주의에 기반한 '샐러드 볼salad bowl' 정책보다 갈등을 피해 통합 사회를 이뤄가는 데 더 효과적이다. 지역사회에 '리틀 아라비아'나 '차이나타운'이 생겨나는 건 좋은 징조가 아니다. '프티 프랑스', '리틀 이탈리아'면 몰라도.

9·11 테러 발발 이후 아프가니스탄과 이라크에서 오랜 기간 전쟁을 치른 미국이 최근 중국을 견제하려고 미중 경쟁을 주도하자 문명충돌론의 선견지명에 무릎을 치는 사람이 늘어났다. 중동에서 분다는 친중 바람 소식에 여기저기서 헌팅턴의 혜안이 재소환되기도 한다.

문명충돌론이 놓친 것

그러나 문명충돌론의 허점은 현실에서 분명히 드러난다. 이슬람 문명권은 중동에 국한되지 않는다. 전 세계에서 이슬람을 믿는 무슬림이 가장 많은 나라는 인도네시아, 인도 순이며 이들 나라의 민주주의 수준은 세계 기준에서 보면 평균 이상이다. 같은 문명권 내의 나라는 똑

똘 뭉친다는 헌팅턴의 주장과 달리, 최근 중동 이슬람 세계의 핵심 갈등은 이슬람 문명권 내의 수니파와 시아파의 대립이다. 같은 무슬림인 수니파와 시아파가 서로 으르렁대며 안방 싸움에 한창이다. 심지어 시아파가 다수인 이란의 팽창주의 행보에 맞서고자 2020년 수니파 아랍 국가와 유대 국가인 이스라엘이 아브라함 협정을 맺고 전략적 연대를 조직했다. 아브라함 연대의 대표 주자인 아랍에미리트에서는 유대교 커뮤니티가 활발히 활동 중이며 대규모의 힌두교 사원도 들어설 예정이다. 외부에서 주입하는 '서구식' 민주주의에 무슬림이 거부감을 보이기는 한다. 그러나 미국 퓨리서치센터Pew Research Center의 여론조사에서는 자기 손으로 지도자를 직접 뽑는 민주주의 원칙을 지지한다고 밝혔다.[12]

급진적 시각은 어느 문명에서나 존재한다. 게다가 냉전이 끝난 시기에도 민주화 바람의 혜택을 받지 못한 중동에서 이슬람 정치조직은 대표적인 반독재 세력이었다. 이러한 이유로 아랍의 봄 혁명 이후 시행된 여러 나라의 첫 민주 선거에서 이슬람 정당이 압도적으로 이겼다. 물론 오랜 시간 재야에서 반체제 활동을 해온 탓에 국정 운영의 경험이 없던 이슬람 정치조직은 시민의 조급한 기대를 충족시키지 못하고 신흥 민주주의의 덫에 걸리고 말았다.

문명의 거대 담론을 담은 《문명의 충돌》은 잘못된 사례와 논리적 오류를 곳곳에서 드러낸다. 지나치게 대담한 이야기를 시공간을 넘나들며 풀어내다 보니 자기 논리 안에서 자가당착에 빠진다. 문명충돌론의 약점은 한국인의 뚜렷한 반중 정서에서도 발견된다. 문명충돌론에 따르면 우리는 중국 문명권에 들어가며 유교 문화의 우산 아래 중국과 종속 및 협력 관계를 유지하며 잘 지낸다. 우리가 문명권의 핵심 국가인 중국과 오랜 기간 역사를 공유한 만큼 중화주의에 불편함이 없다고 말한다. 하지만 현실은 꽤 다르다. 2022년 아산정책연구원이 실시한 여론조사[13]에서 한국인은 조 바이든Joseph R. Biden 미국 대통령에게 6.85점, 시진핑 주석에게 1.99점의 호감도를 보였다(5점 중립). 또한 한미 동맹의 역할에 민주주의와 인권 등 보편 가치를 포함해야 한다는 의견은 60.2%였다. 2022년 미국 퓨리서치센터가 실시한 조사에서 한국인의 대미對美 호감도는 89%, 대중對中 호감도는 19%로 나타났는데, 한국의 대미와 대중 호감도 격차가 19개 조사 대상국 가운데 가장 컸다. 사드 배치에 따른 중국의 경제 보복과 숱한 문화 왜곡 등으로 한국인의 반중 감정이 더 커진 것으로 풀이된다.

아랍 걸프국과 이스라엘 출신 동료에게 우리의 반중 정서를 알려주었더니 의아하다는 반응을 보였다. "너희는 중국의 팽창주의를 잘 모

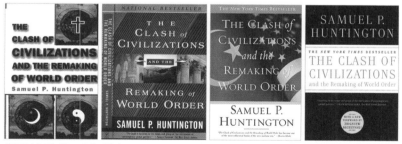

《문명의 충돌》 책 표지의 변천사. 1996년도 초판 표지(맨 왼쪽)는 '서구-이슬람-중국' 문명권의 아이콘을 확연히 드러냈으나 이후 각 문명의 유적지 사진(왼쪽에서 두 번째 1997년도 판 표지)으로 대체해 전체 톤을 누그러뜨렸다. 2001년 9·11 테러 발발 이후에 바뀐 표지(2003년도 판, 오른쪽에서 두 번째)에서는 미국 성조기가 이슬람 문명권을 대표하는 깃발과 맞닿아 있는데 이슬람 문명권의 깃발에는 상징색인 초록색 바탕에 초승달과 별 모양의 상징이 그려져 있다. 가장 최근 판의 표지(2011년도 판)는 아무런 상징 없이 검은 바탕, 흰 띠로 장식됐다.

르는 것 같다"고 하니 "한국인은 이란의 위협을 잘 이해 못 하더라"는 답이 돌아왔다. 외부자는 내부의 사정을 단순화하는 오류를 범하고 국제 정세는 문명이 아닌 이해관계의 충돌로 요동친다.

'오리엔탈리즘'이 야기한 비과학적 시선

중동을 바라보는 시각은 크게 양분되는데, 끊이지 않는 폭력과 분쟁의 원인이 '이슬람 문화' 자체라고 주장하는 쪽과 '식민 지배의 유산'이라고 주장하는 쪽이 팽팽히 맞서고 있다. 학계에서는 후자의 목소리가 꽤 크다. 많은 나라가 제국주의의 영향 아래서 근대국가의 기초를 다진 후 비대해진 국가와 위축된 시민사회라는 부작용을 겪었기에 공감이 가는 이야기다. 독립 이후 신생 엘리트가 발전을 핑계로 식민 지배 시기의 강권기구를 복원해 독재정치를 펼쳤더라도 원죄는 제국주의에 있다고 보기도 한다. 우리의 사정도 비슷하다. 평화의 종교인 이슬람을 오해한다는 호통과 중동의 혼란은 영불英佛 제국주의에 이은 미국 패권주의와 유대 자본의 음모라는 주장이 힘을 얻는다.

이런 시각은 에드워드 사이드Edward W. Said가 쓴 《오리엔탈리즘 Orientalism》에 크게 의존한다. 컬럼비아대학교 영문학과 교수였던 사이드는 오리엔트, 즉 중동 이슬람 세계의 문제는 전적으로 제국주의 때문이라고 잘라 말한다. 나아가 서구는 제국주의의 파괴적 음모를 은폐하려고 오리엔트를 의도적으로 비하하며 오리엔탈리즘이란 학문을 체계화했다고 강조한다. 사이드는 헌팅턴과 정반대의 스펙트럼에 있다.

구조주의자인 사이드에 따르면 세상의 모든 일이 가진 자의 이익을 극대화하려는 정치적 결정이듯이 서구의 중동 연구도 제국주의의 이해관계에 복무한 학문에 불과하다. 불평등한 권력 구조 안에서는 순수 지식이 존재할 수 없으므로 권위를 얻은 지식을 끊임없이 의심하라고 조언한다. 서구는 오리엔트를 제대로 알지도 못하면서 그저 오묘하고 비합리적이라고 우길 뿐이다. 덧붙여 사이드는 오리엔트 사람이 아니면 오리엔트를 절대 이해할 수 없다고 단호히 말한다.

사이드는 팔레스타인에서 태어난 아랍 기독교도로 청소년 시절 미국으로 이민을 가 하버드대학교에서 영문학 박사 학위를 받았다. 비교문학에 밝은 만큼 그는 오리엔탈리즘이라는 학문이 내적 일관성을 유지하면서 반박 불가의 권위를 쌓기 위해 방대한 자료를 어떻게 적시 적소에 활용했는지를 따지면서 제국주의의 음흉한 의도를 파헤친다. 고대 그리스 작품인 호메로스Homeros의 《일리아드Iliad》, 아이스킬로스Aeschylos의 《페르시아인Persai》, 에우리피데스Euripides의 《바쿠스의 여인들Bacchae》부터 18세기 영국의 에드워드 윌리엄 레인Edward William Lane, 독일의 요한 볼프강 폰 괴테Johann Wolfgang von Goethe, 19세기 영국의 에드워드 피츠제럴드Edward FitzGerald, 프랑스의 제라르 드 네르발Gerard de Nerval과 귀스타브 플로베르Gustave Flaubert의 작품까지 조목조목 해부한다. 볼프강 아마데우스 모차르트Wolfgang Amadeus Mozart의 음악, 영화 〈아라비아의 로렌스〉의 실존 인물인 영국군 장교 토머스 에드워드 로렌스Thomas Edward Lawrence의 스펙터클한 모험기, 프랑스 언어학자 조제프 에르네스트 르낭Joseph Ernest Renan의 저작과 데임 애거사 크리스티Dame Agatha Christie의 추리소설도 사이드의 블랙리스트에서 벗어날 수 없다.

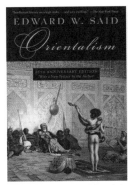

《오리엔탈리즘》책 표지(왼쪽)와 거기에 실린 장 레옹 제롬의 그림 〈뱀 조련사〉(1879년도 작). 장 레옹 제롬의 그림 속에는 몽롱한 표정의 병사 무리가 오스만제국 시기의 이즈니크Iznik 스타일 문양과 《쿠란》구절이 새겨진 타일 벽에 무기를 든 채 기대어 있고, 그 앞에서 알몸의 미소년이 라틴아메리카에서나 볼 수 있는 보아 뱀을 조련하고 있다. 화가는 오리엔트의 판타지를 호전성, 욕망, 기이함 등으로 작위적으로 섞어 세밀하게 묘사했다.

서구는 왜 오리엔트를 타자화하는가

《오리엔탈리즘》에 따르면 서구는 오리엔트를 단순하게 열등한 것으로 규정하지 않는다. 서구가 오리엔트의 이미지를 묘사하면서 사용한 언어는 남성이 독점하는 땅, 잔혹함, 적대감, 증오, 기이함, 신비로움, 지칠 줄 모르는 관능, 무한한 욕망, 하렘harem, 베일veil, 노예, 춤추는 소년에 이른다. 《오리엔탈리즘》의 초판 표지인 장 레옹 제롬Jean Leon Gerome의 그림에도 눈이 풀린 병사 무리 앞에서 뱀을 조련하는 알몸의 미소년이 서 있다.

서구는 왜 오리엔트에 허구 이미지를 씌워 비하했을까? 이 책에서 서구는 합리주의를 바탕으로 한 근대정신을 확고히 자리매김하고 자신의 우월성을 과시하고자 오리엔트라는 야만의 세계를 타자화했다. 오리엔트로 옥시덴트Occident의 부활을 꾀한 것이다. 유럽이 중세 암흑기에 갇했을 때 오리엔트는 학문, 예술, 군사적으로 강력한 경쟁자였기에 두려운 상대이기도 했다. 따라서 서구 권력자가 오리엔트를 향해 집착에 가까운 관심을 두는 것은 당연했다.

또 하나의 의문점, 왜 일반 독자는 전문가의 말을 곧이곧대로 믿는 것일까? 사이드에 따르면 일반인은 권위에 약하다. 오리엔탈리즘은 작품과 작가를 인용하는 체계적 시스템인데, 사람은 낯선 대상 앞에서 방향을 잃는 것보다 이미 지적 권위를 인정받은 텍스트에 안심한다. 이 과정에서 친숙한 공간을 '우리', 낯선 공간을 '그들의 것'으로 지정하는 임의적이지만 보편적 방식을 선호한다. 오리엔탈리즘의 힘과 권력은 매우 강력해 과학적 일반론을 강조한 카를 마르크스Karl Heinrich Marx마저 오리엔트를 전제정치의 상징으로 보고 오리엔트 사람을 스스로 대표할 수 없는 존재라고 비하했다.

하지만 중동 이슬람 세계에 관한 모든 지식이 제국주의와 자본가 간 결탁의 음모라는 사이드의 주장은 과장됐다. 중동에서 나고 자라지 못한 사람은 그 지역을 결코 온전히 이해할 수 없다는 사이드의 선언은 불편하다. 지적 담론이란 기득권자의 부패한 정치 교리이므로 다른 지역을 순수하게 해석하는 게 애당초 불가능하다니, 답답하다. 과학적 지식과 이론의 가치는 독립성의 확보에 있는데 단지 서구에서 만들어진 자료라는 이유로 객관성 없이 왜곡됐다는 주장은 다소 과하다. 사이드의 논리대로라면 미국과 유럽 학계의 중동 분석은 정치적 산물에 불과하지만, 학문의 독립과 표현의 자유를 옥죄는 중동의 권위주의 체제에서 나온 지식이 더 순수하다. 과연 중동 시장에 소중한 자산 투자를 결정할 때 〈뉴욕타임스The New York Times〉, 〈가디언The Guardian〉, 〈르몽드Le

Monde〉, 〈슈피겔Der Spiegel〉보다 현지 언론 정보에 더 기대는 사람이 얼마나 될까?

사이드의 《오리엔탈리즘》은 힘의 배분 구조를 중동 분석의 핵심에 두었다는 점에서 문화의 우열을 따지는 이론보다는 더 과학적이다. 하지만 제국주의의 폐해를 폭로하는 데 몰두한 나머지 '사실'보다는 이념 선전과 진영 논리에 갇혀 옴짝달싹 못 한다. 나름 독창성과 설득력을 갖추고 있음에도 감성과 당위에 치우친 구호를 앞세운다면 '진실'은 찾을 수 없다.

사이드를 추종하던 몇몇 학자는 조금 더 과학적인 분석에 집중하고 이념적 도그마의 위험에서 벗어나고자 각 나라 내부 권력의 불평등과 모순에 주목했다. 그러나 이들 역시 과거의 불평등한 권력 배분 구조가 현재의 격차와 갈등으로 오롯이 이어졌다며 거대한 역사적 구조의 덫을 지나치게 강조한 채 인간의 의지와 결단을 간과했다.

인간은 이해관계와 손익 계산에 따라 주판알을 튕기며 그에 맞는 선택을 취한다. 그 배경이 중동 이슬람 세계든 서구든, 중세든 현대든 간에 상관없다. 국내외 정치 현상은 손익계산서 관점으로 바라봐야 가장 정확하고 명쾌하게 보인다. 단 인간의 인식이 항상 완벽한 것은 아니므로 비합리적인 행동이 종종 나타난다. 중동의 변혁과 격변을 이해하는 데 핵심은 인간이 합리성을 바탕으로 비용과 편익을 계산하는 과정에서 오히려 비합리성을 자주 드러낸다는 것이다.

Part 2

중동으로
쏠리는
전 세계의 시선

파격적인 개혁 개방을
선포한 걸프 산유국

왕정 개혁을 요구하는 중동의 MZ 세대

아랍에미리트와 사우디아라비아는 석유산업 의존도를 낮추고 보수적인 이슬람 체제에서 벗어나기 위한 개혁을 파격적으로 추진하고 있다. 2010년대 중반에 두 나라는 첨단산업 분야 육성, 청년과 여성 인재 등용, 이슬람법 적용 완화 등의 실행을 과감하게 결단했다. 그리고 2020년 아랍에미리트는 화성 탐사선 발사에 성공함으로써 미국, 러시아, 유럽연합, 중국, 인도에 이어 우주 강국의 반열에 올랐다. 2009년 한국의 인공위성 개발 업체인 '쎄트렉아이'의 기술을 빌려 첫 위성 발사에 성공하더니 이제는 우리를 앞서는 우주 강국이 됐다. 희망이란 뜻의 화성 탐사선 '아말Amal' 발사 프로젝트 성공에는 1987년생 여성 과학자 사라 빈트 유수프 알 아미리Sarah Bint Yousif Al Amiri 첨단과학기술부 장관이 있다. 아랍에미리트 개혁 정책의 상징인 알 아미리 장관은 2020년 영국 BBC 방송의 '올해의 여성 100인'에 선정됐다. 아말 프로젝트 연구진 200명의 평균 나이는 28세로, 아랍에미리트는 중동에서 가장 적극적으로 우주 개발 프로젝트를 주도하고 있다. 2022년 총리이자 두바이 통치자인 무함마드 빈 라시드 알막툼Muhammad bin Rashid al-Maktoum은 트위터에 2023년 장기 임무를 수행할 우주인을 국제 우주 정거장에 보낼 것이라고 밝혔다. 아랍에미리트 지도자는 주요 소식을 트위터로 알리는데, 2024년에 무인 우주선을 달에 보내고 2117년에는 화성에 도시를 세운다는 프로젝트도 발표했다.

아랍에미리트의 획기적 개혁 양상

아랍에미리트는 2016년 정부 규모 축소와 젊은 여성 인재 영입을 핵심으로 한 연합정부 개편안을 발표했는데, 알막툼 총리가 이 역시 트위터로 알렸다. 신임 장관급 8명 가운데 22세의 청년부 장관, 29세의 과학위원회 위원장을 포함해 5명이 젊은 여성이었다. 또한 아부다비 경제부의 국장 40여 명을 젊은 인재로 교체했다. 나아가 2019년에는 연방 평의회 의석 절반을 여성에게 할당했다. 2020년 11월에는 형법, 형사소송법, 기업법, 가족법, 민법 등에서의 이슬람법 적용 완화 및 개인의 자유 확대를 명시한 연방법 개정안을 발표해 사법 체계의 현대화를 꾀했다. 명예 살인과 여성 대상 범죄의 강력 처벌, 미혼 남녀의 동거 허용, 주류 면허 없이도 술 구매 허용 등의 내용이 들어갔다. 또 항공우주, 재생에너지 등 13개 산업, 122개 분야에서 외국 기업이 아랍에미리트 내에 법인 설립 시 현지 파트너 없이 지분 100%를 보유할 수 있도록 규제를 완화했다. 과거에는 지분 보유 상한선이 49%였다. 이러한 변화 결과 아랍에미리트는 국가별 혁신 성과를 보여주는 지표인 '2020년 글로벌 혁신 지수'에서 131개국 중 34위에 랭크됐다.

아랍에미리트는 걸프협력회의 6개국 가운데 군사, 외교 안보, 경제, 사회 분야 개혁을 가장 먼저 독보적인 속도로 추진한 나라다. 2022년 대통령이 된 무함마드 빈 자이드 알 나흐얀 아부다비 통치자는 아랍에미리트의 실질적 지도자로 2000년대 중반부터 능동적인 군사 안보, 투명 외교, 산업 다각화, 개방 사회 달성을 목표로 한 국가 체질 개선에 힘써왔다. 무함마드 빈 자이드는 2022년 사우디아라비아의 총리가 된 무함마드 빈 살만 알 사우드Mohammed bin Salman Al Saud 왕세자의 멘토로 알려져 있다. 2011년 리비아의 독재자 카다피가 민주화 시위를 유혈 진압하자 아랍에미리트는 카다피를 응징하려는 나토(NATO, 북대서양조약기구)의 '오디세이 새벽 작전'에 적극 참여해 미군과 나토 장성으로부터 '작은 스파르타', '미국의 오른팔'이라는 별명을 얻었다. 다행히 수니파 대표국인 사우디아라비아와 달리 대외적 위상을 고려해야 하는 제약이 덜한 나라다. 아랍에미리트의 이러한 역량과 지위는 친미 수니파 아랍 쿼텟Arab Quartet(아랍에미리트, 사우디아라비아, 바레인, 이집트로 구성) 내에서도 독보적인 면모이자 이스라엘과의 협력을 추진하는 원동력으로 작용한다. 2020년 아랍에미리트는 이스라엘과 아브라함 협정을 맺고 국교를 수립해 기념비적인 '아랍-이스라엘 데탕트'를 이뤘다.

우주산업 분야에서 세계적으로 가장 압축적인 성장을 보이는 아랍에미리트. 아랍에미리트의 화성 탐사 임무를 소개하는 공식 사이트 화면(왼쪽). 이 사이트에는 화성 탐사 미션의 취지와 개발 목표, 현재 진행되고 있는 연구개발 모습 등을 소개하고 있다.

사우디아라비아의 미래, '비전 2030'

아랍에미리트보다 출발은 늦었지만, 사우디아라비아 역시 빠르게 변했다. 사우디아라비아의 광폭 변화는 2016년 당시 실권자인 무함마드 빈 살만 왕세자가 선포한 개혁 프로젝트 '비전 2030'과 함께 시작했다. 2017년 25년 만에 대중 콘서트가 열리고 2018년에는 35년 만에 영화 상영이 재개되어 남녀가 나란히 앉아 함께 즐기는 풍경을 연출했다. 그뿐 아니라 여성의 축구장 입장과 여성 운전도 허용됐으며, 일상 속에서 시민의 이슬람법 준수를 감독하는 종교 경찰도 거리에서 사라졌다. 2019년에는 수도 리야드Riyadh에서 BTS 콘서트가 개최돼 주변국 젊은이들의 부러움을 샀다. 공립 초등학교에서 여자 선생님이 3학년 남학생을 가르치고 남자 코치가 10학년 여학생 농구팀을 지도하는 것도 가능해졌다.

비전 2030이 시작되기 전에는 외국인 대상의 최첨단 초호화 호텔에서도 꽉 막힌 보수 이슬람 문화가 만연했다. 과거 사우디아라비아 외교부 주최의 국제 콘퍼런스가 열리는 유명 체인 호텔에 가봐도 남녀 공용 헬스클럽은 물론, 여성 전용 피트니스 센터도 찾아볼 수 없었다. 으리으리한 남성용 헬스장과 선명하게 비교됐다. 호텔 서비스 담당은 여성 인권과 국제 규범까지 들먹이며 항의하는 외국인 여성 학자에게 러닝머신을 호텔 방으로 직접 배달해줬다. 괴상하고 요란한 해결책이었다. 많은 외국인 여성이 방문을 활짝 열어놓은 채 객실 한가운데에 놓인 러닝머신에서 열심히 뛰는 진풍경이 벌어졌다.

2019년 사우디아라비아의 국영기업이자 세계 최대 석유회사인 아람코Aramco의 주식 상장이 최초로 이뤄졌다. 개혁 프로젝트의 재원 마련을 위해서였다. 정부는 역사상 처음으로 관광 비자 시스템을 도입했으며 이어 사우디아라비아 첫 여성 대사가 임명됐다. 2021년 여성의 경제활동 참가율이 32.4%를 기록하며 4년 전보다 두 배 증가했다. 항구도시 제다Jedda에서는 홍해 국제영화제가 열렸고 최첨단 친환경 미래 도시 '네옴Neom' 프로젝트에 탄소 제로 지역의 건설 계획이 추가됐다. 네옴 프로젝트는 홍해 지역에 친환경 에너지로만 운영하는 도시를 짓는 계획인데 그 면적이 서울 면적의 44배로 이웃 나라인 쿠웨이트나 이스라엘보다도 크다. 네옴 안에는 주거용 메가 단지인 '더 라인The Line', 해상 첨단산업단지인 '옥사곤Oxagon', 산악 관광단지인 '트로제나Trojena', 휴양지인 '신달라Sindalah'가 들어서며 하늘을 나는 에어 택시를 대중교통 수단으로 활용한다. 그리고 2023년 사우디아라비아는 국제 우주정거장에서 우주 비행 임무를 수행할 첫 여성 우주인을 임명했다.

재정 위기와 청년 세대 변화에 따른 선택

두 나라의 이례적인 개혁 행보의 배경에는 2010년대 중반부터 이어진 저유가 시대가 촉발한 재정 위기가 있다. 2000년대 초반 미국은 최첨단 공법을 이용해 셰일shale에서 원유를 생산하는 '셰일 혁명'을 일으켰다. 재정의 80% 이상을 석유와 가스 자원 수출로 충당해온 걸프 산유국에 천연자원 시장의 지각 변동은 치명타였다. 미국발 셰일 혁명은 외부 충격에 속수무책으로 취약한 자원 부국의 저주를 불러냈다.[14] 단기적인 수익성에 치중한 단일 산업에 주력함으로써 외부 의존도가 높은 경제구조를 지닌 불로소득 국가는 유가 변동과 국제금융시장의 위기와 같은 대외 충격에 취약하다.

비非오펙(OPEC, 석유수출국기구) 국가가 오펙 회원국의 원유 생산량을 앞지르자 회원국 중 최대 생산국인 사우디아라비아는 증산으로 원유 시장의 주도권을 지키려 했다. 그러나 난립하던 셰일 업체는 치열한 시장 논리에 맞춰 오히려 경쟁력을 키웠고 저유가 기조는 계속됐다. 2018년에 미국은 사우디아라비아를 제치고 세계 최대 산유국에 올랐고 2019년에는 원유 수출국이 됐다. 결국 아랍에미리트와 사우디아라비아를 비롯한 오펙 회원국은 적자의 긴 터널로 들어갔고 재정수지와 실질 성장률의 하락을 쓰라리게 경험했다. 무상 의료, 무상교육, 저가 주택 공급, 보조금 지급 등 대규모 복지 정책으로 유지하던 통치 권위가 흔들렸다. '납세 없이 투표권 없다'의 통치 기반마저 전례 없는 재정 위기 앞에 재고해야 했다.

게다가 갑자기 덮친 코로나19 팬데믹 앞에서 걸프 산유국은 석유 의존 경제의 취약성을 다시금 절감했다. 이들 나라는 미국의 셰일 에너지자원 개발 이전부터 석유 자원이 영원하지 않다는 걸 깨닫고 탈석유 시대를 대비했으나 외부의 변화가 더 빨랐다. 코로나19 시기 동안 걸프 산유국은 초유의 저유가 사태로 이중고를 겪었다. 전 세계가 국경 폐쇄와 통행 제한을 시행하고 공장 문을 닫았다. 원유와 천연가스 수요 절벽으로 유가가 급락했고 추락을 거듭하던 유가는 마이너스를 기록하기도 했다. 자원 의존율이 낮은 아랍에미리트의 두바이는 그나마 사정이 나은 듯했으나 물류와 관광 허브화에 '올인' 한 두바이 역시 직격탄을 맞았다. 이러한 충격은 이웃한 비산유국으로 이어졌다. 걸프 산유국에서 일하는 이집트, 레바논, 요르단, 모로코 출신 노동자들이 월급을 자국으로 제때 송금하지 못하면서다. 산유국발 송금은 이들 비산유국 경제에 큰 부분을 차지해왔다. 그러다 2022년 러시아가 우크라이나를 침공하자 유가가 고공 행진했다. 고유가로 국고는 두둑해졌으나 산유국은 자원 의존 경제의 불안정을 다시 한번 각인했다.

그런데 왜 유독 아랍에미리트와 사우디아라비아일까? 두 나라의 개혁 속도는 이들이 속한 걸프협력회의 회원국 중에서도 단연 빠르다. 아랍에미리트와 사우디아라비아는 걸프협력회의 회원국 전체 인구의 75%, 회원국 전체 국내총생산의 70% 이상을 차지한다. 이 때문에 양국의 독보적인 개혁 추진은 걸프 산유국 전체는 물론 양국에서 일하는 해외 노동자들의 모국에도 막대한 영향을 끼친다. 넘쳐나는 오일머니 덕에 세금을 걷지 않던 걸프협력회의 회원국들은 2016년 특별소비세, 2017년 부가가치세 도입 계획을 함께 발표했다. 그러나 이를 선도적으로 행동에 옮긴 나라는 아랍에미리트와 사우디아라비아였다. 바레인, 카타르, 오만, 쿠웨이트는 양국의 과세 실험을 지켜본 후 뒤따르거나 세제 도입 논의를 여전히 진행 중이다. 담배, 탄산음료, 에너지 음료에 대한 특별소비세 제도를 2017년에 사우디아라비아와 아랍에미리트가 먼저 실시한 지 몇 달 후 바레인도 제도를 도입했고, 2019년에는 카타르와 오만이 뒤따랐으나 쿠웨이트는 2023년에 들어선 시점에서도 결단을 내리지 못했다. 재화와 서비스에 대한 부가가치세 도입 역시 2018년에 사우디아라비아와 아랍에미리트가 먼저 시행하고 다음 해에 바레인이 뒤따랐다. 오만은 2021년에 실행에 옮겼고 쿠웨이트와 카타르는 2023년에 들어선 시점까지 결정을 못 했다.

일련의 개혁을 통해 아랍에미리트와 사우디아라비아는 2018년부터 재정 건전성 면에서 이전보다 나은 수치를 보였다. 투자자의 마음을 사고 외자 유치를 늘리려는 국가 이미지 개선 전략이 먹혔다. 그럼에도 양국은 국가의 명운을 걸었다는 듯이 더욱 과감하게 파격적 개혁 행보에 나섰다. 저유가 재정 위기보다 정권 안정에 더 큰 위협은 바로 인구의 절반이 넘는 청년층의 의식 변화였다. 재정 위기가 개혁의 배경이라면 청년 세대의 변화는 개혁의 결정적인 드라이브다. 35세 이하 청년인구가 아랍에미리트 전체 인구의 58%, 사우디아라비아 전체 인구의 69%를 차지한다. 석유 개발 시기 전에 사막 유목 생활을 하거나 사냥과 진주 채취를 하던 부모 세대와 달리 이들 청년층은 세계 여행을 즐기며 생활 전반에서 첨단 정보 기술을 활용한다. 양국의 젊은 세대는 2011년에 일어난 아랍의 봄 민주화 혁명으로 이웃한 튀니지, 이집트, 시리아, 리비아, 예멘의 장기 독재 정권이 무너지거나 흔들리는 것을 목격했다. '아랍 청년 여론조사', '사우디아라비아의 가치를 묻는 여론조사Saudi Value Survey', 미국의 '조그비 리서치 서비스Zogby Research Services'

등의 여론조사에 따르면, 걸프협력회의 회원국 중에서 특히 아랍에미리트와 사우디아라비아의 35세 이하 청년 세대가 종교, 가족, 공동체, 민족 대신 개인 의사, 실용주의, 민주주의, 세계화의 가치를 더 중요하게 여겼다.[15]

2010년대 초부터 10여 년간 이러한 추세는 점차 뚜렷해졌다. 청년 세대는 정체성에 관한 질문에서 이슬람이 중요치 않고 종교 기관의 개혁이 필요하며 결혼에서 개인 가치관이 중요할뿐더러 민주주의가 최선의 체제라고 답했다. 또한 '이란이 아랍 지역의 종파 갈등을 부추긴다', '이스라엘은 적국이다'라는 견해에 공감하는 정도도 점차 낮아졌다. 아랍 세계의 여론조사를 시행해온 기관에 따르면, 아랍의 봄 혁명 이후 아랍에미리트와 사우디아라비아를 비롯한 산유국이 자국민을 상대로 한 민감한 주제의 여론조사에 불편을 토로하며 개입을 시도하려는 횟수도 줄어들었다. 이들 여론조사 기관은 아랍 지역 여론조사에서 나타나는 응답자의 편향과 오차 정도가 다른 지역과 비슷한 수준이며 아랍에미리트와 사우디아라비아가 속한 걸프협력회의 회원국의 응답률은 타 국가나 다른 지역에 비해 높은 수준으로 평가했다.

이웃 국가의 독재 정권을 순식간에 무너뜨린 민주화 혁명에 위협을 느낀 아랍에미리트와 사우디아라비아의 산유 왕정은 청년층의 여론을 정책에 반영해 화답의 제스처를 보이고자 했다. 정치적 롤러코스터를 지켜본 중동의 위정자는 정권 생존의 위기를 미리 방지하고자 젊은 세대의 변화를 예의 주시하는 등 심적 압박에 시달린다. 이들 걸프 산유 왕정의 과감한 개혁이 아랍의 봄 혁명의 성공이라는 평가도 있다. 무함마드 빈 자이드 아랍에미리트 아부다비 통치자와 무함마드 빈 살만 사우디아라비아 왕세자는 공식 연설에서 자국 청년을 향한 찬사를 빼놓지 않는다.

산업화 단계를 거친 사회에서 전통적 권위는 힘을 잃고 자기표현의 자유를 향한 합리적 욕구가 생겨나기 마련이다. 아랍에미리트와 사우디아라비아의 국가 체질 개선 프로젝트는 되돌릴 수 없는 티핑 포인트를 넘어섰다. 바로 인구의 절반 이상을 차지하는 청년 세대의 변화 때문이다. 개혁의 속도가 빠르다는 우려가 있으나 이미 맹렬한 기세로 진입한 경로에서 빠져나오는 비용이 더 많이 든다. 무엇보다 아랍에미리트와 사우디아라비아가 처한 여러 위기를 타개할 옵션이 빠른 개혁 외에는 없다. 그리고 이들 국가의 개혁 질주는 젊은 세대의 전폭적인 지지를 받고 있다. 청년층이 납세와 보조금 삭감까지 감수하면서 개혁을 지지한다니 기대해볼 만하다.

외교 안보는 무슬림 혼인처럼

무함마드 빈 살만 왕세자의 개혁 추진

1985년생으로 사우디아라비아의 살아 있는 '절대 권력'이 된 무함마드 빈 살만 왕세자는 중동에서 개혁의 상징으로 떠오르고 있다. 왕세자의 주도로 석유 의존 경제의 위기 도래와 청년 세대의 인식 변화에 맞춰 산업의 다각화와 개방 사회를 목표로 과감한 개혁이 숨 가쁘게 진행되고 있다. 왕세자는 시민의 이슬람법 준수를 단속한다며 무소불위의 권력을 휘두르던 5천여 명에 달하는 종교 경찰을 거리에서 사라지게 했다. 여성의 운전과 축구장 입장, 남녀 혼석, 영화 상영과 콘서트 개최를 허용하고 태형을 금지했으며 사형제 폐지를 논의했다. 새로운 국영방송에서는 동성애 주제를 다루고 데이트 앱에 대한 금지도 풀었다. 건국 이래 처음으로 세금을 걷었고 보조금 제도를 없앴다. 왕세자가 야심차게 추진하는 네옴 프로젝트 발주에 전 세계가 앞다퉈 경쟁에 나섰다.

해외 유학파가 다수인 왕실 유력층과 달리 베두인 부족 출신 엄마를 둔 무함마드 빈 살만 왕세자는 자국에서 이슬람법을 전공했다. 이런 배경 덕분에 왕세자는 개혁과 열린사회에 반발하는 강경 이슬람주의의 와하비Wahhabi 세력을 대거 숙청하고 탈脫이슬람 정책을 밀어붙일 수 있었다. 왕세자는 와하비즘Wahhabism의 이슬람 해석이 크게 왜곡되고 사우디아라비아의 역사와도 무관하다고 선언했다. 와하비 세력은 건국 초기 사우디아라비아 왕실과 연합해 왕실을 향한 순응이 이슬람의 실천이라는 지배 담론을 확산시켰다. 그러나 점차 비대해진 와하비 세력은 급진화되더니 알카에다를 조직해 9·11 테러를 일으켰다. 이 테러를 벌인 알카에다 대원 19명 중 15명이 사우디아라비아 출신이었다. 물론 왕세자의 출신 배경 외에 그의 젊은 나이도 획기적인 개혁 추진을 가능케 한 요소였다. 왕세자는 자신을 포함해 전체 인구의 70%에 이르는 청년층이 보수 이슬람 체제에 지쳤다며 자신을 향한 비판은 청년의 미래를 막는 것이라고 공포했다. 지난 40여 년간 왕세제는 70대였고 가장 젊은 왕세자라 해봐야 50대였다.

그런데 사우디아라비아 실세의 개혁과 관련해 유독 국내 사회·경제 부문만 집중 조명을 받았다. 사실 무함마드 빈 살만 왕세자는 대외 정

사우디아라비아는 금지했던 여성 운전을 2018년부터 허용했는데, 이는 사우디아라비아 개혁 개방의 일면을 보여준다는 점에서 의미가 있다.

책의 획기적인 변화도 천명했다. 사우디아라비아는 시아파 종주국인 이란의 팽창주의와 미국의 역내 역할 축소 선언으로 안보 위기를 맞았다. 러시아의 영향력 부상, 미중 경쟁의 심화도 지정학적 불안정을 선명하게 만들었다. 대외 정책 환경의 변화 속도가 저유가에 따른 재정 압박보다 훨씬 빨랐다. 왕세자는 투명하고 다양한 외교 안보 처방을 선언했다. 친미 밀실 외교를 고집해온 사우디아라비아로선 파격적 일탈이다.

미국의 탈중동 전략과 사우디아라비아의 위기

이란은 사우디아라비아의 최대 맞수다. 두 나라는 시리아 내전에서 대치했고 예멘 내전에서도 맞서고 있다. 이란 강경 보수파 지배 연합의 군사 조직인 혁명수비대는 시리아 내전의 승기를 발판으로 레바논의 헤즈볼라, 시리아의 친이란 민병대, 이라크의 인민동원군, 예멘의 후티 반군, 가자 지구의 하마스 등 프록시proxy 조직의 후원에 속도를 내며 역내 헤게모니 확보에 나섰다. 2014년 발발한 예멘 내전에서 사우디아라비아가 주도하고 아랍에미리트가 지지하는 아랍연합전선은 정부군을, 이란은 후티 반군을 각각 지원했다. 전쟁 발발 이후로 후티 반군은 2021년 12월 기준 사우디아라비아 본토를 향해 탄도미사일로 430차례, 드론으로 851차례 공격했다. 공격 대상은 전략 시설인 리야드 국제공항과 제다항, 정유 시설 등이었다. 이런 상황에서 사우디아라비아의 안보를 책임져 주던 미국이 버락 오바마Barack Obama 정부 때부터 '아시아 중시 정책pivot to Asia'을 앞세워 탈중동 전략을 꾀하니 대외 정책 개혁이 절실했다.

우선 무함마드 빈 살만 왕세자는 비밀스러운 뒷거래로 이뤄지는 외교 안보 전략과 단절하겠다고 했다. 사우디아라비아는 1980년대 아프가니스탄 전쟁에서 당시 미국의 공산주의 봉쇄 전략을 도와 소련에 맞설 급진 이슬람 저항 조직 무자헤딘Mojahedin을 지원했다. 넘쳐나는 오일머니의 밀실 거래는 그러나 오사마 빈라덴Osama bin Laden과 알카에다를 탄생시켰다. 2003년 알카에다는 친미 성향의 사우디아라비아 왕정도 정면으로 겨냥해 리야드에서 대담한 총격전과 연속적인 자살 폭탄 테러를 일으켰다. 사우디아라비아는 투명하지 않은 전략 때문에 자국의 안보가 얼마나 취약해졌는지 미처 깨닫지 못했다. 이에 밀실 외교 대신 국제 무대의 안보 공조에 뛰어들었다. 사우디아라비아는 2011년에 일어난 시리아 내전에서 미국, 영국, 프랑스 등과 함께 시리아 반군을 후원하고 2014년 미국이 65여 개국의 우방과 함께 조직한 반ISIS 국제 연합 전선에서도 참여했으며 같은 해에 일어난 예멘 내전에서는 유엔이 인정한 정부군을 지원했다.

사우디아라비아 실권자는 미국과의 우방 관계에만 기대지 않기로도 했다. 무함마드 빈 살만 왕세자는 미국과 사우디아라비아의 관계를 '무슬림 혼인'에 비유하는 것을 즐긴다. 미국과 이혼하지 않고도 다른 세 명과 합법적으로 결혼할 수 있다는 말이다. 2016년 사우디아라비아는 비오펙 산유국인 러시아와 함께 '오펙 플러스OPEC+' 구성을 결정했다. 셰일 혁명에 성공한 후 세계 원유 시장에서 강력한 라이벌로 떠오른 미국을 겨냥한 결정이었다. 물론 오펙 플러스 내에서 사우디아라비아와 러시아는 종종 충돌했으나 오펙 플러스의 출범은 단연 사우디아라비아 외교의 획기적인 전환점이었다. 2017년에는 살만 빈 압둘아지즈 알 사우드Salman bin Abdulaziz Al Saud 사우디아라비아 국왕이 왕국 수립 이후 처음으로 러시아를 방문해 지대공미사일 시스템인 'S-400' 구매를 약속했다. 그의 아들인 무함마드 빈 살만 왕세자의 계산이었는데, 이때 구입하기로 한 러시아 무기는 미국의 사드 옆에 배치된다. 2022년 러시아가 우크라이나를 침공하자 국제사회는 이를 규탄했고 많은 나라가 미국 주도의 대러시아 제재에 동참했다. 그러나 사우디아라비아는 미국이 요청한 제재 참여와 원유 증산을 거절했다.

무슬림 혼인에 빗댄 외교정책의 다변화는 아시아 지향 정책인 '룩 이스트Look East' 정책으로도 나타난다. 왕세자는 2015년 미국의 오바마 정부 주도로 타결된 이란 핵 합의에 항의하며 중국을 핵 기술 협력 파트너로 고려한다고 했다. 혁신 기술 분야에서 미국과 중국의 경쟁이 치열하게 불붙는 시기에 중국을 디지털 기술 협력 파트너로 여긴다고도 했다. 미국은 중국을 견제하려고 중동을 떠난다지만 중국은 일대일로一帶一路 전략을 펼치려고 사우디아라비아, 아랍에미리트, 이스라엘, 튀르키예, 이란과의 경제협력을 확대했다. 화웨이를 비롯한 중국 정보 통신 기업이 사우디아라비아의 통신회사와 함께 5G 네트워크를 구축하고 중국의 인공지능 첨단 기술과 보안 감시 시스템이 사회 안으로 파고들었다.

외교 안보 다변화를 선언한 무함마드 빈 살만 왕세자도 앞으로 넘어야 할 산이 높다. 사우디아라비아 출신의 반정부 언론인인 자말 카슈끄지 살해 사건으로 젊고 자유로운 왕세자의 개혁 개방의 이미지가 바닥으로 곤두박질쳤다. 2018년 일단의 사우디아라비아 정보국 요원이 이스탄불 주재 자국 총영사관에서 카슈끄지를 잔인하게 살해했다. 이 사건으로 국제사회의 거센 비난이 사우디아라비아 왕실로 향했고 무함마드 빈 살만 체제의 정당성은 크게 흔들렸다. 권력의 정점에서 과도한 자신감에 취해 있던 왕세자는 개혁 개방의 가치와는 한참 동떨어진 비상식적 사건에 연루됐다.

무함마드 빈 살만 왕세자를 둘러싼 의혹과 그의 속마음

카슈끄지 살해 사건 이전에도 젊은 실세인 왕세자가 이끄는 개혁에 대해 우려의 목소리가 존재했다. 왕세자 혼자서 이 모든 개혁을 좌우하기 때문이었다. 2017년 말 왕세자는 왕자 11명과 전·현직 관료 및 기업가 200여 명을 부패 혐의로 체포해 리야드 리츠칼튼 호텔에 가뒀다.

반부패조사위원회의 조사 과정에서 혐의를 인정한 이들은 어마어마한 재산을 국고로 헌납한 후에야 풀려났다. 적법한 절차라지만 일인 권력을 다지려는 숙청이라고 말이 많았다. 사우디아라비아에는 공식적으로 7천 명이 넘는 왕자가 있으나 정권이 위태로워지는 것을 가장 우려해 실세 왕세자가 주도하고 청년 세대가 지지하는 개혁 개방을 대놓고 반대하거나 왕실 내분을 부추기지는 않는다.

2017년 중반 무함마드 빈 살만 왕세자의 서열 1위 등극을 두고도 비판이 있었다. 2015년 서열 2위에 오른 지 2년 만에 이뤄진 깜짝 상승이었기 때문이다. 2015년 압둘라 빈 압둘아지즈 알 사우드Abdullah bin Abdulaziz Al Saud 국왕이 타계하자 살만 빈 압둘아지즈 알 사우드 왕세제가 형제 승계 시스템에 따라 이복형에 이어서 즉위했다. 그리고 이복형제 중 가장 나이가 어린 무크린 빈 압둘아지즈 알 사우드Muqrin bin Abdulaziz Al Saud가 왕세제로 책봉됐다. 그러나 살만 국왕은 몇 달 뒤 무크린을 폐위하고 조카 무함마드 빈 나예프Muhammad bin Nayef를 왕세자로 지명해 부자 승계 시대를 알렸다. 동시에 아들 무함마드 빈 살만을 부왕세자 겸 국방부 장관으로 지명했다. 그리고 2년 후 살만 빈 압둘아지즈 국왕은 무함마드 빈 나예프 왕세자를 전격적으로 폐위하고 그 자리에 무함마드 빈 살만을 앉혔다. 2007년에 새로 생긴 왕실 선출위원회를 거친 집단 합의의 결과라지만 무함마드 빈 살만이 당시 서열 1위였던 사촌 형 무함마드 빈 나예프 왕세자를 감금해서 얻은 결과라는 얘기가 파다했다.

자신에 대한 부정적 평가를 불식하려는 듯 왕세자는 미국과 유럽 여러 나라를 돌며 자유분방한 개혁가 이미지를 대대적으로 선보였다.

2018년 초 첫 해외 순방에 나선 왕세자는 미국, 영국, 프랑스, 스페인의 각계 인사를 만나며 외교 행보를 이어갔다. 특히 3주간의 방미 일정에서 워싱턴DC를 비롯해 뉴욕, 보스턴, 실리콘밸리, 로스앤젤레스, 시애틀, 휴스턴까지 들러 개혁 개방의 야심작인 '비전 2030'을 알렸고 국가 이미지 개선과 투자 유치를 성공적으로 이뤄냈다. 사우디아라비아 청년층이 왕세자의 개혁을 열렬히 지지한다고 하니 국제사회의 기대감은 한껏 높아졌다.

하지만 2018년 말에 일어난 카슈끄지 사건으로 왕세자의 이미지는 한순간에 추락했다. 높았던 기대만큼 국제사회의 실망이 컸다. 미국 중앙정보국CIA이 카슈끄지 살해 배후로 무함마드 빈 살만 왕세자를 지목하자 인권과 민주주의의 가치를 강조한 바이든 대통령은 대가를 치러야 한다고 주장했다. 미국과 유럽 국가는 분노했고 미국발 압박 수위는 연일 높아져만 갔다. 왕세자가 외교 안보의 다변화를 선언하며 러시아와 중국과도 가까워지겠다고 했으나 미국과 유럽과의 관계 악화를 의도한 건 아니었다. 이란의 팽창주의가 언제 멈출지 모르는 역내에서 러시아와 중국은 미국의 자리를 메울 만큼의 능력과 생각이 없기 때문이다.

무함마드 빈 살만 왕세자의 속마음은 어떨까? 그는 미국에 매우 억울할 것이다. 언론인 카슈끄지의 죽음은 자신도 용납할 수 없는 범죄라며 여러 번 결백을 밝힌 터였다. 사우디아라비아 법원은 이미 정보국 일부의 일탈 행위로 결론짓고 관련자 11명을 기소하고 그중 8명에게 중형을 선고했다. 미국은 그동안 '국경없는기자회Reporters Sans Frontières'가 최악의 언론 탄압국으로 발표해온 북한, 투르크메니스탄, 미얀마 등의 국가에 이토록 집요하게 망신을 주었던가. 무엇보다 미국이 그토록 바라던 사우디아라비아의 개혁을 이뤄낸 이가 바로 모두의 예상을 깨고 2017년에 서열 1위 왕세자로 등극한 무함마드 빈 살만이었다.

무함마드 빈 살만 왕세자가 예멘 내전에서 정부군을 지원하는 동안 이란이 후원하는 후티 반군은 사우디아라비아 본토를 향해 1,300회가 넘는 미사일과 드론 공격을 벌였다. 그런데도 미국은 2022년 이란 핵 합의 복원을 노렸는지 후티 반군을 테러 단체 명단에서 제외했다. 이게 무슨 우방국이란 말인가. 2015년 당시 오바마 정부가 이란 핵 합의 성사를 강행하느라 합의안 내용에 탄도미사일 사안을 배제하더니 항의하는 사우디아라비아를 무임승차자라며 힐난했다. 왕세자는 미국이 오바마 정부 시기부터 지겹도록 강조한 탈중동 정책에 대비해 러시아, 중국과 밀착하면서 외교 다변화를 꾀했다. 그러자 미국은 민주주의의 편에 서라고 압박했다. 우크라이나 전쟁이 일어난 직후에는 미국이 다 짜고짜 원유 증산을 요청했다. 자유시장이 최고라면서 정치적 개입을 종용하다니 이 무슨 무례한 이중 잣대인가. 자국의 이익을 우선시하는 미국의 이중 잣대 적용에 중동은 항상 큰 혼란을 겪었다.

미국을 중심으로 한 자유주의 연대와 러시아와 중국이 주도하는 반미 연대의 대결 구도에서 사우디아라비아는 치열한 탐색전을 벌여 왔다. 2022년 여름에 바이든 대통령이 무함마드 빈 살만 왕세자를 만나려고 리야드를 찾았다. 공식 회동으로는 처음이었다. 과거 카슈끄지 살해 사건을 두고 바이든 대통령은 인권의 기본도 모르는 수준 이하의 애송이와는 절대 대화하지 않겠다고 선언한 바 있다. 하지만 러시아의 우크라이나 침공에 따른 국제 유가 폭등으로 미국 내에 40년 만에 최악이라는 인플레이션이 엄습했다. 바이든은 사우디아라비아의 인권 문제에 눈감기로 했다. 왕세자를 찾아가 달래며 원유 증산을 부탁하고 에너지 안보 위기를 해결해야 했다. 이참에 중동을 떠난다던 정책도 뒤집고 중동 안보에 끝까지 헌신하겠다고 깜짝 발표까지 했다.

그러나 젊은 왕세자는 미국의 180도 변신을 냉대했다. 증산 가능성에는 단호하고 싸늘하게 선을 그었다. 왕세자와 사우디아라비아 핵심 인사의 눈에 미국은 믿음이 안 가는 우방국이며 따라서 양국 간 신뢰 회복에는 시간이 필요하다. 바이든 대통령과 무함마드 빈 살만 왕세자는 만나지 않았어야 좋았을까? 그렇지 않다. 최악의 양국 관계가 개선의 계기를 갖게 된 것만으로 좋다. 오랜 우방인 두 나라는 서로가 필요하다. 불확실성의 시기인 지금은 더 그렇다.

막강한 오일머니와 스포츠워싱

2022년 11월 카타르에서 제22회 FIFA Fédération Internationale de Football Association(국제축구연맹) 월드컵이 열렸다. 겨울이란 시기와 중동이란 장소 모두 처음이었다. 40도를 훌쩍 넘는 여름철을 피했지만 11월 말 공기도 뜨겁기는 마찬가지라 경기장 전체의 첨단 냉각 시스템이 풀가동됐다. 인공지능 기술도 판정 과정에 활용됐다. 카타르는 10여 년간 2,200억 달러를 들여 초현대식 경기장 8곳을 짓고 도로와 지하철, 공항과 호텔 시설을 대대적으로 확충했다.

월드컵 개최와 카타르의 득실

그런데 카타르 월드컵 이야기는 건설 현장에서 일하던 인도, 파키스탄, 네팔, 방글라데시 출신 이주 노동자의 인권 문제로 이어진다. 2021년 영국의 〈가디언〉은 이주 노동자 6,751명이 열악한 처우로 사망했고 카타르 당국과 FIFA는 이를 알고도 묵인했다고 폭로했다. 선수들도 목소리를 냈는데, 독일과 노르웨이 대표팀 선수는 '인권'이라 쓰인 티셔츠를 입고 예선전에 참여했다. 잉글랜드 축구협회는 선수들에게 카타르 인권 상황을 브리핑하기도 했다. 이렇듯 국제사회의 비난이 들끓자 카타르 월드컵 조직위원회는 인력 업체의 규정 위반을 시인하고 재발 방지를 약속했다.

카타르 월드컵의 흑역사에는 뇌물 수수 스캔들도 있다. 2010년 FIFA가 카타르를 2022 월드컵 개최지로 선정하는 과정에서 뒷거래가 있었다는 의혹이 계속 제기됐다. 2015년 미국 법무부는 스위스 검찰과 공조해 월드컵 개최지 선정 관련 부패 혐의로 FIFA 간부 7명을 체포했다. 이 여파로 5선의 조제프 블라터Joseph S. Blatter FIFA 회장이 사임했다. 2019년에는 미셸 플라티니Michel Platini 전 유럽축구연맹 회장이 카타르 월드컵 관련 비리 혐의로 프랑스 경찰에 긴급체포 된 후 풀려났다.

여러 논란에도 카타르의 월드컵 개최는 그야말로 '잭팟'이었다. 천문학적 예산이 부담스럽지 않은 산유 왕정은 초호화 최첨단 월드컵을 열어 세계적인 인지도를 높이고 권위주의 체제의 부정적인 이미지를 세탁할 수 있었다. 카타르는 우리나라 경기도 면적만 한 작은 나라지만 천연가스와 석유 자원으로 축적한 부는 1인당 국민소득을 기준으로 걸프 산유국 가운데서도 단연 최고다. 월드컵 개최는 왕실의 위상을 과시하고 정권 안정을 다질 수 있는 절호의 기회였다. '중동의 스위스'가 되고 싶은 카타르는 이 기회를 이용해 자국의 현대적 이미지와 개방주의를 열심히 홍보할 참이었다. 중립국 스위스가 전 세계에서 몰려드는 온갖 검은돈에 비밀주의를 고집해도 크게 비난받지 않는 것처럼 국제사회의 비판에서 벗어나고 싶었다. 물론 축구와 스포츠를 앞세운 국가 브랜딩이 외자 유치의 경제 효과로 이어지는 것은 덤이다.

타밈 빈 하마드 알 사니Tamim bin Hamad Al Thani 카타르 국왕은 2013년 32세의 나이로 권좌에 올랐다. 이후 아랍 형제 왕정인 걸프협력회의 회원국과 전통적으로 함께 추구한 외교 노선이 아닌 독립적인 목소리를 냈다. 걸프협력회의 형제 왕정이 견제해온 무슬림형제단, 하마스, 헤즈볼라와 우호 관계를 다지고 이란, 튀르키예와 돈독한 관계를 맺었다. 아버지 국왕 시기부터 펼쳐온 카타르식 독자 대외 정책이 더 빨라졌다. 그러자 카타르는 수니파 대표국인 사우디아라비아와 갈등을 빚었다. 무엇보다 1920년대 이집트에서 출발한 이슬람 원리주의 조직인 무슬림형제단에 대한 견해차가 결정적 이유였다. 사우디아라비아, 아랍에미리트, 바레인은 무슬림형제단을 테러 조직으로 여기지만 카타르는 이들을 지지한다. 카타르와 무슬림형제단의 끈끈한 인연은 1960년대로 거슬러 올라간다. 페르시아만의 작은 나라인 카타르가 근대국가의 틀을 갖추려고 고군분투할 때 이집트의 무슬림형제단이 교육 분야의 기초를 세워줬다. 당시 이집트는 중동 이슬람 세계에서 전문직과 지식인 인구가 많기로 유명했다.

2017년 사우디아라비아는 카타르가 테러 단체인 무슬림형제단을 감싼다며 단교를 선언했다. 수니파 대표국의 결단에 아랍에미리트, 바레인, 이집트도 함께 단교에 나섰다. 카타르의 방송국 〈알자지라〉 아랍어 채널이 사우디아라비아를 향한 비판을 쏟아낸 것 역시 한몫했다. 〈알자지라〉 영어 채널과 달리 아랍어 채널에는 무슬림형제단 출신이 다수 포진해 있다. 또한 카타르는 2013년에 이집트 군부가 쫓아낸 무슬림형제단 지도부와 지지 세력에게 피난처를 제공한 적이 있다. 이 외에 카타르가 이란과 좋은 관계를 유지하고 있다는 사실도 사우디아라비아의 심기를 건드렸다. 그렇게 2021년이 되어서야 카타르는 단교에 따른 국경 봉쇄에서 벗어났다.

카타르의 대담한 독자 행보에 아랍 형제국은 불편함을 드러냈지만, 미국은 카타르의 독특한 지위를 활용했다. 카타르는 2020년 당시 트럼프 정부와 탈레반의 협상에서 중재자 역할을 맡았고 2021년에는 당시 바이든 정부의 아프가니스탄 철군 직후 벌어진 혼란과 무질서한 시기에 미국 민간인의 철수를 지원하기도 했다. 2022년 러시아가 우크라이나를 침공하자 바이든 대통령은 걸프 산유국 정상 가운데 알 사니 카타르 국왕을 가장 먼저 백악관으로 초청해 유럽행 천연가스 공급을 요청했다. 카타르는 중동 주요국과 마찬가지로 우크라이나 전쟁에서 중립적인 태도를 보였으나 사우디아라비아와 아랍에미리트가 미국의 증산 요구를 거절한 것과 달리, 대유럽 가스 수출 확대에 흔쾌히 응했다. 곧 바이든 정부는 사우디아라비아와 아랍에미리트가 아닌 카타르를 주요 비非나토 동맹국으로 지정했다. 물론 미국이 카타르와 반미 성향의 여러 국가 및 조직 간의 친분을 향한 의심의 눈초리를 거둔 것은 아니다. 그래도 카타르 내에 위치한 중동 최대 규모의 미군 기지와 카타르의 미국산 무기 구매력 덕에 두 나라는 불안하지만 균형 상태를 유지하고 있다.

유명 프로 축구팀을 구매하는 중동의 노림수

카타르를 비롯해 아랍에미리트와 사우디아라비아는 유럽 축구팀을 사들이면서 국제 무대에서 자국의 소프트 파워를 키우려고 한다. 아랍에미리트의 실질적인 지도자 무함마드 빈 자이드 아부다비 통치자의 친동생인 만수르 빈 자이드가 2008년 잉글랜드 프로 축구팀 '맨체스터 시티 FC'를, 카타르투자청이 2011년 프랑스 프로 축구팀 '파리 생제르맹'을, 사우디아라비아 국부펀드가 2021년 잉글랜드 프로 축구팀 '뉴캐슬 유나이티드'를 각각 거액에 인수한 까닭이다. 산유 왕정은 축구팀을 사들인 후 슈퍼스타를 대거 영입함으로써 리그 우승을 일궈냈다.

맨체스터 시티 FC와 파리 생제르맹 선수단이 연습과 경기 참여를 위해 아랍에미리트와 카타르를 정기적으로 찾을 때마다 전 세계 축구팬은 이 모습을 자연스레 접했다. 2021년도 아랍에미리트 글로브 사커 어워즈가 끝난 후 크리스티아누 호날두Cristiano Ronaldo, 킬리안 음바페Kylian Mbappe, 로베르트 레반도프스키Robert Lewandowski 같은 스타는 SNS에서 아랍에미리트에 감사를 전했고 이를 수억 명의 팔로워가 지켜봤다. 또 카타르 항공은 스페인 프로 축구팀 바르셀로나, 에미리트 항공은 잉글랜드 프로 축구팀 아스널, 에티하드 항공은 맨체스터 시티 FC와 유니폼 파트너십을 맺은 바 있는데, 이들 항공사를 향한 브랜드 친밀도는 해당 나라의 인지도 상승으로 이어졌다.

2021년 사우디아라비아가 잉글랜드 프로 축구팀인 뉴캐슬 유나이티드를 인수한 직후, 국제앰네스티가 사우디아라비아의 인권 문제를 저격했다. 하지만 뉴캐슬 유나이티드 팬 수천 명이 거리로 나와 사우디아라비아 국기를 흔들며 인수를 열렬히 환영했고, SNS에서도 새로운 후원자를 앞다퉈 칭송했다. 잉글랜드 프리미어리그에서 하위에 머물던 뉴캐슬 유나이티드의 팬들은 아랍에미리트 소유의 맨체스터 시티 FC와 카타르 소유의 파리 생제르맹이 보여준 화려한 실적을 떠올리며 희망에 부풀었다. 2018년 반정부 언론인인 카슈끄지 살해에 사우디아라비아 정부가 연루됐다는 설이 강하게 제기되자 사우디아라비아는 국가 브랜드 리뉴얼이 절실했다. 사우디아라비아는 2021년 처음으로 포뮬러 원 레이스도 제다에서 열었다. 2022년엔 미국 PGA 투어보다 훨씬 더 많은 상금을 내걸고 '리브 인터내셔널 시리즈LIV International Series'를 새롭게 출범시켰다.

2022년 월드컵을 무사히 치러낸 카타르의 알 사니 왕실 가문은 잉글랜드 프로 축구팀인 맨체스터 유나이티드 인수전에 뛰어들었다. 알 사니 국왕은 '맨유'의 팬으로 알려져 있는데, 유럽축구연맹은 카타르가 프로 축구팀 두 곳을 동시에 소유하는 것을 금지시켰다. 이미 카타르 투자청이 파리 생제르맹을 소유하고 있었으므로 이번에는 정부 대신 알 사니 가문이 개인 자격으로 인수전에 참여해 천문학적인 금액을 제안한 것이다.

사우디아라비아 역시 2022년 카타르 월드컵이 끝난 후 깜짝 뉴스를 발표했다. 초대형 공격수이자 맨체스터 유나이티드에서 활약했던 크리스티아누 호날두를 자국 프로 축구팀 알나스르 FC에 역대급 연봉 계약(약 2,700억 원)으로 영입했다. 파리 생제르맹 공격수인 음바페의 세계 최고 연봉 기록을 갈아치웠다는 소식도 함께였다. 당시 소속팀이었던 맨체스터 유나이티드의 지도부와 감독을 맹비난해 사실상 방출당한 호날두는 유럽 축구 리그에서 뛸 팀을 찾지 못하다가 사우디아라비아의 파격 제안을 받아들였다. 호날두는 세계 최고 수준의 연봉뿐 아니라 초호화 저택, 경호 등의 전폭적인 지원도 받는 것으로 알려졌다.

걸프 산유국의 축구 투자가 권위주의 정권의 우민화 정책용이라는 목소리도 있다. 시민의 관심을 축구로 돌려 정치에 무관심하게 만드는 의도라고 보기 때문이다. 축구는 공 하나만 있으면 누구나 어디서든 쉽게 즐길 수 있는 만큼 문턱이 낮은 종목이므로 우민화 수단으로 제격이기는 하다. 하지만 축구에 열광하는 중동 시민은 경기에 적용되는 엄격한 규칙과 공정한 경쟁에 대해 환호한다. 권위주의의 억압 아래서 사는 이들은 현실에서는 보기 어려운 법치 대신 경기 속 정의를 만끽하며 카타르시스를 느낀다. 누구든 룰을 어기면 예외 없이 벌칙을 받는 모습에 중동 시민은 세상의 부당함을 잠시 잊고 살아 있는 정의에 안도하는 것이다.

'아브라함'의 이름으로, 아랍-이스라엘 데탕트

전략적 연대와 요동치는 중동의 지정학

아랍과 이스라엘, 적에서 동지로

2020년 8월 아랍에미리트와 이스라엘이 관계 정상화에 합의하면서 깜짝 놀랄 '아랍-이스라엘 데탕트'를 선언했다. 한 달 후에는 바레인까지 참여해 백악관에서 아랍에미리트, 바레인, 이스라엘이 협정식을 가지고 이 자리에서 국교 수립을 선언했다. 협정의 이름은 기독교, 유대교, 이슬람교의 한 뿌리 조상인 '아브라함'에서 땄다. 아브라함 협정은 팔레스타인의 독립국가 건설 없이 이스라엘과의 국교 수립은 없다는 아랍 세계의 오랜 금기를 깨뜨린 놀라운 사건이다. 협정은 당시 트럼프 대통령의 사위이자 백악관 선임 고문이던 재러드 쿠슈너Jared Kushner가

설계하고 추진했다. 트럼프 대통령은 중동의 중재자를 자임하며 추가
협정을 추진 중이라고 밝혔고 이어 10월에는 수단, 12월에는 모로코가
이스라엘과의 수교에 합의했다.

　사우디아라비아는 이슬람 성지인 메카Mecca와 메디나Medina의 수호
국 위상을 고려해 전면에 나서지 않고 바레인을 내세웠다. 소국인 바레
인의 대외 정책에는 사우디아라비아의 입김이 작용한다. 대신 사우디아
라비아는 아랍에미리트와 이스라엘이 첫 직항 노선을 운행했을 때 이스
라엘 국적기의 사우디아라비아 영공 통과를 허락했다. 무함마드 빈 살
만 사우디아라비아 왕세자는 2020년 11월 당시 네타냐후 이스라엘 총
리, 마이클 리처드 폼페이오Michael Richard Pompeo 미국 국무부 장관과 자
국의 스마트 개혁 신도시인 네옴에서 비밀리에 회동한 것으로 알려졌
다. 수단은 미국과 테러 지원국 해제 협상 끝에 수교를 택했고 모로코
는 대사관 대신 연락사무소 개관으로 조심스레 움직였다. 2021년 7월
이스라엘은 모로코의 노력 덕분에 아프리카연합의 옵서버 자격을 얻었
고, 그해 8월 모로코의 이스라엘 연락사무소 개관식에 야이르 라피드
Yair Lapid 외교부 장관이 참석했다.

　아브라함 협정 이후 광범위한 협력을 이어간 나라는 아랍에미리트
와 이스라엘이다. 양국의 협력 수준은 동맹에 거의 가깝다. 인적 교류
와 대규모 투자 협력은 물론 군사정보를 공유하고 합동훈련도 시행했
다. 처음으로 생긴 '두바이-텔아비브' 항공편은 일주일에 25번을 오갔
고 2021년 12월에만 코로나19 시기임에도 6만 7천여 명의 이스라엘인
이 두바이를 찾았다. 아랍에미리트는 2021년 3월까지 이스라엘의 인공
지능, 항공우주, 방위 사업체에 8천만 달러를 투자하고 100억 달러의

추가 투자 계획을 밝혔다.

2021년 여름에는 아부다비와 두바이에 이스라엘 대사관과 영사관이, 텔아비브Tel Aviv에는 아랍에미리트 대사관이 문을 열었다. 이스라엘의 정보기관인 모사드는 아랍에미리트가 개방한 페르시아만과 호르무즈해협에서 이란의 군사 훈련 정보를 파악했다. 아랍에미리트는 모사드가 유럽과 아프리카에서 수집한 정보 덕분에 해외 자국 공관을 겨냥한 테러리스트의 공격에 미리 대비하기도 했다. 이스라엘의 항구도시 에일라트Eilat와 아슈켈론Ashqelon 간 파이프라인을 아랍에미리트로 잇는 프로젝트는 양국을 경제와 안보 공동체로 묶었다. 아랍에미리트는 2021년 4월에 열린 이스라엘, 그리스, 키프로스의 합동 군사훈련

2020년 아브라함 협정 체결식. 왼쪽부터 당시 압둘라티프 빈 라시드 알자야니 바레인 외무장관, 베냐민 네타냐후 이스라엘 총리, 도널드 트럼프 대통령, 압둘라 빈 자이드 알 나흐얀 아랍에미리트 외무장관 순으로 자리했다.

에 참여했고 같은 해 11월에는 아랍에미리트, 바레인, 이스라엘, 미국이 홍해에서 다자간 해상 훈련을 했다.

아브라함 협정과 놀라운 아랍-이스라엘 데탕트가 가능했던 배경에는 바로 요동치는 중동 지정학이 있다. 아랍에미리트와 이스라엘의 전략적 연대는 무엇보다 미국의 '중동 떠나기'를 대비한 자구책이다. 걸프 산유국의 리더는 미국만 믿고 안보를 맡길 수 없음을 깨달았다. 배신감과는 별개로 자생력을 키워야 한다는 위기 섞인 목소리가 앞다퉈 나왔다. 게다가 이란의 패권 추구 행보가 더욱 거세졌다.

중동과 거리두기 중인 미국 정부의 속내

미국은 오바마 정부 시기부터 중동 내 역할을 축소하기로 했다. 아프가니스탄과 이라크 장기 참전에 따른 전쟁 피로감과 여론 악화, 셰일 에너지자원 개발에 따른 중동 의존도 하락, 중국 견제를 목표로 한 아시아 중시 정책의 부상 때문이었다. 오바마 정부는 시리아 내전에서 민간인을 향한 알아사드 정권의 화학무기 공격에도 직접 개입하지 않았다. 트럼프 정부 역시 중동에서 발 빼기를 노골적으로 천명하며 시리아에서의 철군을 강행했다. 트럼프 대통령은 사우디아라비아 왕실과 개인적 친분을 과시했으나 2019년에 이란의 지원을 받은 예멘의 후티 반군이 사우디아라비아의 정유 및 송유 시설을 공격했음에도 별다른 대응을 하지 않았다. 당시 후티 반군의 미사일과 드론 공격은 1991년 이라크의 후세인 정권이 쿠웨이트의 유전 시설을 공격한 이후 세계 원유 시장을 마비시킨 가장 큰 도발이었다. 또한 트럼프 정부는 아프가니스탄 정부를 배제한 채 이슬람 급진주의 무장 조직인 탈레반과 평화

협정을 맺고 철군을 준비했는데, 이후 탈레반이 아프가니스탄을 재집권하는 데 결정적 기회로 작용했다.

2021년 1월 출범한 바이든 정부 역시 '인도-태평양'을 대외 정책의 중점 지역으로 강조하며 중동에서의 미국 역할을 축소할 계획임을 밝혔다. 이어 중동 내 군사 자원 재배치를 내세워 아랍에미리트, 사우디아라비아, 바레인 등지의 미사일 방어 시스템 규모 축소, 전투비행 중대 및 병력 감축 등의 계획도 밝혔다. 특히 그해 8월 미군의 아프가니스탄 철수는 미국의 역할 축소론에 쐐기를 박았다. 이후 아프가니스탄에서 탈레반이 재집권하고 이슬람 급진주의 조직과 극단주의 테러 집단이 활개를 쳤으나 미국은 테러의 위협에 맞서 무인기를 활용한 감시와 타격에 의존하는 '수평선 너머over the horizon' 전략으로 대응하겠다고만 밝혔다.

또한 바이든 정부는 탈중동의 준비 과정으로 트럼프 전 정부가 일방적으로 파기한 이란 핵 합의의 복원을 추진했다. 그런데 2020년 이란 성직자 체제의 정예군인 혁명수비대가 성명을 통해 아랍에미리트의 두바이와 이스라엘의 하이파Haifa를 특정해 공격할 수 있음을 언급했다. 혁명수비대는 페르시아만에서 대규모 해상 훈련, 탄도미사일 시험 발사, 순항미사일 탑재 잠수함과 전투기 공개 등을 이어가며 역내 헤게모니 장악에 주력해왔다. 2010년대 초부터 혁명수비대가 공들여 육성해온 레바논, 시리아, 이라크, 예멘, 가자 지구 내의 꼭두각시 무장 조직은 역내 미군 기지는 물론, 미국의 동맹 우방국인 이스라엘, 사우디아라비아, 아랍에미리트를 표적으로 삼았다. 이미 이들 프록시 조직은 걸프 산유국의 유전과 정유 시설, 호르무즈해협을 통과하는 상선을 여러 차례 공격한 바 있다. 그리고 값싼 드론, 연과 풍선 등을 활용한 폭탄 공격 같은 비대칭 저강도 공격을 늘렸다. 2021년에는 이란 당국이 20% 우라늄 농축 재개를 선언하기도 했다. 이란 혁명수비대의 최고 실세인 가셈 솔레이마니Qasem Soleimani 사령관이 미군의 공격으로 사망한 후 강경 보수파가 득세하면서 팽창주의 정책이 더욱 거세졌다.

이란 강경파가 핵무기 개발의 속내를 드러내는데도 미국이 핵 합의 복원을 서두르며 제재 완화 카드를 꺼내자 아랍에미리트와 이스라엘은 '중동판 나토 구상', '이스라엘의 미국 중부사령부 편입', '아랍에미리트의 F-35 전투기 확보' 등 시급히 대안 마련에 나섰다. 당시 베냐민 간츠Binyamin Gantz 이스라엘 국방부 장관은 이란의 위협에 맞서 수니파 걸프국과 특별 안보 협정 체결을 추진 중이라고 밝혔다. 또한 지금껏 아랍 국가의 반대 때문에 이스라엘은 미국의 유럽사령부 담당 지역에 속해 있었으나 최근 아랍에미리트의 주도로 이스라엘의 중부사령부 편입 논의가 탄력을 받았다. 특히 바이든 정부가 중동에서 이스라엘만 보유하고 있던 F-35 차세대 주력 전투기의 아랍에미리트 판매를 주저하자 이스라엘이 설득에 나섰다.

중동의 역동적 변화를 보여주는 아브라함 협정

아브라함 협정은 2010년대 중반 이후 아랍에미리트가 심혈을 기울인 공격적인 국가 체질 개선 프로젝트에 큰 도움이 됐다. 이스라엘의 기술 경쟁력을 아랍에미리트의 첨단산업 육성과 청년 일자리 창출에 더 쉽게 투입할 수 있기 때문이다. 이스라엘계 스타트업 기업 다수는 이미 오래전에 아랍에미리트에 진출했다. 이란의 팽창주의 행보도 견제하려면 정보 기술 분야의 질적 성장 역시 절실했다. 사우디아라비아의 개혁 개방 프로젝트에도 이스라엘 출신 자문단이 관여했다. 최근 사우디아라비아는 첨단기술을 보유한 이스라엘 스타트업 기업의 지분을 공격적으로 사들였다. 이들 회사의 CEO는 아랍계 이스라엘인의 고용을 늘리는 방안을 고심하고 있으며, 일부는 직접 리야드에서 사우디아라비아 버전의 실리콘밸리 건설에 앞장서고 있다. 아브라함 협정 체결국인 바레인은 사우디아라비아와 이스라엘 간 금융거래에서 허브 역할을 해왔다.

아브라함 협정은 팔레스타인 이슈를 중심에 두지는 않지만, 구시대적이고 폐쇄적인 민족주의에서 벗어난 새로운 협력의 메커니즘으로 평가된다. '이스라엘-팔레스타인'의 오랜 무력 충돌과 팔레스타인의 두 정치조직인 파타흐와 하마스의 무능과 부정부패에 지쳐 있던 아랍 국가에게 아브라함 협정은 민족주의의 당위에서 벗어나 역내 안정을 추구하는 돌파구이기도 하다. 안토니우 구테흐스António Guterres 유엔사무총장은 아브라함 협정을 중동 지역의 평화와 안보를 증진하는 구상이라며 환영했다.

한편 팔레스타인 자치 정부, 이란, 튀르키예 등은 협정을 거세게 비난했다. 마무드 아바스Mahmoud Abbas 팔레스타인 자치 정부 수반은 아랍 세계의 단결을 훼손한다며 소리 높였고 모함마드 자바드 자리프Mohammad Javad Zarif 이란 외교부 장관은 아랍 세계를 향한 폭력이라고 비판했다. 에르도안 튀르키예 대통령은 아랍에미리트와 외교 관계를 단절하고 대사관을 폐쇄하겠다고 위협하기도 했다. 그러나 아랍 국가들은 눈에 띄는 반대의 목소리를 내지 않았다. 아브라함 협정 이후 아랍에미리트, 사우디아라비아, 바레인, 이집트로 구성된 친미 수니파 아랍 쿼텟 내에서 이집트의 소외감이 커지면서 내부 균열이 불거지기도 했다. 하지만 2021년 이스라엘과 하마스 간 무력 충돌이 다시 발발하자 이집트는 휴전을 중재해 독보적인 존재감을 드러냈고 바이든 미국 대통령의 감사 인사를 받기도 했다.

중동 금융의 허브로 현재 대대적인 탈석유 개혁 정책을 추진 중인 아랍에미리트가 아브라함 협정을 이용해 이란 강경파를 불필요하게 자극하며 경제 이익에 반하는 군사적 긴장감을 높이지는 않을 것이다. 아랍에미리트에게 아브라함 협정은 미국의 공백에 대비한 안보 보험이다. 더구나 아랍에미리트는 물론 사우디아라비아 청년 세대의 여론은 민족주의와 종파주의가 아닌 실용주의를 지지한다. 2022년 아랍에미리트와 사우디아라비아는 긴장 관계에 놓인 나라와 전방위적인 탐색전을 펼치며 대결 국면을 완화하기 위해 숨 막히는 눈치 싸움에 들어갔다. 수니파 걸프국은 시아파 맹주국인 이란과 화해 무드를 조성했다. 2021년 수니파 사우디아라비아와 그 라이벌인 시아파 이란은 이라크의 중재로 바그다드에서 네 차례 회동을 가졌고 사우디아라비아 내 이란 영사관 재개를 논의했다. 그리고 2023년 3월에 사우디아라비아와 이란은 중국의 중재로 국교 정상화에 합의했다.

2016년 이래로 사우디아라비와 이란은 단교 상태였다. 사우디아라비아가 자국 내 반정부 시아파 유력 인사를 테러 혐의로 처형하자 이란 시위대가 사우디아라비아 대사관을 공격했기 때문이었다. 그랬던 두 나라가 관계 정상화를 추진했다. 사우디아라비아 외에 바레인도 이란과의 단교를, 아랍에미리트는 외교 관계 격하를 선언했다. 그러나 2021년 말 아랍에미리트 국가안보보좌관도 이란을 방문해 라이시 대통령과 만났다. 무함마드 빈 자이드 아랍에미리트 대통령의 친동생이자 국가안보보좌관인 타흐눈 빈 자이드 알 나흐얀Tahnoun bin Zayed Al Nahyan은 선글라스를 쓰고 이란 대통령과 면담했다. 포커페이스 유지가 어려워 선글라스를 썼나 싶을 정도로 아랍에미리트와 이란은 앙숙이었다.

2021년 중순, 아랍에미리트 국가안보보좌관은 역시 불편한 사이였던 튀르키예와 카타르도 방문했다. 아랍에미리트는 리비아 내전에서 유엔이 인정한 서부 이슬람주의 통합 정부와 협력할 준비가 되어 있다며 통합 정부의 임시 총리를 초청해 지지를 선언하기도 했다. 지금껏 아랍에미리트는 러시아, 프랑스, 이집트, 사우디아라비아와 함께 동부 세속주의 리비아 국민군과 칼리파 하프타르Khalifa Haftar 총사령관을 후원했다. 반면 튀르키예와 카타르는 서부 이슬람주의 통합 정부를 지지했다.

이란도 태연하게 어제의 적국과 미래의 우호를 협의했다. 사우디아라비아, 아랍에미리트와 해빙 외교를 펼치며 정상 국가의 이미지를 부각함으로써 당시 오스트리아 빈에서 진행된 이란 핵 합의 복원 협상에서 유리한 고지를 점하려는 의도였다. 튀르키예는 격하게 비난하던 아랍에미리트, 사우디아라비아, 이스라엘을 상대로 돌연 협력을 논했다. 몇 달 전만 해도 에르도안 튀르키예 대통령은 아브라함 협정의 주역인 아랍에미리트와 이스라엘에게 독설을 퍼부었다. 2018년에는 이스탄불 주재 사우디아라비아 영사관에서 카슈끄지가 살해되자 에르도안 대통령이 직접 나서서 전 세계에 살해 사건의 전모를 실시간으로 밝히면서 무함마드 빈 살만 사우디아라비아 왕세자를 맹비난한 것은 물론, 상세한 자료도 미국에 넘겼다. 튀르키예는 2020년 아랍에미리트, 프랑스, 그리스, 키프로스, 이집트 등이 동지중해에서의 천연가스 시추와 리비아 내전 개입을 놓고 자국을 비판하자 이들 5개국을 '악의 동맹'이라고 비난했다. 그러나 2023년 대선과 총선을 앞두고 에르도안 대통령은 370만여 명의 시리아 난민 수용으로 유권자의 불만이 극에 달한 상태에서 극심한 경제난까지 겹치자 정권 재창출이 위기에 직면했다고 판단하고는 대외 관계 회복에 나섰다.

하지만 2022년 에르도안 대통령은 결국 2013년 이후 처음으로 아랍에미리트를 방문해 재계에 튀르키예 투자를 직접 요청하며 화해를 모색했다. 불행 중 다행으로 아랍에미리트는 튀르키예에 100억 달러 규모의 펀드 조성을 발표했다. 이어 에르도안 대통령이 사우디아라비아를 찾았고 카슈끄지 살해 사건 궐석재판을 사우디아라비아 법원에 이양한다고 발표했다. 두 달 후 무함마드 빈 살만 사우디아라비아 왕세자가 튀르키예를 찾았고 투자 강화 협정에 서명했다. 또 튀르키예는 4년 만에 주이스라엘 대사를 다시 임명해 양국 간 대사급 관계를 회복했다. 과거 튀르키예는 미국이 대사관을 예루살렘으로 이전하자 주이스라엘 대사를 본국으로 소환해 항의했다. 이에 더해 에르도안 대통령은 2013년 쿠데타로 무슬림형제단 정부를 축출한 시시 이집트 정부와도 관계 회복을 희망한다고 밝혔다.

이란은 2022년 1월에 재개된 8차 핵 합의 복원 협상에서도 포커페

이스를 유지하며 미국을 상대로 한판 대결을 벌였다. 2021년 초 바이든 정부 출범과 함께 시작된 협상은 그해 6월 이란 강경파 대통령의 당선으로 중단됐다. 라이시 대통령은 미국 제재에 따른 극심한 경제 위기에도 협상을 거부했다. 블러핑을 이어가던 이란은 5개월 만에 갑자기 태도를 바꿔 협상에 긍정적인 자세로 참여했다. 이란의 강경파 지배 연합이 반미 이슬람 혁명 수출과 역내 프록시 조직 지원을 포기했을 리는 없다. 이란의 숙적인 이스라엘 역시 8차 복원 협상이 다시 열리자 협상 지지로 입장을 급선회하며 고도의 심리전을 펼쳤다. 물론 이스라엘은 이란 핵시설과 레바논, 시리아, 가자 지구의 친이란 무장 조직을 향한 공격을 이어갔다.

중동 주요국의 스펙터클한 탐색전과 속고 속이는 서바이벌 게임은 늘 손에 땀을 쥐게 한다. 미국발 역할 축소 가시화에 사우디아라비아, 아랍에미리트, 튀르키예, 이란, 이스라엘 등 역내 앙숙 간의 새로운 짝 짓기가 고개를 들었다. 중동 지정학이 요동치자 친구도 적도 없는 무한 생존경쟁이 가속됐다. 그 가운데 아브라함의 이름으로 탄생한 아랍-이스라엘 데탕트는 편협한 민족주의에서 벗어난 외교적 성과다. 아랍에미리트를 선두로 바레인, 수단, 모로코가 이스라엘과 수교해 맺은 전략적 연합은 갈등 일변도의 오랜 관성을 깨트린 '신선한 충격'이다. 중동은 항상 우리를 놀라게 한다. 특히 아랍에미리트와 이스라엘의 실용주의적이고 괄목할 만한 관계 발전이 일시적 연대가 아닌 확고한 동맹 수준으로 전개된다는 점에서 전 세계의 이목이 쏠리고 있다.

가장 큰 희생자는 누구인가

1948년에 이스라엘이 건국 선언을 한 이래로 이스라엘과 팔레스타인의 갈등을 둘러싸고 네 차례의 중동전쟁과 숱한 국지전이 있었다. 평화협정이 체결되기도 했으나 폭력은 형태를 달리하며 이어졌다. 이스라엘과 팔레스타인 간 분쟁은 당사자 말고도 이스라엘과 여러 아랍 국가 간의 대결, 이스라엘과 팔레스타인을 각각 지원하는 강대국 간의 싸움으로 확대됐다. 1940년대부터 1970년대까지 이어진 중동전쟁에 이집트, 요르단, 이라크, 레바논, 시리아, 영국, 프랑스가 직접 참여했고 미국과 소련이 깊이 간여했다.

이스라엘과 팔레스타인 간 분쟁은 국가 간의 갈등뿐 아니라 각 국가 내에서도 서로 다른 이해관계의 충돌로도 얽혀 있다. 국가는 한목소리를 내지 않는다. 한 나라의 대외 행보는 치열한 내부 권력 다툼의 결과다. 여기서 그 나라의 민주주의 수준이 중요한데, 갈등을 풀고 합의점을 찾는 과정에서 공익과 법치가 중요한 척도가 되기 때문이다.

이스라엘의 민주주의 후퇴와 네타냐후 총리

이스라엘의 내부 갈등은 네타냐후 총리가 이끄는 보수당인 '리쿠드'와 쇠락해가는 중도·진보 연합의 다툼이다. 15년 넘게 집권한 역대 최장수 총리인 네타냐후는 폐쇄적인 유대 민족주의와 안보 포퓰리즘을 효과적으로 선동했다. 이스라엘의 프리덤하우스 민주주의 지수는 2018년 80에서 점점 떨어져 2022년 76을 기록했다. 민주주의 수준이 공고화 단계에 들어간 나라치고는 큰 폭으로 빠르게 하락했다. 결정적인 원인은 2018년 네타냐후 총리의 주도로 의회에서 7표 차로 통과된 유대민족국가법이다. 이스라엘이 유대 민족의 국가로 규정되자 전체 인구의 20%를 차지하는 아랍계 이스라엘인은 2등 시민으로 전락했다. 법적 지위의 강등 이전에도 이들의 경제적 삶은 유대계 이스라엘 시민에 비해 열악했다.

네타냐후 총리는 유대인 정착촌의 대규모 신축 계획도 발표했다. 유엔안전보장이사회 정착촌 건설 중단 결의안 2334호의 위반이다. 1947년 유엔은 예루살렘을 어느 편에도 들어가지 않는 특별관리지역으로 선언했다. 그런데 이스라엘은 1967년 제3차 중동전쟁 때 동예루살렘마저 점령한 후 같은 해 채택된 유엔안전보장이사회 철수 결의안 242호를 아직도 이행하지 않고 있다. 더구나 이스라엘은 1993년 역사적인 오슬로 평화협정에서 '평화와 영토의 맞교환'을 약속했음에도 여전히 팔레스타인 영토 안에 유대인 정착촌을 짓고 있다.

2019년에는 검찰이 당시 네타냐후 총리를 배임과 뇌물수수 혐의로 기소했다. 역사상 처음으로 현직 총리가 기소된 사건이지만 이후 투표장에서 유권자 절반이 보수정당을 택했다. 이들은 네타냐후 총리를 부패 정치인이 아닌 유대 민족국가를 수호하는 국가 재건자로 본다. 국민 여론은 안보 우선주의와 법질서 수호로 극명하게 분열됐다.

2019년 초부터 이스라엘군 참모총장 출신인 베냐민 간츠가 야권 연합을 조직해 네타냐후에 맞서는 대항마로 나서기도 했다. 간츠는 강직한 군인 정신을 앞세워 우유부단한 중도 이미지를 벗고 유대인 불법 정착촌에 반대하며 당시 트럼프 정부가 아닌 미국 민주당과의 협력을 강조했다. 하지만 배타적 민족주의와 법치주의의 대결로 갈라진 유권자

앞에서는 역부족이었다. 2021년 6월에 출범해 1년여간 유지된 반反네타냐후 연립정부에는 이스라엘 건국 이후 최초로 아랍 이슬람계 라암Ra'am당이 참여했다. 연립정부의 구성원은 자유민주주의와 법치를 훼손한 네타냐후 반대의 구호 아래 강경 우파부터 시오니스트 좌파, 중도파, 아랍 이슬람계까지 포함했다. 당시 총리였던 나프탈리 베네트Naftali Bennet는 국론 분열을 치유한다며 이스라엘 내 아랍계 주민의 사회경제적 지위 향상을 약속했다. 이스라엘 민주주의의 회복이 기대됐으나 강경 우파와 좌파 정당 의원이 이탈하면서 연립정부는 1년 만에 해체됐다. 이후 2019년부터 2022년까지 4년 가까이 이스라엘에서는 총선이 다섯 차례 치러졌다. 보수와 중도·진보 모두 연립정부 구성에 실패하면서 일어난 헌정 사상 초유의 일이었다.

결국 2022년 총선에서 네타냐후가 다시 총리로 복귀했다. 이번에 구성된 극우 성향의 연립정부는 부패 혐의로 재판을 받아온 네타냐후 총리를 보호하려고 사법부 무력화 입법을 강행해 출범과 함께 시민사회의 거센 저항에 부딪혔다. 이스라엘 민주주의의 퇴행과 함께 미국 내 전통적인 민주당 지지 세력인 유대계도 난색을 보였다. 민주당은 미국의 이스라엘 강경 우파 지지가 국익을 해친다고 보기 때문이다.

팔레스타인과의 공존을 주장하는 중도와 진보 연합은 극우 민족주의의 안보 포퓰리즘 폭주를 막지 못한 채 분열돼 있다. 이스라엘 사회의 양극화에는 중도와 진보 진영의 쇠락이라는 배경이 있다. 특히 진보의 상징이자 5명의 총리를 배출한 노동당은 빠르게 추락했다. 아이러니하게도 평화협정 체결이 계기였다. 1993년 당시 이츠하크 라빈Yitzhak Rabin 총리와 야세르 아라파트Yasser Arafat 팔레스타인해방기구 의장은

'영토와 평화를 맞바꿔 두 국가로 공존하자'라고 합의했다. 그러나 팔레스타인에 서안 지역과 가자 지구 땅을 내준 후 이스라엘 내에서 평화협정을 향한 지지가 하락했다. '영토'를 잃었으나 갈망하던 '평화'는 빨리 찾아오지 않았고 팔레스타인 급진 무장 조직의 자살 폭탄 테러가 이어졌다. 상실에 대한 박탈감은 분노로 변했다. 평화협정 체결 1년 전 선거에서 44석을 얻은 노동당은 점점 의석을 잃었고 2022년에는 4석을 확보하는 데 그쳤다.

보수층 중에 온건 성향의 유권자 이탈만이 현재의 양극화된 교착상태를 깨뜨릴 수 있다. 이들은 팔레스타인과의 공존에 반대하지만 자유민주주의와 세속주의를 지지한다. 온건 보수 유권자가 법치주의를 지키기 위해 포퓰리즘을 선동하는 강경 보수파와 단호히 결별을 선언하고 중도파 지지로 돌아설 때 혼돈의 민주주의는 회복될 수 있다. 독일 바이마르공화국 시기에 온건 보수 유권자는 이 같은 결단을 내리지 않았고 나치의 부상이라는 비극이 바로 이어졌다.

파타흐-하마스 갈등과 안갯속 정국

한편 팔레스타인의 내부 갈등과 민주주의 퇴보는 훨씬 심각하다. 1964년에 결성된 팔레스타인해방기구는 요르단, 레바논, 튀니지를 떠돌며 독립국가 건설을 목표로 무장투쟁을 벌이다가 1993년 이스라엘과 오슬로 평화협정을 맺었다. 이듬해 팔레스타인해방기구의 최대 정파인 파타흐가 무장투쟁을 포기하는 대신 서안 지역과 가자 지구에 팔레스타인 자치 정부를 수립해 이스라엘-팔레스타인 갈등에 새 전기를 마련했다. 그러나 그 후 30년 가까이 이스라엘은 서안 지역에 불법 정착촌을 건설하고 가자 지구를 봉쇄했으며 팔레스타인 주민의 시위를 과잉 진압했다. 이스라엘과 팔레스타인의 계속된 충돌로 특히 팔레스타인 민간인의 희생은 커져만 갔다. 자유롭고 안전한 팔레스타인 독립국가 건설의 장래는 점차 어두워졌다.

그런데 팔레스타인 지도부는 이스라엘에 맞서 힘과 지혜를 모으는 대신, 서안 지역을 통치하는 정치조직인 파타흐와 가자 지구를 지배하는 이슬람 급진주의 무장 조직인 하마스로 분열해 세력 기반을 다지는 데 연연했다. 1987년 설립된 하마스는 1973년 조직된 무슬림형제단의 팔레스타인 지부에 뿌리를 둔다. 하마스의 구성원은 가자 지구의 토착 세력으로 급진 이슬람주의 슬로건 아래 파타흐의 서구식 국가 건설과 이스라엘과의 평화협정을 반대한다.

이런 차이에도 파타흐와 하마스는 비슷하게 권위주의적이다. 프리덤 하우스의 2022년 민주주의 지수에 따르면 파타흐 통치하의 서안 지역은 23, 하마스 통제하의 가자 지구는 11이다. 파타흐는 해외 원조금의 배분을 둘러싼 부패 네트워크의 축적으로 악명 높고 반정부 성향의 언론과 시민단체를 억압한다. 하마스는 여기에 더해 반대 세력을 서슴없이 감금하고 고문한다.

2006년 총선에서 하마스가 승리하자 파타흐는 이를 인정하지 않았고 둘의 다툼은 유혈 사태로 번졌다. 2007년 사우디아라비아의 중재로 두 조직은 가까스로 통합 정부를 구성했으나 하마스를 테러 집단으로 규정한 미국과 유럽연합이 원조를 중단하자 재정 위기가 불거졌다. 곧 파타흐의 우두머리인 아바스 자치 정부 수반은 새로운 총리를 독단적으로 임명했고 이에 반발한 하마스가 가자 지구를 무력으로 장

파타흐를 상징하는 로고.

하마스를 상징하는 로고.

악했다. 이후 양분된 팔레스타인 지도부가 정쟁에 돌입하면서 선거는 무기한 연기되고 의회는 공석으로 남았다.

첨예하게 대립하는 파타흐와 하마스는 각각 서안 지역과 가자 지구에서 반대 세력을 무자비하게 탄압했다. 2021년 파타흐의 부패를 비판하던 인권 운동가가 서안 지역 경찰에게 체포되는 과정에서 사망하기도 했다. 하마스는 가자 지구에서의 시위를 원천 봉쇄했다. 국제엠네스티에 따르면 하마스는 2010년대 중반 이후로 적법한 절차 없이 반역죄 명목으로 숱하게 사형 집행을 해왔다. 어느 곳에도 민생 정치는 없었다.

내부 정치 갈등이 초래한 팔레스타인의 비극

파타흐와 하마스의 자극적인 다툼이 우리의 시선을 끄는 지금도 팔레스타인 주민의 좌절은 계속된다. 최근 팔레스타인 주민의 최대 이슈는 이스라엘이 아니라 지도부의 부패와 무능이 초래한 내부 문제다. 2021년 팔레스타인 정책조사연구소가 서안 지역과 가자 지구의 성인 남녀 1,270명을 설문 조사한 바에 따르면 이들에게 당면한 과제는 부패(26%), 빈곤과 실업(22%), 가자 지구 봉쇄(20%), 이스라엘의 점령(16%), 서안 지역과 가자 지구 분열(12%) 순이었다. 이스라엘과의 대결 문제는 우선순위에서 멀어졌다. '이스라엘의 점령'이란 응답은 3년 전보다 14% 포인트가 떨어졌지만 '서안 지역과 가자 지구 분열'이라는 응답은 8% 포인트나 올라갔다. 응답자의 84%는 파타흐가, 72%는 하마스가 부패했다고 답했고 58%는 하마스가, 53%는 파타흐가 두려워 비판할 수 없다고 했다.

팔레스타인 문제를 뒤로하고 2020년 아랍 4개국이 이스라엘과 국교를 수립한 아브라함 협정에 대해서는 팔레스타인 주민의 절반 이상(53%)이 자신의 지도부에 책임이 있다고 봤다. 정치 불신과 박탈감으로 희망을 잃은 팔레스타인 주민은 독립국가 건설의 걸림돌을 팔레스타인 지도층이라고 본다.[16]

지쳐버린 팔레스타인 주민과 마찬가지로 아랍 형제국도 더 이상 이스라엘만을 탓하지 않는다. 2022년 3월 미국의 토니 블링컨Tony Blinken 국무부 장관은 이스라엘을 찾아 아브라함 협정 지지를 다시 밝혔다. 이어서 이스라엘이 주최한 안보 협력 대화에도 참석해 아랍에미리트, 바레인, 모로코, 이집트 외교부 장관과 함께 현안을 논의했다. 이를 두고 파타흐는 이스라엘의 점령을 비판했고 하마스는 이스라엘의 침략을 정당화하는 연대라며 맹비난했다. 그러나 팔레스타인 지도부의 주장은 별 반응을 끌어내지 못했다.

2018년부터 가자 지구 시민은 이스라엘이 하마스의 공격을 막으려고 세운 분리 장벽에서 '귀환을 위한 위대한 행진'이란 이름으로 이스라엘과 미국 반대 시위를 자주 벌인다. 우리가 종종 접하는 내용이지만 덜 알려진 사실이 있다. 같은 가자 지구 시민이 하마스의 무능과 폭압에 항의해 내부에서도 시위한다. 권위주의 체제의 특성상 빈도수가 낮고 언론 노출이 적을 뿐이다.

이스라엘과 팔레스타인 충돌의 끝은 있는가

반복되는 무력 충돌과 끝나지 않는 참극

이스라엘과 팔레스타인의 무력 충돌은 맹렬한 기세로 거의 매년 익숙한 스토리를 따라 일어난다. 서안 지역과 가자 지구에 거주하는 팔레스타인 주민 또는 이스라엘 내 아랍계 이스라엘 시민과 동예루살렘의 팔레스타인계 거주권자가 이스라엘 군경과 충돌한다. 이를 빌미로 가자 지구의 무장 정파인 하마스가 이스라엘에 로켓을 발사한다. 이스라엘은 로켓 대부분을 요격한 후 가자 지구를 향해 대대적인 공습을 벌인다. 결국 가자 지구 내 민간인 사상자가 다수 발생하고 국제사회는 이스라엘을 비난한다. 그리고 여느 때처럼 미국과 유럽, 중동 국가가 중재에 나서 양측은 휴전에 합의하고 이스라엘과 하마스 모두 승리를 선언한다.

2019년 가자 지구 분리 장벽 근처에서 팔레스타인 청년 두 명이 폭발물 풍선을 날리다 이스라엘군의 발포로 숨졌다. 보복으로 하마스가 250발의 로켓을 쏴 이스라엘 민간인 4명이 사망했다. 이스라엘 민간인의 희생은 2014년 이후 처음이었다. 이스라엘 전투기가 곧바로 공습에 나섰고 팔레스타인 민간인과 무장 조직원 27명이 사망했다. 2018년에도 가자 지구 분리 장벽에서 이스라엘군이 폭발물을 던지는 팔레스타인 시위대에게 총격을 가했고 그중 60명이 사망했다. 2018년 가자 지구에서 쏜 로켓은 1천 발, 이스라엘이 벌인 공습은 300회가 넘었다.

2021년 이슬람의 성스러운 달 라마단이 끝나는 시기에 이스라엘 경찰은 이스라엘 내 무슬림 시민과 거주권자의 알아크사Al-Aksa 모스크 출입을 막았다. 동예루살렘의 알아크사 모스크는 메카의 카바Ka'bah, 메디나의 모스크와 함께 이슬람의 3대 성지다. 이즈음 이스라엘 법원은 동예루살렘의 팔레스타인계 거주권자 가족에게 퇴거 명령도 준비했다. 이스라엘 내 무슬림의 분노는 극에 달했고 이때를 노려 하마스는 4,500발의 로켓을 날렸다.

유엔의 팔레스타인 시위 사태 조사위원회는 2019년 유엔 인권이사회에 제출한 최종 보고서에서 2018년 이스라엘군의 가자 지구 시위대 진압이 반인도주의와 전쟁범죄의 요건을 갖춘다고 밝혔다. 어린이, 의료진, 기자를 향한 사격도 있었기 때문이다. 2021년에 발생한 팔레스타인과 이스라엘의 충돌을 놓고 국제사회는 이스라엘의 행태에 더 분노했다. 가자 지구 내 팔레스타인 사망자가 240여 명에 이르고 그중 65명은 어린이였다. 반면 이스라엘 사망자는 10여 명이었다. 국제사회는 군사적 우위에 있는 이스라엘이 자위권을 과도하게 발동해 팔레스타인 민간인의 피해가 컸다고 비난했다. 아이언 돔Iron Dome으로 로켓의 90%를 막아낸 이스라엘이 민간 건물 위에 세워진 하마스 군사시설 1,500여 곳을 집요하게 공습한 것은 너무한 처사라고 비난했다.

이스라엘은 곧장 반박했다. 테러 단체인 하마스의 일사불란한 지휘하에 시위대가 연과 풍선에 폭발물을 매달아 이스라엘 민간인 지역으로 날렸기에 자위권을 발동했다는 것이다. 10년여 봉쇄 동안 하마스는 이스라엘을 향해 수천 발의 로켓과 미사일, 박격포 등을 쐈으나 이스라엘은 대부분 요격했다. 반면 하마스는 이스라엘의 반격에 속수무책이었다. 그래서 등장한 것이 폭탄을 매단 연과 풍선이었고 이 새로운 전략은 적중했다. 첨단 요격 기술은 쓸모없었고 드론도 역부족이었다. 이스라엘은 국제사회가 팔레스타인에 편향적인 태도를 보인다고 비난했다. 또한 국제사회가 하마스가 자행한 선제공격, 노약자를 인간 방패로 이용하는 만행, 민간인 대피 명령의 의도적 회피에 대해서는 침묵한다고 했다.

오슬로 평화협정이 간과한 것

1993년에 세기의 합의로 불리며 체결된 오슬로 평화협정이 별다른 성과를 내지 못하자 당사자인 이스라엘과 팔레스타인, 그리고 중재자로 나선 미국과 국제사회 모두 무력감에 빠져 있다. 당시 이스라엘과 팔레스타인은 '영토와 평화를 맞바꿔 두 국가로 평화롭게 공존하자'고 합의했다. 그리고 합의의 두 주역은 이듬해 노벨 평화상을 공동 수상했다. 그러나 협정 체결 이후인 1996년 이스라엘 총선에서 당시 보수파 리쿠드당의 네타냐후 대표가 노벨 평화상 공동 수상자인 시몬 페레스 노동당 대표를 제치고 총리에 당선됐다. 이어 2000년 미국 클린턴 대통령의 중재 노력에도 오슬로 평화협정의 최종 협상이 결렬됐다. 결국 '두 국가 해법'은 평화를 가져오지 못했다.

무엇이 잘못된 걸까? 상실의 무게를 제대로 파악하지 못한 게 컸다.

이스라엘은 천신만고 끝에 얻은 땅을 일부나마 잃는 게 얼마나 고통스러운지 잘 몰랐다. 같은 양이라도 얻었을 때의 기쁨보다 잃었을 때의 상실감이 더 크다.[17] 1980년대 말 팔레스타인 급진주의의 자살 테러에 시달리던 이스라엘 국민은 평화를 갈구했다. 그런데 테러 없는 기쁨이 영토를 내준 박탈감을 상쇄하지는 못했다. 홀로코스트의 광기에서 살아남아 약속의 땅을 '되찾고' 아랍과 네 차례 전쟁을 치르며 그 땅을 지키는 동안 영토의 심리적 가치는 더욱 커졌다.

평화협정이 체결됐으나 막상 현실은 한껏 높아진 시민의 기대에 못 미쳤다. 분명 팔레스타인해방기구는 무력 투쟁을 포기했으나 이스라엘 시민이 바라고 기대하던 '평화'에는 미치지 못했다. 상실로 인한 박탈감이 곧 실망으로 변했고, 이후 2차 팔레스타인 민중 봉기가 일어나 자

영국 아티스트 뱅크시가 서안 지구 베들레헴에 그린 그라피티로. 이스라엘 군인을 검문하는 소녀의 모습을 담고 있다.

살 테러가 다시 폭증하자 이스라엘 사회는 더욱 보수화되었다. 악순환의 출발이었다. 이슬람 급진주의 조직인 하마스와 이란 혁명수비대의 도발 역시 안보 포퓰리즘을 부추겼다. 이스라엘은 시리아 내 이란의 군사시설, 이라크의 친이란 민병대와 레바논 헤즈볼라의 무기고, 가자 지구 내 하마스의 거점을 각각 공격해 응징했다. 보수파 정치인은 이러한 악순환을 선거에 재빠르게 활용했고 중도와 진보 연합은 감성에만 호소한 채 손에 잡히는 대안을 제시하지 못했다.

팔레스타인에 서안 지역과 가자 지구 영토를 내준 후 이스라엘 사회는 빠르게 보수화되고 유대인 불법 정착촌은 확대됐다. 이스라엘 사람은 자신을 점령자로 여기지 않는다. 오히려 겨우 찾은 권리를 또 빼앗길지 모르는 위기 상황에 몰렸다고 생각한다. 다시는 상실의 고통을 당할 수 없기에 안보를 튼튼히 다지고자 지독히 애쓴다. 지극히 주관적 기준이다. 이러한 인식 앞에 스타트업의 성지, 최강의 정보기관인 모사드, 미국 내 유대계의 로비력은 변수가 아니며 국제법 준수의 압박도 부차적인 문제다.

이스라엘의 공격적인 불법 정착촌 건설과 가자 지구 봉쇄, 서안 지역과 가자 지구의 권위주의화, 파타흐와 하마스의 분열 등을 지켜보던 팔레스타인 주민, 이웃 아랍 국가, 미국 민주당 정부는 팔레스타인의 독립국가 건설 목표에 피로감을 키워갔다. 이런 상황에서 가자 지구를 지배하는 이슬람 급진주의 단체인 하마스는 존재감을 부각하고자 이스라엘을 공격해왔다. 이스라엘 군경과 팔레스타인 주민 사이에 가벼운 마찰이라도 발생하면 하마스는 이를 빌미로 이스라엘에 로켓을 발사해 이스라엘의 자위권 발동과 가자 지구를 향한 대대적 공습을 유인한다. 결국 가자 지구 내 민간인 사상자가 다수 발생하면 국제사회는 이스라엘을 비난하고 하마스는 승리를 선언한다.

2021년 봄에 하마스가 먼저 쏘기 시작한 4,500발 로켓이 과연 가자 지구의 팔레스타인 주민을 도왔을까? 아니다. 하마스는 매해 경험을 통해 자신의 선제공격이 불러올 이스라엘의 가공할 반격을 누구보다도 잘 안다. 그렇다면 하마스의 로켓은 아랍계 이스라엘 시민과 팔레스타인계 거주권자의 정당한 권리를 지켜줬을까? 이 역시 그 반대다. 이스라엘 정치권에서 활동하는 5개의 아랍계 정당은 2021년 총선에서 국회의원을 10명이나 배출했다. 이스라엘 건국의 주축인 노동당의 7명보다 많다. 이 중 아랍계 정당 하나가 반反네타냐후 연립정부 안에 포함됐다. 이스라엘 정치사에 처음 있는 사건이었다. 하지만 하마스의 로켓 발사는 역사적인 연립정부에 찬물을 끼얹었다.

하마스는 정치적 계산에 따라 로켓을 쐈다. 정치 구호인 팔레스타인의 이슬람 국가 건설을 세상에 선전하고 존재감을 부각한다는 차갑고도 비정한 결정이었다. 미국과 유럽연합이 테러 조직으로 지정한 하마스는 지금껏 이스라엘과의 평화 협상을 거부해왔다. 2021년에는 하마스의 숙적이자 서안 지역에서 팔레스타인 자치 정부를 이끄는 파타흐가 15년 만에 열리는 총선을 연기해버렸다. 미국의 바이든 정부가 조속한 선거 시행을 압박해왔으나 파타흐는 낮은 지지율로 선거 승리의 확신이 없던 탓에 약속을 어겼다. 파타흐의 반민주적 결정을 비난하는 여론에 편승한 하마스는 이스라엘을 향한 도발 수위를 올려 정당성을 높이려 했다.

가자 지구 분리 장벽에서는 팔레스타인 시위대의 총격 사망 소식이 끊이지 않고, 가자 지구 안에서는 하마스가 군사 퍼레이드를 벌이며 이스라엘을 향해 경고를 보낸다. 서안 지역에서는 이곳 출신의 사람이 이스라엘 도심에서 총기 난사를 벌이면 이스라엘은 곧장 군사작전을 감행한다. 팔레스타인 주민이 갈망하는 선거는 연기되고 정치적 무기력에 빠진 이들이 허망하게 목숨을 잃는, 이 반복되는 현실이 오슬로 평화협정의 비극적인 결과다.

3

지역 헤게몬 자리는
나의 것

튀르키예의 오스만제국 강제 소환

한때 무슬림 민주주의의 기대를 모았던 튀르키예가 권위주의 체제로 빠르게 퇴행했다. 2022년 튀르키예의 프리덤하우스 민주주의 지수는 32로 역내 왕정 국가인 모로코와 요르단보다 낮고 장기 권위주의 국가인 알제리와 같다. 프리덤하우스는 튀르키예를 '자유롭지 않은' 국가로 분류했다. 2016년 대통령을 겨냥한 쿠데타가 실패한 후 에르도안 대통령은 일인 체제에 기댄 무소불위의 권력을 휘둘렀고 2017년 의원내각제를 대통령중심제로 바꾸고 제왕적 대통령제를 제도화하는 개헌에 성공했다. 2020년 국경없는기자회는 튀르키예의 언론 자유를 180개국 중 154번째라고 발표했다. 이는 콩고와 파키스탄보다도 낮은 순위다. 민주주의 추락은 국가신용 등급 강등으로 이어졌다. 국제 신용 평가사인 무디스Moody's Investors Service는 G20 회원국인 튀르키예를 르완다, 탄자니아 등이 속한 투자 '주의' 등급으로 강등했다. 튀르키예는 리라화 가치 폭락과 세계 최고 수준의 인플레이션에 시달려 왔다. 2022년 리라화 가치는 40% 떨어졌고 물가 상승률은 85%에 육박했다. 에르도안 대통령은 치솟는 물가에도 중앙은행장을 세 번이나 경질하면서 금리 인하를 밀어붙였다.

과거로 후퇴하는 튀르키예의 대외 정책

튀르키예의 대외 정책은 팽창주의 일색이다. 에르도안 대통령이 일인 체제를 다지고 국내 정치 위기를 돌파하기 위해 튀르키예 민족주의, 신오스만주의, 유라시아주의를 공격적으로 활용했기 때문이다. 이슬람주의자임에도 배타적인 튀르키예 민족주의를 뜬금없이 선동하고 오스만제국의 영광이라는 과거를 불러내 시대착오적 지역 패권 추구의 당위성을 역설하며 튀르키예가 나아갈 방향은 서쪽의 유럽이 아닌 동쪽의 유라시아라고 주장했다. 이로써 외교정책의 방향은 자연스럽게 러시아, 중국과의 친분 도모로 향했다.

시리아 내전과 ISIS 격퇴전에서 맹활약한 쿠르드계 시리아 민병대가 국제사회의 지지를 받자 2019년 튀르키예는 시리아 내 쿠르드계 자치 지역을 기습 공격하더니 자국 내의 쿠르드계를 향한 탄압 수위도 높였다. 이후 역내 비자유주의 질서를 주도하는 이란과 밀착하고 인권 문제를 제기하는 미국, 유럽과는 멀어졌다. 나토 회원국인 튀르키예는 러시아제 지대공미사일 S-400 시스템을 인도받아 2020년 시험 발사까지 마쳤다. S-400 시스템은 미국의 차세대 주력 기종인 F-35 전투기와 같은 스텔스기를 탐지할 수 있다. 나토 회원국 가운데 두 번째로 큰 규모의 군대를 보유한 튀르키예에는 나토의 탄도미사일 방어 레이더 시스템과 미국 핵무기가 있다. 미국과 유럽 회원국이 제재를 경고했으나 튀르키예는 눈 하나 깜짝하지 않았다. 2020년에는 장기 내전 중인 리비아에 자국군을 파병함으로써 트리폴리 이슬람주의 정부에 군사 지원을 본격화했다. 이어 아르메니아와 교전 중인 아제르바이잔을 전폭 지원하고 이후 러시아의 휴전 중재를 적극 밀었다. 2019년 이래로 국내 총생산은 줄었는데 국방비는 늘었고 경제는 빠르게 추락했다.

국제 규범과 상식에 어긋나는 행보는 허다하다. 2016년 튀르키예는 유럽연합이 제공한 시리아 난민 지원금을 국경 지대 군사비로 전용하더니 추가 지원까지 강력하게 요구했다. 유럽행을 원하는 난민에게 문을 활짝 열겠다며 으름장까지 났다. 2019년에는 리비아 이슬람주의 정부와 그리스의 배타적경제수역을 침범하는 동지중해 협정을 일방적으로 체결했다. 2020년에는 유네스코 세계문화유산에 등재된 성 소피아 박물관을 모스크로 전환했다. 당시 에르도안 대통령은 정교분리 원칙으로 이슬람 극단주의 테러와 싸우겠다는 에마뉘엘 마크롱Emmanuel Macron 프랑스 대통령에게 정신감정이 필요하다며 독설을 쏟아냈다.

트럼프 전 미국 대통령은 에르도안 대통령을 '터프가이' 친구라며 감쌌다. 2017년 미국 검찰은 튀르키예의 국영은행 할크방크Halkbank를 이란 당국의 돈세탁에 공모한 혐의로 기소했으나 곧 백악관의 압력으로 보류했다. 지금껏 적발된 이란 제재 회피 건 중 가장 큰 규모였으나

21세기 술탄으로 불리는 에르도안 튀르키예 대통령(오른쪽)과 마무드 아바스 팔레스타인 자치 정부 수반. 에르도안 대통령과 아바스 자치 정부 수반이 튀르키예 대통령궁에서 오스만제국 술탄의 친위부대 복장을 한 무리 앞에 서서 포즈를 취하고 있다.

에르도안 대통령의 가족이 연루된 탓이었다. 또한 트럼프 대통령은 튀르키예의 러시아제 S-400 시스템 도입에 대한 의회의 초당적인 제재 요구도 끝내 막았다.

튀르키예의 흥망과 에르도안의 명암

튀르키예 민주주의의 끝 모를 추락은 20여 년째 집권하며 21세기 술탄이라 불리는 에르도안 대통령 때문에 발생했다. 에르도안 대통령은 2003년부터 총리와 대통령 직을 놓지 않았다. 2001년 온건 이슬람주의를 표방하는 정의개발당을 창당해 2002년 총선에서 압승한 후 2003년 총리가 됐다. 2007년 에르도안 총리는 대통령 직선제 개헌안을 통과시키고 7년 단임 임기를 5년 연임으로 바꿨다. 2014년 3회 연임으로 더는 총리직을 맡을 수 없게 되자 튀르키예 역사상 처음 열린 대선에서 51.7% 득표율로 대통령에 당선됐다. 에르도안 대통령은 이어 2017년에 의원내각제 폐지와 대통령중심제 도입안을 국민투표에 부쳤고 찬성 51.4%, 반대 48.5%로 개헌에 또 성공했다. 이로써 이론상 2033년까지 초장기 집권이 가능한 기반을 마련하더니 2018년 대선에서 52.5%로 재선에, 2023년 대선에서 52.1%로 3연임에 성공했다. 오스만제국의 최고 지도자인 술탄이 누렸을 '절대 권력'을 에르도안 대통령의 막강 파워에 비유하는 이유다.

2000년대 초반만 해도 에르도안 총리는 이슬람주의와 자유민주주의의 공존 가능성을 보여준 주인공이었다. 2001년 이스탄불 시장을 역임한 에르도안은 이슬람 원리주의 정당을 탈당한 후 온건 이슬람주의자를 모아 정의개발당을 세웠다. 강경한 세속주의 체제에서 30년간 이어온 단일 이슬람 정당의 결속이 처음으로 깨진 것이다. 실용 중도 성향의 이슬람 정당인 정의개발당은 반서구주의 대신 시장화, 민영화, 세계화를 내세웠고 튀르키예의 유럽연합 가입도 지지했다. 시장과 전통의 조화를 강조한 이들은 이슬람이 큰 정부와 사회주의를 반대한다는 점에서 자유주의와 닮았다고도 했다. 무능하고 부패한 기득권층 세속주의 정당에 지친 유권자는 정의개발당에 매료됐다.

다민족 이슬람 제국인 오스만제국의 해체 후 출범한 튀르키예 공화국은 튀르키예 민족주의와 세속주의를 국시로 삼았다. 제1차 세계대전에서 패한 오스만제국의 술탄 정부가 연합국의 영토 분할에 속수무책이자 무스타파 케말 아타튀르크Mustafa Kemal Atatürk 장군이 독립전쟁을 일으켜 현재의 튀르키예 땅이나마 지켰다. 1923년 국부 아타튀르크는 오스만의 칼리프제를 폐지하고 세속주의 국민국가를 선포했다. 공화국의 수호자를 자처한 군부는 이슬람주의와 쿠르드 민족주의 세력을 국가 통합의 적으로 여겨 탄압했고, 강경한 세속주의 세력만 정치권에서 살아남아 기득권을 남용했다. 튀르키예에서는 2000년대 초반까지 히잡을 쓴 여성이 국립대학교와 국회 도서관 등 공공기관에 출입할 수 없었다. 그러나 온건 개혁 이슬람 정당인 정의개발당이 창당 이듬해 새로운 돌풍을 일으키며 총선에서 압승했고 2003년 단일 정부를 구성했다. 튀르키예 정치권에서 다수당이 과반 의석을 확보해 단일 정부를 꾸리기는 1987년 이후 처음이었다. 이후로도 정의개발당은 10년 가까이 큰 어려움 없이 단일 정부를 구성할 수 있었다.

정의개발당 정부는 군부의 정치 개입 금지, 쿠르드 소수민족 보호, 사형제 폐지 개혁을 일사천리로 진행하고 중견국 외교를 활발히 벌여 튀르키예의 국제적 평판을 끌어올렸다. 에르도안 총리의 재임 기간 10년간 튀르키예의 1인당 국민소득이 세 배 이상 늘었고 2010년에는 44년 만에 최저 인플레이션율을 기록했다. 에르도안 총리는 이스라엘과 팔레스타인 분쟁, 파타흐와 하마스의 갈등, 시리아 내전, 이란 핵 합의 등에서 중재자로 뛰었다. 아랍의 봄 혁명 직후 미국 브루킹스Brookings 연구소가 실시한 아랍권 여론조사에서 에르도안 총리는 가장 존경하는 지도자로 꼽혔다.[18] 오바마 전 미국 대통령은 튀르키예 국회 연설에서 민주주의 발전을 이끈 에르도안 총리의 리더십을 치하했다.

하지만 2011년 세 번째 연임에 성공한 후부터 에르도안 총리는 권위주의적인 면모를 드러냈다. 2013년 이스탄불 게지Gezi 공원의 재개발에 항의하는 평화 시위를 과잉 진압하고 반대하는 정의개발당 내 온건파와 갈등했다. 한때 온건 이슬람 정당을 이끌며 보수 가치, 시장경제, 세계화를 강조하던 에르도안 총리는 점차 권력의 사유화에 집착했다. 정의개발당을 함께 키웠던 당내 온건파를 축출하고 옛 동지인 이슬람 은행과 기업 및 종단 회원을 숙청했다. 그의 권위주의적 행태를 비판했다는 게 그 이유였다. 결국 2015년 총선에서 정의개발당은 참패했다.

정의개발당의 성장과 이슬람 자본가의 역할

에르도안과 정의개발당의 부상에는 이슬람 자본가의 역할이 컸다. 이슬람 자본가란 이슬람 은행과 이슬람을 기업 윤리로 내세운 회사의 경영진과 그 기업의 주주다. 이슬람 은행은 이슬람 법규 위원회를 자체적으로 운영해 사업 적절성 여부를 관리한다. 이슬람 기업은 직원이 근무 중 기도하러 모스크에 가는 걸 기꺼이 허용하며 이사회와 경영진을 독실한 신자로 구성한다. 또한 이슬람 은행과의 거래를 선호한다. 세속주의자 재계 인사도 자신을 무슬림으로 밝히지만, 이들에게 종교는 지극히 사적인 영역이다. 이슬람에서는 고리대금과 이자 부과를 금지하지만, 투자와 화폐의 시간적 가치는 일반 경제 이론과 같게 본다. 일반 자본가와 마찬가지로 이슬람 자본가도 이윤 추구를 목적으로 투명한 시장과 신뢰도 높은 정부를 선호한다.

세계화 과정에서 빠르게 성장한 이슬람 자본가는 비즈니스를 효율적으로 운영하고 이해관계를 안정적으로 확보하고자 원리주의 정당 대신 정의개발당을 밀었다. 이슬람 정치 세력의 우발적 충동은 시장경제 활동에 방해가 되기 때문이다. 자신의 힘으로 세속주의 국가를 통제할 수 없다는 사실을 잘 알기에 택한 국가와의 공존 전략이었다. 이슬람 자본가는 무슬림 공동체의 네트워크로 시장과 자유주의에 친화적인 젊은 세대를 지지하는 한편 원리주의자와는 거리를 두었다. 냉철한 경제적 '이해관계'가 원리주의의 정치적 '충동과 과욕'을 다스린 것이다. 정치경제학자 앨버트 허시먼Albert O. Hirschman도 과도한 정치적 열정을 다스리는 자본의 이해관계가 근대 산업사회로의 연착륙을 이끌었다고 봤다. 또한 그는 정치권력의 폭압을 막을 수 있는 효과적인 방어막은 냉철한 경제적 이해관계라고 주장했다. 경제적 이해관계는 일관되고 방향성이 있지만 정치적 열정은 충동적이고 무질서하기 때문이다.[19]

　튀르키예의 이슬람 자본가는 국가의 후원을 독점한 세속주의 자본가와 달리 국가의 지속적인 감시 대상이었다. 하지만 탈냉전과 함께 찾아온 세계화가 이들의 운명을 바꿨다. 이슬람 기업은 1970년대 세속주의 국가 주도의 수입대체산업화 과정에서 철저히 배제되어 어쩔 수 없이 수출 관련 제조업과 서비스 분야에 집중했다. 이들은 1990년대에 이르러 이슬람 세계의 국제시장으로 진출하고 유동성이 높은 자본을 축적할 수 있었다. 이들 신흥 이슬람 자본가는 이윤 추구에 방해가 되는 정치적 불안정을 바라지 않았다. 그래도 강경파 세속주의자 군부가 이슬람 정치 세력을 억압할 때마다 이들에게 파장이 미쳤다. 따라서 이슬람 은행의 경영 이사진과 주주, 이슬람 수출 기업의 소유주가 다수 속해 있는 수니파 종단은 이슬람 정당이 아닌 중도 우파 정당을 지지해왔다. 이슬람 정당의 전통적인 지지 세력은 세계화에 적대적인 사회경제적 하층민이었다.

그러나 정치적 열정과 경제적 냉정의 다이내믹은 역전됐다. 튀르키예 3대 종단의 하나인 펫홀라흐 종단의 창시자이자 대표적인 이슬람 자본가인 펫홀라흐 귈렌Fethullah Gülen이 과거 온건 이슬람 운동을 함께하며 후원했던 에르도안 총리와 갈라서면서부터다. 2013년부터 펫홀라흐 종단 소유의 언론사가 에르도안 총리 친인척의 뇌물수수와 횡령 등 비리 스캔들을 보도하자 에르도안 총리는 귈렌의 종단, 은행, 기업체, 학교 등을 폐쇄하고 귈렌과 가까운 검찰, 경찰, 군 간부를 숙청했다.

2016년 에르도안 대통령은 귈렌을 국가 전복 혐의로 기소했고 과거의 동지는 오늘의 적이 됐다. 같은 해 군부 내 펫홀라흐 종단 소속 온건 이슬람주의 성향의 장교단이 쿠데타를 주도했으나 실패했다. 세속주의자 군인도 일부 포함된 쿠데타 가담자들은 에르도안 대통령을 향한 사회 불만이 최고조에 이르렀다고 판단하고 나머지 군부와 시민 다수의 전폭적인 지지를 기대했다. 하지만 이슬람 권위주의 정권을 전복하려던 이들은 주변 동료의 의중과 성숙한 민의를 제대로 읽지 못했다. 또한 2000년대 초 이래로 정의개발당 정부가 세속주의 국가의 수호자였던 군부를 길들이면서 군의 응집력이 급격히 약해진 사실도 계산하지 못했다.

결국 쿠데타는 여섯 시간 만에 실패로 끝났다. 쿠데타군이 이스탄불의 보스포루스Bosporus 다리와 공항, 앙카라Ankara의 국영 방송사와 국회의사당을 장악한 지 두 시간도 되지 않아 진압군이 출동해 상황을 끝냈다. 에르도안 대통령은 미국에 머무는 귈렌을 쿠데타의 배후로 지목해 미국 정부에 즉각 소환을 요청했으나 미국은 증거 부족으로 이를 거부했다. 여기에 유럽연합이 튀르키예의 권위주의 역행을 비판하자 튀르키예는 서구와 점차 멀어졌다.

쿠데타 진압 이후 튀르키예에는 공안 정치가 몰아쳤다. 2년간 국가 비상사태가 이어지면서 군·경찰·검찰·행정 관료는 물론 교사와 언론인을 포함해 16만 명 이상이 해임되거나 투옥되었고 그 여파로 인력 공백이 생겨나 나라 전체가 삐걱댔다. 소신 있는 총리와 장관이 줄지어 경질되고 대통령의 40대 사위가 에너지부와 재무부의 수장이 됐다. 친인척 비리가 쏟아졌고 대대적인 언론 탄압 역시 이어졌으며 펫홀라흐 종단은 테러 조직으로 지정됐다. 에르도안 대통령은 지지 세력을 결집하려고 극우 정당과도 연합했다. 튀르키예의 대표적 여론조사 기관인 콘다Konda가 2020년 실시한 조사에 따르면 튀르키예인 38%가 나라에 소속감을 느끼지 못한다고 답했다.[20]

에르도안 대통령의 탐욕과 민주주의 후퇴

자유주의의 가장 큰 위협은 권력의 집중에서 오고 절대 권력은 반드시 부패한다. 에르도안 대통령이 자유주의자에서 21세기 술탄으로 추락한 까닭이다. 튀르키예의 민주주의와 열린사회는 에르도안 대통령의 정치적 탐욕 때문에 후퇴했다.[21] 탐욕스러운 이슬람 정치인은 더 이상 부패한 정치와 큰 정부를 반대하지 않는다. 정의개발당 내 합리적 온건파는 거의 사라지고 일인 체제를 제어할 장치도 작동하지 않는 상황에서 에르도안 대통령은 무소불위의 전권을 누린다. 정의개발당의 공동 설립자이자 외교부 장관, 총리, 대통령 등을 역임하며 실용 온건주의자로 명망 높던 압둘라 귈Abdullah Gül은 에르도안 총리와의 알력 다툼 끝에 2014년 정계에서 은퇴했다. 중견국 외교를 주도하며 신망을 받던 정치학자 출신의 아흐메트 다우토을루Ahmet Davutoğlu 역시 에르도안 대통령과 갈등을 겪다가 2016년 갑자기 총리직에서 사퇴했다.

에르도안 대통령은 절대 권력에 기댄 일인 지배가 자신을 선택한 국민의 뜻이라 강변한다. 선출 대통령의 합법적 권리라는 것이다. 물론 대의민주제에서 선거와 다수결의원칙이 기본이다. 하지만 턱걸이 과반수 득표(2017년 제왕적 대통령제 개헌 찬성 51.4%, 2018년 재선 52.5%, 2023년 3선 52.1%)로 권력의 정당성을 확보했다는 주장은 대의민주제에서 가장 경계해야 할 오류다. 민주주의란 당선자를 뽑지 않은 나머지 소수 의견을 듣고 합의점을 찾아가는 과정이다. 편협한 선거주의 오류에 빠지지 않는 것이야말로 민주주의를 지키는 길이다.

튀르키예에서는 온건 이슬람주의를 표방하던 정치인이 또다시 고삐 풀린 정치 욕망을 품고 시민을 선동해 자신만이 썩은 정치를 바꿔 국민의 편에 설 수 있다고 한다. 이를 다스릴 이슬람 자본가는 모든 영향력을 빼앗겼다. 에르도안 대통령의 강력한 리더십이 높은 지지를 받는다는 여론은 언론의 자유가 쪼그라든 사회에서 쉽게 볼 수 있는 대외용 거짓말에서 나왔다. 권위주의 체제하에서 일반 시민은 정말 가까운 사람이 아니면 속마음을 직접적으로 드러낼 수 없다. 2016년 쿠데타의 실패는 에르도안 대통령의 지지자뿐 아니라 그의 권위주의적 통치에 반대한 시민까지 거리로 나와 탱크에 맞섰기에 가능했다. 군부의 정치 개입에 저항한 성숙한 민주 시민의 승리였다. 이들 시민은 에르도안 대통령의 술탄 등극 역시 반대한다. 다만 독재 수준의 언론 검열과 여론

왜곡으로 눈에 크게 띄지 않을 뿐이다. 튀르키예 시민사회에는 민주주의의 위협을 감지하는 확실한 '레드라인'이 있다. 권위주의 체제하에서 제한적이나마 선거가 치러지는 만큼 조용한 민심이 봇물 넘치듯 터져 나올 기회는 분명히 있다. 에르도안 대통령의 정치적 탐욕이 레드라인을 넘을 때 시민사회의 저항은 매우 거셀 것이다.

이란 내부의 치열한 권력 투쟁

히잡 강제는 전통이 아닌 국가 폭력

2022년 이란에서 20대 여성인 마흐사 아미니Mahsa Amini가 히잡을 제대로 쓰지 않았다는 이유로 종교 경찰에 붙잡힌 후 의문사했다. 히잡을 제대로 쓴다는 것은 머리카락 실루엣조차 밖으로 비치지 않도록 두꺼운 재질의 천으로 머리를 덮어쓰는 걸 말하는데, 이때 천 밖으로 머리카락 한 올도 나오지 않아야 하며 귀와 목 역시 드러나지 않아야 한다. 머리카락이 이성을 유혹하기 때문이라고 한다. 이란이슬람공화국은 여성의 히잡 착용을 법으로 의무화하고 이를 어길 시 최대 2개월의 징역형에 처한다. 이란은 아프가니스탄과 함께 여성의 옷차림을 강제하는 나라다. 물론 이슬람만 여성의 머리에 집착하진 않는다. 이스라엘에서도 초정통파 유대교는 기혼 여성이 머리에 스카프를 쓰고 일부는 머리카락을 모두 밀어버린 후 그 위에 스카프나 가발을 쓴다. 유혹 차단이라는 비슷한 이유지만 국가가 강제하진 않는다는 점에서 이란, 아프가니스탄과 다르다. 아미니 의문사 이후 전국 곳곳에서 젊은 여성이 주도하고 시민 수만 명이 동참하는 반정부 시위가 확산하면서 강경 보수파 지배 연합을 전례 없는 강도로 위협했다. 전 세계에서 이어지는 연대 시위의 열기도 뜨거웠다.

1979년 친미 부패 팔레비Pahlavi 왕정이 시민혁명으로 무너진 후 설립된 이란이슬람공화국은 여성의 용모와 옷차림을 법으로 규제했다. 2009년 부정선거 논란의 핵심이자 미국과 이스라엘에 막말을 퍼붓던 강경 보수파 마무드 아마디네자드Mahmoud Ahmadinejad 대통령은 여대생의 메이크업까지 간섭하는 복장 규정을 만들었고 컴퓨터 공학을 비롯한 70여 '남성적' 전공에 여학생 지원을 금지했다. 그러다 2010년대 중반 잠시 자유로운 분위기가 일었다. 2013년 변화를 갈망하는 여성과 청년 및 도시 중산층 유권자의 열렬한 지지로 온건 개혁파의 하산 로하니Hassan Rouhani 대통령이 깜짝 당선되고 2015년 당시 오바마 정부와 개혁파 이란 정부가 핵 합의를 극적으로 타결하면서다. 2016년 총선에서도 온건 개혁파가 수도인 테헤란과 대도시의 의석을 휩쓸었다.

당시 히잡으로 머리의 절반만 아슬아슬하게 가린 채 반항의 패션 감각을 뽐내는 여성을 거리에서 쉽게 볼 수 있었다. 여성이 벗은 히잡을 막대기에 걸고 흔드는 사진을 SNS에 올리며 '나의 은밀한 자유'라는 용감한 릴레이 시위를 이어나간 때도 이즈음이다. 외국인도 이란에서는 반드시 히잡을 써야 하지만 이란 여성과 연대하는 차원에서 최대한 머리카락이 많이 보이도록 삐딱하게 히잡을 쓰고는 했다. 그러다 주변의 페르시아 유적을 고개 들어 올려보기라도 하면 히잡은 스르륵 내려오기 일쑤고 함께 있던 이란 남성 몇몇은 행여 종교 경찰이 올까 전전긍긍했다.

2016년 이란 테헤란에서 열린 한국–이란 협력 학술회의에 히잡을 쓰고 참가한 저자.

  그러나 2020년 총선에서 보수파가 압승하고 2021년 대선에서 강경 보수파인 라이시 후보가 대통령으로 당선된 후 감시와 탄압의 공포정치가 몰아쳤다. 2013년 대선, 2016년 총선, 2017년 대선에서는 개혁파가 크게 이겼으나 이후 판세가 뒤집혔다. 2018년 당시 미국의 트럼프 정부가 이란 핵 합의를 파기하고 고강도 제재 정책을 펼치자 강경 보수파 지배 연합은 이를 내부 단속의 기회로 삼았다. 이란 시민은 2009년 대선 직후 부정선거 의혹을 제기하며 대규모 반정부 시위인 녹색 운동을 조직했고 2017년 이래로 매년 민생고 시위를 벌였다. 당국의 무능한 코로나19 대처로 시민의 분노가 커진 가운데, 2022년 히잡 의문사 규탄 시위에서 이란 여성이 '여성, 생명, 자유'를 외치며 절규하자 부패하고 무능한 국가는 유혈 진압에 나섰다.

2022년 이란에서 일어난 '히잡 강제 착용 반대 시위'를 상징하는 포스터. 이란이슬람공화국 국기 가운데에서 이슬람과 순교자 상징을 빼고 머리카락을 자른 이란 여성의 이미지를 넣었다. 이를 통해 마흐사 아미니의 죽음을 애도하고 히잡 강제 착용에 저항하는 의미를 드러내고 있다.

국가 권력을 장악한 최고 종교 지도자와 강경 보수파 연합

이란의 강경 보수파는 반미 이슬람 혁명을 수출하고자 핵 개발도 고려하지만 온건 개혁파는 핵 포기와 제재 완화로 이란의 정상 국가화를 추구한다.[22] 1979년 시민혁명이 성공한 직후 이슬람 법학자인 울라마 그룹은 이슬람과 공화제 요소 모두를 포함한 헌법을 만들었으나 대통령의 권위를 종교 지도자 아래의 행정 수반으로 축소했다. 부패 왕정의 축출이라는 공동의 목표하에 모였던 혁명 참여 세력은 혁명 성공 직후부터 내부 권력투쟁에 휘말렸다. 이 과정에서 강경 보수파 성향의 울라마 세력이 온건파 울라마, 세속 자유주의자, 민족주의자, 좌파를 제거하고 정권을 장악했다.

팔레비 왕정 시절에 왕인 샤Shah의 개인 권력이 친서구 부패 정권을 장악했다면, 이슬람 공화국에서는 울라마와 혁명수비대로 이뤄진 강경 보수파 지배 연합이 모든 걸 좌우한다. 7세기 초 등장한 이슬람에는 공화제 개념이 없었기에 이란이슬람공화국 안팎에서 일어나는 복잡한 문제는 울라마의 독립적인 판단인 이즈티하드ijtihad에 맡긴다. 이란에서는 이슬람법 전문가로 구성된 전문가의회(2023년 현재 88명, 8년 임기)가 뽑은 종신직 최고 종교 지도자가 국민 전체가 직접 뽑은 대통령보다 강력한 권한을 행사한다. 최고 종교 지도자는 군부와 사법부, 외교권을 장악해 대통령의 결정을 포함한 정책 대부분을 거부할 수 있고 혁명수비대의 보위를 받는다. 대통령과 정부, 의회에 대한 최고 종교 지도자의 힘의 우위가 제도적으로 보장되면서 '울라마–혁명수비대 강경 보수파 지배 연합'은 시민의 요구를 억눌러왔다.

그러나 1990년대에 들어와 여성, 젊은 세대, 중산층을 중심으로 선출되지 않은 종신제 국가수반인 최고 종교 지도자가 선출된 공직자인 대통령보다 제도적 우위를 점하는 것에 불만을 나타냈다. 이들은 당시 모함마드 하타미Mohammad Khatami 온건파 대통령이 주도하는 개혁 운동을 열렬히 지지했다. 1997년부터 2005년까지 대통령을 지낸 하타미는 이란 개혁의 상징적 인물이지만 특별종교검찰청이 2009년 부정선거 시위를 지지했다는 이유로 그의 이름, 얼굴, 발언을 언론에서 보도하지 못하도록 하고 가택 연금에 처하면서 사실상 정치 활동을 금지했다.

이란 선거는 기울어진 운동장에서 하는 경기다. 선거에 입후보하려면 먼저 헌법수호위원회의 사전 자격 심사를 통과해야만 한다. 이란이슬람공화국의 체제 수호가 목표인 헌법수호위원회는 보수파 법학자 12명으로 구성된다. 이 중 절반은 최고 종교 지도자인 하메네이가 직접 고른 이슬람 법학자다.

불공정 선거는 이란과 같은 선거 권위주의 정권의 생존 전략이다. 이제 세상은 단순히 민주주의와 비민주주의로 나뉘지 않으며 권위주의 체제에서도 선거가 치러진다. 선거 권위주의 혹은 하이브리드 정권의 선거는 정당성 과시용이다. 물론 지배 엘리트에게 권력을 내줄 생각이 전혀 없다. 정권 생존의 판단이 설 때만 야권의 선거 참여를 허락하고 만일을 대비해 탄압 기제를 풀가동하는 중이다. 혁명수비대 산하의 바시즈Basij 민병대는 소규모의 민생고 시위도 강경 진압하는 등 반체제 여론과 움직임을 절대로 용납하지 않는다.

2020년 총선은 보수파의 압승이자 개혁파의 참패로 끝났다. 전체 290석 가운데 보수파가 230석을, 개혁파는 20석을 차지했다. 바로 이전 선거의 결과와 확연히 달랐다. 2016년 총선에서는 개혁파가 121석을, 보수파는 83석을 얻었다. 당시 개혁파는 최대 격전지 테헤란의 전 의석을 휩쓸었다. 하지만 2020년에는 보수파가 테헤란 의석을 싹쓸이했다. 2020년 총선 자격 심사에서 개혁 성향의 지원자 60%가 대거 탈락했다. 개혁파 현직 의원의 4분의 3에 이르는 90여 명도 포함됐다. 개혁파 지지층은 즉각 선거 보이콧을 선언했다. 결국 2020년 총선은 이란이슬람공화국이 출범한 이래 가장 낮은 투표율을 기록했다. 특히 테헤란의 투표율은 26%에 그쳤다. 하메네이 최고 종교 지도자는 '적의 코로나19 위협 과장' 탓으로 돌렸고, 이 발언은 이후 코로나19에 대한 안일한 인식을 보여주는 정부의 민낯이라고 비난을 받았다.

이란 선거제도의 한계

운동장은 2016년 선거에서도 기울어져 있었다. 개혁파 후보 지원자의 절반 이상이 보수파의 자격 심사에서 탈락했다. 하지만 변화를 바라는 시민의 기대가 불공정 선거에서 깜짝 승리를 끌어냈다. 2015년 당시 미국 오바마 정부와 온건 개혁파인 로하니 정부가 극적으로 타결한 핵 합의를 지지하고자 도시 중산층과 청년, 여성 유권자가 투표소로 집결하면서다. 밀려드는 이들 유권자로 투표소 마감이 다섯 시간 더 연장됐다. 개혁파가 테헤란을 석권했고 1년 뒤 대선에서도 개혁파인 로하니 후보가 재선에 성공했다.

2020년 총선을 앞두고 강경 보수파 지배 연합의 자신감은 그리 높지 않았다. 유권자는 이들의 반미 이슬람 구호에 싫증이 난 지 오래였다. 핵심 지지층인 지방 보수 성향의 저소득층마저 지배층의 부패와 역내 친이란 무장 조직에 퍼붓는 자금이 경제 파탄의 원흉이라고 봤다. 혁명수비대는 레바논의 헤즈볼라, 시리아의 친이란 민병대, 이라크의 카타이브 헤즈볼라Kata'ib Hezbollah를 포함한 인민동원군, 예멘의 후티 반군, 가자 지구의 하마스를 프록시 조직으로 육성한다.[23] 시리아 내전에 적극 참여했고 예멘 내전에도 개입했다. 이란 시민은 나라 살림을 돌보는 대신 지역 헤게모니 확보라는 야심을 불태우며 늘 미국 탓만 하는 정권에 책임을 묻고자 반체제 시위에 자주 나섰다.

강경 보수파 지배 연합은 2015년 핵 합의 타결 이후 활성화된 민영화와 시장 개방 정책을 강하게 반대하며 내수 위주의 저항 경제를 옹호했다. 이해관계에 배치되기 때문이다. 울라마와 혁명수비대 지배 연합은 비즈니스계의 큰손이다. 종교 재단인 '본야드'는 민영 은행 전체 지분의 40% 이상을 보유하며 혁명수비대가 운영하는 건설·자재·부동산 회사와 긴밀히 연계되어 있다. 혁명수비대 소유의 숱한 회사가 자립 경제를 내세운 수입대체산업 분야에 집중되어 있다. 종교 재단과 혁명수비대 산하 회사는 민관 플랜트 프로젝트의 대부분을 독식하며 세금 면제 혜택까지 받는다. 혁명수비대는 국가 전체 자산의 40%가 넘는 부를 소유한다고 알려져 있으나, 암시장까지 고려하면 그 규모는 훨씬 커진다. 미국의 제재로 이란 경제가 충격을 받지만, 지배 연합의 이익 구조는 여전히 견고하다. 따라서 이란 혁명수비대는 핵 합의 타결 이후에도 핵탄두 탑재가 가능한 중장거리 탄도미사일을 세 차례 시험 발사하면서 정국 경색 구도를 지속해서 시도했다. 당시 하메네이 최고 종교 지도자 역시 강경한 반미 구호를 공식 석상에서 연일 외쳤다.

이러한 분위기에서 2020년 솔레이마니 혁명수비대 사령관이 미군의 드론 공격으로 사망했다. 이는 트럼프 전 대통령의 결정이었다. 당시 이란에서는 민생고 시위의 강경 진압을 명령한 솔레이마니 사령관을 비난하는 여론이 높았으나 미국의 제거 작전 이후로 분위기가 역전됐다. 솔레이마니 사령관의 폭사 이후 이란 내 강한 반미 여론이 확산되면서 이란 강경파는 대미 복수를 천명했고 핵 합의를 지지한 개혁파의 입지는 추락했다. 테헤란 거리는 선거 벽보가 아닌 순교자 솔레이마니 추모 포스터로 뒤덮였다. 그럼에도 권위주의 정권은 불안했던지 개혁파 후보 지원자를 4년 전보다 더 많이 탈락시켰다.

2020년 총선은 지배 연합 내 강경 보수파와 원리주의 보수파 간의 경합이었다. 혁명수비대 강경파가 성직자 원리주의파를 가볍게 이겼고 혁명수비대 사령관 출신인 모함마드 바게르 갈리바프Mohammad Bagher

Ghalibaf가 테헤란에서 압도적인 1위로 당선됐다. 혁명수비대는 내부 숙청 작업까지 마치고 강경한 대외 행보를 예고했다.

2021년에 당선된 라이시 대통령은 하메네이 최고 종교 지도자의 전폭적인 지지를 받고 있으며 하메네이처럼 울라마 출신이다. 사회경제적으로 하층민 유권자는 미국의 핵 합의 파기와 제재를 막지 못한 온건파 정부를 비난하며 라이시 후보에게 표를 던졌다. 그런데 투표율이 1979년 이란이슬람공화국 수립 이래 가장 낮은 48.8%에 그쳤다. 온건파 로하니 대통령이 재선된 2017년의 투표율 73%와 대비를 보였다. 더구나 무효표가 370만 표에 달했다. 62%의 득표율로 당선된 라이시에 이어 2위를 기록한 모흐센 레자이Mohsen Rezaee 전 혁명수비대 사령관의 득표수는 340만 표로 무효표보다도 30만 표가 적었다. 이란에서의 투표는 후보자 이름을 직접 쓰는 방식인데 무효표 대부분에는 영화 주인공이나 연예인의 이름이 적혀 있었다.

보수파가 장악한 헌법수호위원회는 출마 자격 심사에서 유력한 온건파 후보자를 대거 떨어뜨렸다. 자격 심사를 통과한 최종 후보자는 총 7명이었는데 라이시 후보를 제외하고는 지지 기반이 거의 없었다. 보수 지배 연합이 라이시를 대통령으로 만드는 데 방해가 되는 어떠한 요소도 용납하지 않겠다는 의지를 보인 것이다.

라이시 당선자는 다섯 살 때 아버지를 여의고 불우한 환경에서 자랐으나 신학 공부에 매진해 20대에 검사가 된 입지전적인 인물이다. 동향인 하메네이는 라이시의 후견인 역할을 해왔고 라이시는 하메네이의 충복으로 알려져 있다. 라이시 당선자는 1988년 비밀 재판에서 정치범 수천 명의 처형을 주도한 혐의로 미국의 제재 대상이 됐다. 이란의 13대 대통령인 라이시는 고령에 중병까지 얻은 하메네이에 이어 차기 최고 종교 지도자직에 오를 것이라는 평가를 받는다.

그동안 이란에서 일어난 일련의 시위가 성직자 체제의 생존에 심각한 위협은 못 됐다. 무엇보다 보수 성향의 사회경제적 중하층과 개혁 성향의 중산층 간의 견해차로 이들의 연대 가능성이 희박하기 때문이다. 저소득층은 민생고 해결을, 중산층은 정치적 자유의 확대를 앞세우는데, 두 세력을 동시에 대표할 만한 구심점도 없고 체제에 도전할 세력도 현재로서는 존재하지 않는다. 2020년 총선과 2021년 대선 이후 온건파 정치인은 물론 이들의 전통적인 지지 세력인 여성, 청년, 중산층은 선거 권위주의 체제의 높은 벽을 다시금 깨달으며 정치적 무기력과 절망에 빠졌다.

선거에 이긴 강경 보수파는 온건 개혁파를 향한 압박 수위를 높이고 국내 정치의 장악력을 다졌으며 코로나 무능과 민생고에 이어 히잡 의문사 항의 시위를 유혈 진압했다. 2022년 9월 '히잡 시위'가 시작된 이래 시위대 500명 이상이 숨지고 수천 명이 투옥됐으며 100여 명이 사형선고를 받고 50여 명이 처형됐다. 이란 시민은 정확히 지적한다. 핵 합의를 제멋대로 파기한 트럼프 정부도 나쁘지만, 자국 체제에 심각한 문제가 있다고. 그러나 1979년 팔레비 왕정은 분노한 시위대에게 유화책을 결정한 후 급작스레 몰락했고 이를 뚜렷이 기억하는 현 정권의 수호 세력은 무자비한 공권력에 철저히 기대고 있다.

카슈끄지의 죽음이 일으킨 나비효과

2018년 사우디아라비아에서 급파된 정보원 15명이 이스탄불 주재 자국 총영사관에서 반정부 언론인 카슈끄지를 잔인하게 살해했다. 아직 시신의 행방도 알려지지 않았다. 당시 카슈끄지는 미국에서 활동하며 1년 넘게 사우디아라비아로 돌아가지 않고 〈워싱턴포스트The Washington Post〉에 고정 칼럼을 쓰면서 왕세자가 주도하는 개혁의 더딘 속도, 절대 권력 체제의 언론 탄압 등을 비판해왔다. 사건 직후 사우디아라비아 정부는 카슈끄지의 사망 자체를 부정했으나 '우발적 살인'으로 태도를 바꾸더니 왕세자 측근 몇 명이 독자적으로 주도한 '계획된 살인'을 인정했다. 튀르키예 당국이 그 증거를 연이어 자세하게 폭로하는 바람에 어쩔 수 없었다. 사우디아라비아 검찰은 관련 책임자 11명을 기소하고 이 중 5명에게 사형을 선고했다. 그로부터 한 달 후 미국 CIA가 무함마드 빈 살만 왕세자의 배후설을 제기했으나 사우디아라비아 정부는 강력히 부인했다. 2019년 유엔 진상 조사단은 사우디아라비아 정부의 계획 살인이라고 결론을 내렸다. 국제사회는 분노했고, 특히 미국과 유럽에서는 사우디아라비아에 무기 금수 제재를 시행하라는 여론이 거셌다. 카슈끄지가 몸담았던 미국 언론계는 사우디아라비아의 실세인 왕세자를 향한 비난 수위를 연일 높였다.

카슈끄지 살해 사건과 중동의 각축전

카슈끄지 살해 사건은 시리아 내전이 마무리되면서 급박하게 진행되던 역내 질서 재편 과정을 뒤흔들었다. 2011년 아랍의 봄 혁명의 여파가 중동 전역에 퍼지자 시리아에도 민주화 시위가 일어났다. 알아사드 독재 정권이 시위를 유혈 진압하자 내전이 이어졌다. 자국 민간인을 화학무기로 340차례 이상 공격한 알아사드 정권은 7년 후 승전을 선언했다. 내전이 시작됐을 때 미국과 유럽 및 중동 국가 대부분은 반군을, 이란과 러시아는 정부군을 도왔다. 그러나 2014년 이슬람 극단주의 테러 집단인 ISIS가 시리아와 이라크 일부를 장악해 국제사회를 위협하자 미국은 시리아 정권이 아닌 ISIS 축출로 정책의 우선순위를 바꿨다. 시리아 내전이 정부군, 반군, ISIS 간 삼파전으로 얽히며 교착상태에 빠지자 공공의 적인 ISIS 격퇴에 집중했다. 2017년 시리아 락까ar Raqqah에 이어 2018년 이라크 모술Mosul에서도 ISIS 패퇴가 선언되면서 알아사드 정권의 생존이 확실해졌다.

이란 혁명수비대는 시리아 내전 참여를 계기로 군사 팽창주의에 더 몰입했다. 그러자 강경 보수파의 국내 지지층마저 거세게 저항했다. 당시 트럼프 정부가 최대 압박 정책을 발표한 상황에서 지배층이 나라 살림살이를 돌보기는커녕 다른 나라의 전쟁에 신경을 곤두세우니 보수파 지지층의 저항은 어쩌면 당연했다. 지금껏 이란 내 반체제 시위는 온건 개혁파를 지지하는 대도시 중산층, 대학생, 여성 활동가가 조직했으나 이번에는 달랐다. 지방 출신과 저소득층이 대거 참여한 시위대는 '트럼프가 아닌 이란 체제가 문제'라는 구호를 외쳤다. 초여름 가뭄이 농촌을 강타하자 소도시의 시위가 더욱 확산했다. 낡아 못 쓰게 된 수로를 방치한 인재라는 비난이 빗발쳤다. 강경파는 역내 패권 확장의 질주를 멈추고 내정과 집안 단속에 집중해야만 했다. 수니파와 시아파 간의 팽팽한 대결에서 사우디아라비아가 미소 짓는 듯싶었다.

그러나 카슈끄지 사건은 극적 반전을 가져왔다. 2017년 갑작스레 승계 서열 1위에 오른 무함마드 빈 살만 왕세자는 전례 없는 개혁 개방을 추진하며 국제사회에 어필했다. 왕실 내 기반을 다지고 이란의 위협도 막을 수 있을 듯했다. 사우디아라비아 안보의 최대 위협은 이란의 급부상이었다. 7년여의 시리아 내전에서 사우디아라비아가 밀었던 반군은 이란이 지원한 정부군에게 패했다. 3년이 넘도록 교착상태에 빠진 예멘 내전에서 사우디아라비아는 정부군을 지원하며 설욕을 노렸다. 시리아 내전처럼 예멘 내전에서도 사우디아라비아와 이란이 대치해 사우디아라비아가 이끄는 아랍 국가의 연합전선은 정부군을, 이란은 후티 반군을 각각 지원했다. 당시 후티 반군은 사우디아라비아 본토를 향해 100차례가 넘는 미사일 공격을 감행했다. 리야드 국제공항 일부가 무너지고 사상자가 발생하기도 했다. 무함마드 빈 살만 왕세자는 이 역시 외교 안보의 개혁으로 풀겠다고 했다.

　중동 국가의 민주주의와 인권, 언론 자유 지수는 세계 평균에 못 미친다. 사우디아라비아는 물론 이란과 튀르키예도 마찬가지다. 개혁으로 국제 규범과 가치를 공유하는 나라가 되겠다는 젊은 왕세자의 강한 의지 표명은 동맹 우방국에 믿음직하게 들렸다. 사실 지금의 개혁 질주가 아니고서는 사우디아라비아가 처한 위기를 타개할 다른 옵션은 없어 보였다.

　그러나 결국 기대를 저버린 왕세자에게 우방국은 크게 실망했고 최대 우방국인 미국마저 예멘 내전의 휴전안을 받아들이라고 사우디아라비아 정부를 압박했다. 유엔은 후티 반군 세력이 아닌 예멘 정부의 정통성을 인정했고 미국과 영국은 아랍연합전선에 공중급유와 민간인

오폭 방지 기술을 지원해왔다. 하지만 카슈끄지 살해 사건 이후 미국은 사우디아라비아 지원을 중단했다. 개혁 개방의 아이콘인 왕세자가 국제사회로 복귀하려면 돌파구를 찾아야 했다. 사우디아라비아는 예멘 내전의 최대 격전지인 호데이다Hodeida에서의 교전 중단과 병력 철수라는 미국의 제안을 전격 수용했다.

사우디아라비아가 패배에 가까운 휴전안을 받아들인 후 이란 혁명수비대와 후티 반군 역시 못 이기는 척 휴전에 동의했다. 거절할 까닭이 없었다. 내부 시위와 미국 제재에 시달리던 이란 강경파에게는 실리와 명분 모두를 챙길 수 있는 뜻밖의 호재였다. 잠시나마 숨통을 틔운 강경 보수파 지배 연합은 미국의 이란 핵 협정 탈퇴 후 결성된 '중국·러시아·튀르키예·카타르 연합'에 경제적으로 기대며 안도했다. '치킨 게임chicken game'의 승자는 이란의 강경파였다.

카슈끄지 사건이 돌파구가 된 튀르키예

이란의 강경 보수파 지배 연합은 나라 안 저항으로, 사우디아라비아의 왕세자 체제는 나라 밖 압박으로 수니파와 시아파 대표국 간 힘겨루기는 한 치 앞을 내다보기 어려웠다. 이란의 강경파와 사우디아라비아 왕실의 희비가 엇갈리는 가운데 또 다른 권위주의 지도자가 반전을 시도했다. 바로 튀르키예의 에르도안 대통령이었다. 집권 15년 차인 에르도안 대통령은 재선으로 장기 집권의 기반을 마련했으나 트럼프 전 대통령의 무역 전쟁 선포 이후 빠르게 악화하는 국내 시장 불안에 당황하던 차였다. 미국은 튀르키예에 억류 중인 미국인 목사의 석방을 요구하며 금융 제재와 관세 폭탄으로 튀르키예를 압박했고 튀르키예에서는 리라화 폭락이 연일 이어졌다. 트럼프 전 대통령의 핵심 지지 세력인 복음주의 교단 소속의 목사는 2016년 에르도안 대통령을 겨냥한 쿠데타 발발 후 체포됐다. 이는 미국을 향한 튀르키예의 보복 조치로, 에르도안 대통령이 쿠데타의 배후로 지목한 재미 종교학자 귈렌을 미국이 증거 불충분을 이유로 소환을 거부했기 때문이었다. 국제 신용평가사는 튀르키예의 등급을 일제히 강등했고 튀르키예의 국제통화기금행이 순서인 듯했다.

이때 카슈끄지 살해 사건이 이스탄불에서 일어났고 에르도안 대통령은 증거를 선점해 사건 폭로의 전면전에 나섰다. 이후 앞서 시작된 미국발 제재를 완화하기 위해 미국, 사우디아라비아와 물밑 거래에 나섰다. 결과는 에르도안 대통령의 완승이었다. 당시 폼페이오 미국 국무부 장관이 사우디아라비아와 튀르키예를 잇달아 방문했고 튀르키예는 2년간 감금해온 미국인 목사를 전격 석방했다. 이어 에르도안 대통령은 살만 빈 압둘아지즈 국왕과 전화 통화를 나눈 후 사우디아라비아를 향한 정면 비판을 멈췄다. 튀르키예 언론에서 매일 같이 쏟아내던 '참수', '손가락을 하나씩 자르는 고문', '산채로 해부' 등의 잔혹한 의혹 대신 검찰의 '교살 후 시신 훼손'이란 공식 발표가 나왔다. 튀르키예는 미국과 불화를 해소하고 사우디아라비아로부터 경제 혜택을 약속받은 후 외환위기에서 숨통이 트였다. 끄떡없는 에르도안 체제하에서 튀르키예는 이란, 러시아, 중국과의 협력을 이어갔다.

한편 카슈끄지 사건이 일어나기 전 튀르키예가 미국과의 무역 전쟁으로 심각한 경제 위기에 처했을 때 카타르는 대규모 투자 약속과 함께 양국 통화스와프 협정을 발표해 우의를 과시했다. 튀르키예가 시리아 내 쿠르드계 자치 지역을 침공했을 때도 카타르는 공식적으로 지지를 밝혔다. 알 사니 카타르 국왕은 아랍 형제국과 함께 발맞췄던 외교 안보 정책에서 탈피해 독자 노선을 선언하더니 이란과도 가까워졌다. 시리아 내전을 발판으로 이란의 헤게모니가 부상한 시기와 맞물렸다.

카슈끄지 살해 사건은 중동 지역 질서 재편 과정에서 우위를 점하려는 이란, 사우디아라비아, 튀르키예 간의 불꽃 튀는 각축전을 더 뜨겁게 달궜다. 이란의 강경 보수파 지배 연합, 실세 왕세자가 좌우하는 사우디아라비아 왕정, 튀르키예의 일인 체제 모두 폐쇄적이고 권위주의적인 구조이기에 세 나라의 힘겨루기는 예측 불허의 반전을 거듭했다. 사우디아라비아는 미국과 유럽 편에 서서 자유주의 규범과 질서를 지키겠다고 했다. 왕세자의 권력 기반을 다지려는 계산이었다. 하지만 숙제를 형편없이 했다며 호된 신고식만 치렀다. 자유주의를 향한 개혁 시도는 사우디아라비아 왕실에 억울함과 좌절을 안겨줬다. 반면 시리아 내전의 승전국인 이란과 러시아는 역내 비자유주의 질서를 이끌며 회심의 미소를 띤 채 현상 유지를 다짐했다. 여기에 미국에 대한 신뢰도 하락과 유럽의 입지 축소, 사우디아라비아 무함마드 빈 살만 체제의 취약성, 튀르키예와 카타르의 이란 밀착 행보 역시 분명해졌다.

중동의 민주주의 퇴보와 미국의 개입

미국 매파와 이란 강경파의 무력시위

미국과 이란의 대립과 중동의 탐색전

2019년 봄 중동에서 전운이 짙게 감돌았다. 미국과 이란 간의 무력 시위와 군사적 맞대응 격화로 정세가 살얼음판이었다. 시작은 2018년 당시 트럼프 정부의 일방적인 이란 핵 합의 파기에서 비롯됐다. 뒤이은 미국 제재의 부활은 이란의 원유 수출을 막았고 이란의 강경 보수파 지배 연합은 혁명수비대로 호르무즈해협을 봉쇄하고 전쟁 불사를 선포했다.

미국 매파와 이란 강경파의 대결은 점차 고조되어 일촉즉발의 위기로 이어졌다. 2019년 4월 트럼프 정부는 이란 혁명수비대를 테러 조직으로 지정했다. 이어 미국은 이란발 위협 징후를 포착했다며 항모 전단, 폭격기, 수송 상륙함, 포대砲隊를 중동에 급파했다. 사흘 후 호르무즈해협에서 유조선 네 척이 공격을 받았다. 트럼프 대통령은 바로 1,500명의 중동 추가 파병을 결정하고 의회 승인 없이 걸프 산유 왕정에 무기 판매를 강행토록 했다. 미국의 동맹 우방국인 걸프 산유국은 호르무즈해협을 거쳐야만 원유를 수출할 수 있다. 한 달 후 유조선 두 척이 추가로 피격됐다. 두 달간 일어난 유조선 여섯 척 공격에 이란은 미국과 이스라엘의 자작극이라며 배후를 부인했다. 그런 와중에 혁명 수비대는 대규모 해상 훈련을 벌이며 탄도미사일을 시험 발사했다.

두 나라 모두 말로는 전쟁을 원치 않는다지만 위험 수위를 오가며 서로를 자극했다. 미국과 이란의 날 선 대립은 동맹 우방국과 프록시

2019년에 열린 이란의 '성스러운 방어전 퍼레이드Sacred Defense Parade'의 한 장면.

2019년 군 수뇌부와 함께 이란 육군사관학교 합동 졸업식에 참석한 아야톨라 알리 하메네이 최고 종교 지도자.

조직 간 충돌로 번졌다. 이란이 지원하는 예멘의 후티 반군이 사우디 아라비아 유조선을 미사일로 공격하고 유전과 정유 시설 및 공항 세 곳을 드론으로 공격했다. 이라크에서는 친이란 시아파 민병대가 미국 대사관 근처 그린존Green Zone에 로켓포를 쐈다. 이에 미군은 이라크와 시리아 국경 지대에서 활동하는 친이란 민병대의 기지와 무기고를 공습했다.

결국 이란은 핵 개발 재개를 선언했다. 선언 직후 오만만Oman灣에서 이란이 미국 드론을 격추하자 다음 날 트럼프 대통령은 이란 공습을 명령했다가 10분 전에 취소했다. 미국은 보복 공격 대신 이란의 최고 종교 지도자 하메네이를 제재 대상 명단에 추가했다. 발끈한 이란은 전략적 인내의 끝을 공표했다. 이란의 핵 개발 재개 선언 한 달 후 국제

원자력기구IAEA는 이란의 우라늄 농축도 한도 초과를 공식 확인했다. 이스라엘과 사우디아라비아는 전쟁 대비 착수를 알렸다.

중동발 군사적 긴장의 출발점은 트럼프 미국 대통령이었다. 이란과 주요 6개국(미국, 영국, 프랑스, 중국, 러시아, 독일) 및 유럽연합 대표가 2년 간 수도 없이 만나 언성을 높이고 머리를 싸맨 끝에 2015년에 타결한 핵 합의를 멋대로 깨뜨렸다. 트럼프 정부의 1단계 제재는 이란의 달러 매입, 자동차와 비행기 부품 거래 등의 금지였고 그 즉시 유가가 들썩였다. 석 달 후 실행한 2단계 제재로 이란산 원유와 석유 제품, 리알화와 외환, 해운과 조선 관련 거래를 금지했는데, 제재 대상을 금융과 에너지자원 분야로 확대했다.

트럼프 대통령은 제재 재개 당일 트위터에서 "이란과 사업하는 사람은 미국과 사업을 못 하게 될 것"이라고 경고했다. 파격적인 대선 공약을 행동으로 옮겼다. 집착에 가까운 오바마 지우기의 방편이기도 했다. 영국, 프랑스, 독일은 미국의 제재를 우회해 이란과 교역을 이어가려고 특수 목적 법인을 설립했으나 이번에는 이란의 강경파가 국익을 해친다며 격렬히 비난했다.

미국의 핵 합의 파기와 이란의 대응

트럼프 대통령에게 국제사회와 동맹 우방국의 반대는 대수롭지 않았다. 중요한 건 국내 지지 세력의 만족이다. 비슷한 시기에 단행한 이스라엘 주재 미국 대사관의 예루살렘 이전도 같은 맥락이다. 핵 합의 파기 이후 구체적 대안은 없었다. 제재로 이란을 압박한 후 새로운 협상 테이블로 불러온다는 단순 메시지뿐이었다.

하지만 미국과 이란을 둘러싼 대립과 긴장은 전쟁으로 가는 서막이 아닌 전쟁을 피하려는 탐색전이다. 서로 핏대를 올리지만 상대방의 한계를 재보고 알아가면서 불확실성을 줄여갔다. 미국과 이란을 비롯해 미국의 우방국 모두에게 전쟁은 큰 부담이다. 민주주의 수준이 낮아 자국 내 정치적 압박이 덜한 나라의 지도부도 전쟁은 하는 것보다 피하는 게 권력 유지에 이롭다.

트럼프 대통령은 2020년 대선까지 이란에 단호한 태도를 유지하되 중동에서 전쟁이라는 판도라의 상자를 열 마음은 없었다. 이란을 응징하고 이스라엘을 지키자는 복음주의자 지지층을 의식했으나 어디까지나 미국 우선주의 틀 안에서다. 이란은 그때까지 미국인을 직접 공격하지도 않았고 5% 농축우라늄을 핵무기로 개발하기까지는 1년 남짓 걸린다. 민주당은 연일 이란과의 극한 대결은 미국이 아닌 이스라엘과 사우디아라비아의 국익용이라는 식으로 여론을 주도했다.

이란의 강경파도 경제 위기에 따른 국내 여론 악화로 전쟁을 부담스러워했다. 무엇보다 국내 지지층이 흔들리는 상황에서 강경파의 위협은 시위에 그칠 수밖에 없다. 2017년부터 이어진 민생고 항의 시위에 강경 보수파 지배 연합의 지지 세력인 지방 보수층과 저소득층이 대거 참여했다. 시위의 발생지도 여느 때와 달리 테헤란이 아닌 시아파 성지가 있는 마슈하드Mashhad였다. 이곳은 지배 연합의 거점인 동북부 지역에서도 보수 색채가 가장 짙은 도시이자 최고 종교 지도자인 하메네이의 고향이다. 마슈하드에서 시작된 반체제 시위는 지방 소도시로 빠르게 퍼졌다. 시위는 물과 전기 부족, 임금 체불, 리알화 가치 폭락, 물가 폭등 등에 항의해 일어났다. 시위대는 이러한 경제 파탄을 군사 팽창주의, 정부의 무능과 부정부패가 부른 인재로 봤다. 혁명수비대가 시리아 내전, ISIS 격퇴전, 예멘 내전에서 국고를 탕진했기 때문이다. 구호도 전례 없이 이슬람 공화국 체제 자체를 겨냥했다. '독재자 하메네이에게 죽음을', '이슬람 공화국에 몰락을', '팔레비 시절이 그립다', '이슬람은 아랍에나 돌려줘라', '팔레스타인, 레바논, 시리아가 아닌 국내 민생을 챙겨라' 등 최고 종교 지도자와 강경파를 직접 공격했다. 실제로 혁명수비대가 역내 전쟁에 깊이 개입해 어마어마한 자금을 쏟아붓는 동안 이란 경제는 피폐해졌다. 시리아 내전에 쓴 돈만 300억 달러가 넘는 것으로 알려졌다. 2018년 미국발 1단계 제재가 시작하면서 리알화의 가치는 70% 넘게 떨어지고 생필품 가격은 50% 이상 올랐으며 청년 실업률은 40%에 이르러 전국이 아우성이었다.

지방 보수층의 반체제 시위는 강경파에게 큰 충격이자 압박이다. 불공정하고 제한적이나마 선거가 이뤄지고 그런 선거로 온건 개혁파가 대통령과 행정부 및 의회를 장악할 수 있는 나라에서 강경파 체제 수호 세력은 유권자와 여론을 완전히 무시할 수 없다. 더 폐쇄적인 독재 체제에는 없는 제약이다. 2018년 하메네이는 부패 공무원과 은행 간부 60여 명의 체포를 지시했다. 강경파는 핵 합의를 성사한 온건과 정부에 대국민 사과를 요구하며 몰아세웠고 저항 경제로 돌아가 사회정의를 실현하겠다고 약속했다. 그러나 대규모의 반체제 시위를 달래기에는 어림없어 보였고 유혈 진압의 비용만 훨씬 커졌다. 트럼프 정부는 무조건적인 대화와 굴욕스러운 조건의 협상 카드를 수시로 바꿔 제시했지만 이란 강경파는 2020년 미국 대선 전까지 저항 경제로 버텨볼 계획이었다. 이란 온건파는 미국발 제재를 완화할 만한 유럽의 역할을 기대했지만, 미국과 유럽의 갈등이 워낙 깊어 소용없었다. 자리프 이란 외교부 장관은 당시 트럼프 대통령 옆의 'B팀' 때문에 끔찍한 일이 이어진다고 비난했다. 이름이 'B'로 시작하는 존 볼턴John R. Bolton 미국 백악관 국가안보보좌관, 비비(베냐민 네타냐후의 애칭) 이스라엘 총리, 무함마드 빈 살만 사우디아라비아 왕세자, 무함마드 빈 자이드 아랍에미리트 아부다비 왕세제를 가리켰다.

미국의 우방국도 사정은 비슷했다. 이스라엘, 사우디아라비아, 아랍에미리트에 전쟁 옵션은 매력적이지 않았다. 이란 혁명수비대와 레바논, 시리아, 이라크, 예멘, 가자 지구의 친이란 무장 세력이 최근 잦은 참전으로 전투력과 화력을 높였기 때문이었다. 미국의 우방국은 이란의 고통을 누구보다 바라지만 전쟁의 대가를 치를 만큼은 아니었다.

솔레이마니 암살로 전운이 고조된 중동

2018년 미국 매파의 핵 합의 파기는 서막에 불과했다. 2020년 새해 벽두부터 미국은 이란 군부의 최고 실세인 솔레이마니 혁명수비대 사령관을 이라크 바그다드 공항에서 살해했다. 하메네이의 오른팔이자 전략가인 그는 시리아 내전의 전투 현장에서 혁명수비대와 타국의 친이란 민병대 1만여 명을 진두지휘해 알아사드 독재 정권의 승기를 굳혔다. 시리아발 비행기에서 내린 솔레이마니 사령관은 마중 나온 이라크의 친이란 민병대인 카타이브 헤즈볼라의 사령관과 함께 폭사했다. 미국 특수부대가 근접 촬영한 폭사 영상이 전 세계에 공개됐는데, 이날 공격은 트럼프 대통령의 깜짝 결정이었다. 트럼프 대통령에게는 전쟁을 막기 위한 방어였겠지만 하메네이는 '같은 수위의 직접 보복'을 명령했다. 중동에 또다시 전운이 고조됐다.

솔레이마니 사령관의 빈자리는 또 다른 강성 군인인 에스마일 가니 Esmail Ghani 혁명수비대 쿠드스Quds군 부사령관이 채웠다. 극도로 높아진 긴장 수위에 맞춰 새로운 사령관은 더욱 강경한 목소리를 냈다. 가니 사령관은 취임 직후 중동 전역에서 미국인의 시체를 보게 될 것이라고 선언했다. 권력 구도에서도 보수와 개혁 진영 갈등 대신 혁명수비대 계열의 강경파와 성직자 원리주의파 간 보수권 내부 경쟁이 자리 잡았다. 혁명수비대는 지도부 공백기에 일어날 수 있는 엘리트 간의 암투나 불안한 눈치 보기를 차단하고 내부 숙청 작업까지 끝낸 후 대미 치킨 게임의 전열을 갖췄다.

미국의 솔레이마니 제거 작전 직후 여러 이란 프록시 조직은 역내 미군 시설과 미국의 동맹 우방국을 상대로 보복 공격을 벌였다. 10여 년간 꼭두각시 조직을 육성해온 솔레이마니 사령관의 사망으로 지원 축소를 우려한 충성 경쟁이기도 했다. 예멘의 후티 반군은 사우디아라비아 정유 시설을 여러 번 공격하고 아랍에미리트의 핵심 시설마저 위협했고, 이 영향으로 세계 원유 시장이 들썩였다. 이스라엘은 레바논의 헤즈볼라와 가자 지구의 하마스가 벌인 로켓 발사 공격에 공습으로 맞대응했다.

이란 역시 제거 작전 이후 닷새 만에 이라크 내 미군 주둔 기지 두 곳에 확전 의사 없는 미사일 공격을 감행함으로써 국내 청중을 의식한 보복전을 벌이는 한편 사태를 일단락 지으려고 했다. 작전명은 '순교자 솔레이마니'였다. 피폐한 경제와 군 지도부의 공백 때문에 결의의 메시지를 보내는 것 이상의 복수는 무리였다. 하지만 다섯 시간 만에 반전

이 일어났다. 혁명수비대가 테헤란 외곽 상공에서 우크라이나의 민간
여객기를 적기로 오인해 격추하면서다. 사망한 탑승객 167명 가운데
145명이 이란인이었고 혁명수비대는 사건 발생 사흘이 지나서야 결정
적 증거 앞에 실수를 인정했다. 테헤란의 대학생과 중산층 시민이 거리
로 나와 무능하고 무책임한 당국을 비난하며 시위를 벌였다. 그러나 혁
명수비대 산하 바시즈 민병대가 진압에 나서면서 시위는 진정 국면에
들어갔다. 이란이 대미 보복전 출구 전략에 어느 정도 성공하면서 양
국 정면충돌의 위기는 일단 봉합됐다. 이후 이란 강경파가 핵 합의 파
기를 선언하면서 양국의 대립은 핵 문제로 전환했다.

    자유 시장 경제의 대부 밀턴 프리드먼Milton Friedman은 제재를 시장
논리와 자유의지에 반하는 무능한 행위로 봤다. 2018년 미국발 이란
독자 제재를 정확히 짚어주는 말이다. 이후 빠르게 진행된 미국 매파
와 이란 강경파 간 일촉즉발의 긴장 상황이 전쟁으로 이어질까 봐 모
두 숨죽였다. 그러나 요란한 탐색전은 서로를 알아가는 기회다. 중동의
위기 상황에서 탐색전이 길어진다고 불안해할 건 없다. 오히려 전쟁에
서 멀어져 절충점을 찾는 과정일 수 있다. 선거 권위주의 체제인 이란
의 강경 보수파 지배 연합도 전쟁을 피하는 게 체제 수호에 도움이 된
다. 미국을 향한 전쟁 불사 위협도 사실은 수사에 불과하다.

오바마 정부와 세습 독재 정권의 귀환

악몽 같은 시리아 세습 독재 정권의 시작

트럼프 전 대통령은 미국이 쌓아온 외교정책의 전통적인 룰을 전격적으로 파기한 사람이다. 미국발 중동 평화론 실패의 예로 삼기에는 지나친 예외 사례일 수 있다. 그런데 민주당 출신 오바마 전 대통령도 세계 평화를 지키는 자유주의 질서 대표국의 수장과 딱히 맞아떨어지지는 않았다. 적어도 중동에서는 그랬다. 트럼프 대통령이 중동을 혼돈으로 이끈 것은 확실하지만, 오바마 정부의 중동 정책 또한 비일관적이었고 자국의 권력 지형과 내부 이해관계의 충돌에 따라 널뛰었다.[24] 가장 큰 실패는 시리아 내전에서 알아사드 세습 독재 정권의 축출을 돌연 유보해 알아사드 정권의 당당한 귀환을 묵인한 일이다. 당시 오바마 정부는 알아사드 정권의 민간인 대상 공격에 개입하지 않았다. 내전 기간 알아사드 정권은 자국 민간인에게 화학무기 공격을 340차례 넘게 감행하고 드럼통에 폭약과 온갖 쇠붙이를 넣어 대인 살상력을 극대화한 통 폭탄을 민간인 밀집 지역에 무차별 투하했다. 50만 명이 넘는 시리아인이 잔인하게 목숨을 잃었고 전체 인구의 절반 이상이 시리아를 떠났거나 내부에서 피난민 신세가 됐다. '시리아의 도살자'로 불리는 그런 독재자가 내전 승리와 국제 무대 복귀를 선언했다.

2011년 시리아의 알아사드 독재 정권이 반정부 시위를 유혈 진압하면서 내전이 일어났다. 남부 도시 다라Daraa에서 10대 청소년 몇 명이 알아사드 대통령을 비판하는 낙서를 장난삼아 벽에 썼고 비밀경찰이 이들을 곧바로 연행했다. 아이의 부모가 석방을 요구했으나 이들마저 즉각 체포됐다. 이웃 주민은 금요일 예배를 마친 뒤 모스크에서 항의 시위를 벌였고 군의 발포로 5명이 사망했다. 이 소식이 알려지면서 다마스쿠스Damascus와 알레포Aleppo를 중심으로 반정부 시위가 빠르게 확산했다. 군은 시위가 처음 일어난 다라에서 탱크와 장갑차를 앞세웠고 민간인 수백 명이 사망했다. 전국에서 대학생, 인권 운동가, 재야인사 수천 명이 강제 연행되고 이 과정에서 1천여 명이 사망했다. 시위대 발포 명령을 거부한 사병이 대거 탈영하면서 비로소 시위대도 무장을 할 수 있었다.

아랍의 봄 시위가 중동 전역에 퍼져 나갈 때 알아사드 역시 튀니지와 이집트의 독재자처럼 곧 권좌에서 내려올 것 같았다. 적어도 내전이 본격화하면 리비아의 카다피와 예멘의 살레처럼 반군의 공격으로 최후를 맞을 것이라 예상했다. 하지만 시리아의 부자 세습 체제는 강고했다. 바샤르 알아사드는 원래 가문의 세습 후계자가 아니었다. 1994년 맏형 바실Basil이 교통사고로 급사하자 영국에서 안과 수련의 과정을 밟던 중 갑자기 귀국했다. 바샤르는 다섯 남매 중 유일한 해외 유학파였고 형과는 다르게 부드러운 성격의 소유자였다. 다마스쿠스대학교 의대를 졸업한 후 피를 무서워해 안과 전공을 택했다. 필 콜린스Phil Collins의 음악을 좋아하고 녹차를 즐겨 마셨으며 형 바실이 사귀다 찬 여성과 데이트했다. 형이 죽은 후 급거 귀국한 서른 살의 바샤르는 서둘러 군사 아카데미에 입학해 후계자 수업을 속성으로 밟았고 영국에서 나고 자란 시리아계 영국인 아스마 아크라스Asma Akhras와 결혼도 했다. 아스마는 대학에서 컴퓨터 공학을 전공한 후 글로벌 투자은행인 JP모건에 다니며 하버드대학교 경영대학원 진학을 준비하던 중이었다. 알아사드 가문이 소수파인 시아파 계열의 '알라위파' 출신이기에 후계자의 부인은 다수파인 수니파의 집안에서 골랐다. 시리아 전체 인구 중에서 알라위파 계열의 시아파 인구는 11% 안팎이다.

영국에서 수련의 경험을 쌓은 독재자가 시리아의 미래에 실망을 안겼다면 독재자의 부인은 '다마스쿠스의 마리 앙투아네트'라 불리며 희망을 박살냈다. 2000년 대통령직을 세습한 바샤르는 아버지의 유산을 그대로 이어갔다. 의사 출신 대통령이 시리아를 치료해줄 것이라는 기대는 여지없이 무너졌다. 1970년 소수파인 알라위파 출신의 하페즈 알아사드Hafez al-Assad는 쿠데타로 권력을 잡은 후 다수의 수니파를 포용하는 범종파 엘리트 지배 연합을 구축했다. 알아사드 가문이 속한 알라위파 출신의 인사가 보안 기구의 요직을 장악했고 나머지는 인구의 75%를 차지하는 수니파 출신 엘리트로 채웠다. 갑작스럽게 권좌에 오른 바샤르는 아버지가 다져놓은 독재 메커니즘을 떠받들어 활용했다. 젊은 독재자는 자기보다 나이가 많고 철권통치 현장에서 실전 경험을 쌓은 엘리트를 종파와 무관하게 전적으로 믿고 기댔다. 바샤르는 특히 내전이 심해지자 군부의 자율권을 철저히 보장했고 사기가 오른 엘리트들은 정권 수호의 의지를 다졌다. 한편 아스마는 시댁 식구와의 권력 암투에서도 이겨 정권의 재정을 맡던 사촌을 가택 연금하고 남편의 후계자로 부상했다. 아랍어가 서툰 '사막의 장미'가 '지옥에서 온 영부인'이 될 줄은 아무도 몰랐다.

시리아 내전과 ISIS 격퇴전에서의 불협화음

시리아 내전이 일어나자 미국은 이란과 러시아가 지원하는 정부군에 맞서 유럽과 중동의 동맹 우방국과 함께 반군을 도왔다. 그러나 2014년 이슬람 극단주의 테러 단체인 ISIS가 등장하면서 상황이 급변했다. 시리아의 락까와 이라크의 모술을 장악한 ISIS가 이슬람 칼리프caliph 국가 수립을 선언하고 전 세계를 상대로 극악무도한 테러를 일삼자 이들의 축출이 절실해졌다. 하지만 미군이 이미 2011년 이라크에서 전원 철수한 후였다. 미국의 유권자들은 천문학적 전비戰費를 쓰고도 많은 사상자를 낸 아프가니스탄과 이라크에서의 장기전에 지칠 대로 지쳐 있었다. 그 여파로 2008년 당시 대선 캠페인에서 이라크에 있는 우리의 아들과 딸을 데려오겠다던 오바마 후보를 택했다. 두 전쟁을 치르면서 당시 사망자가 4천 명을 넘었고 전쟁에서 살아 돌아왔음에도 세 명 중 한 명이 외상 후 스트레스 장애로 고통을 받았다.

대통령으로 당선된 오바마는 과거 공화당 정부가 시작한 아프가니스탄과 이라크 전쟁을 맹렬히 비판하고 중동의 분쟁에 관여하지 않겠다고 선언했다. 중동 대신 아시아에 집중하기로 했다. 그 전 부시 정부는 이라크가 대량 살상 무기를 보유하고 알카에다를 지원한다는 이유로 전쟁을 벌였으나 두 가지 모두 사실이 아닌 것으로 판명이 났다. 오바마 정부는 중동 지역의 안정을 '역외에서 균형을 맞추고off-shore balancing 뒤에서 이끄는 방식leading from behind'으로 달성할 수 있다고 했다. 역외 균형 전략의 하나로 이란 핵 합의를 전격 추진해 이란 내 온건 개혁파에게 힘을 실어줌으로써 강경 보수파를 견제하고 역내 수니파-시아파 간 힘의 균형을 이뤄 패권 국가의 등장을 막을 수 있다는 계산이었다. 미국과 이란의 협력 가능성은 2013년 이란 대선에서 온건 개혁파의 로하니 후보가 당선되면서 가져온 변화였다.

2014년 미군은 이라크에 다시 돌아왔다. 단 오바마 정부는 대규모 지상군이 아닌 소규모 특수부대로 구성한 군사 고문단을 보냈다. 또 혼자가 아닌 동맹국 65여 개국과 함께 반ISIS 국제 연합 전선을 조직했다. 격퇴전에서 미국은 영국, 프랑스, 호주, 캐나다와 함께 이라크 북부의 ISIS를, 수니파 아랍 5개국인 사우디아라비아, 아랍에미리트, 카타르, 바레인, 요르단과 함께 시리아의 ISIS를 공습했다.

그러나 국제 연합 전선의 공습과 비전투 병력만으로는 ISIS 격퇴가 어려웠다. 게다가 연합 전선 내 불협화음 때문에 공습은 물론 쿠르드계와 이라크 정부군을 위한 훈련 지원마저 효과적이지 못했다. 반ISIS 국제 연합 전선의 주요 참여국은 이란과의 협력, 수니파와 시아파 대립, 쿠르드계 지원, 시리아 난민 위기를 둘러싸고 입장을 달리한 채 갈등했다. 미국의 민주당 정부가 이란 개혁파와의 핵 합의 타결에 힘쓰자 사우디아라비아와 아랍에미리트는 거세게 반발했다. 수니파 아랍 국가는 이라크의 시아파 중앙정부가 공식적으로 요청하지 않았다며 이라크 내 ISIS 공습에 소극적이었다. 반면 유럽 국가와 호주, 캐나다는 시리아 정부 차원의 공식 승인이 없었다며 시리아 내 ISIS 공습을 부담스러워했다.

튀르키예는 국제 연합 전선의 지원을 받아 핵심 지상군으로 싸우는 쿠르드계 시리아 민병대가 자국 내 분리주의 테러 조직인 쿠르드노동자당Partiya Karkerên Kurdistanê의 연계 조직이라며 반발했다. 1980년대부터 무장투쟁을 벌여온 쿠르드노동자당은 튀르키예 안보에서 ISIS보다 더 큰 위협이다. 튀르키예는 대신 쿠르드계 이라크 민병대인 페시메르가Peshmerga와는 함께할 수 있으며 ISIS와 알아사드 정권을 동시에 격

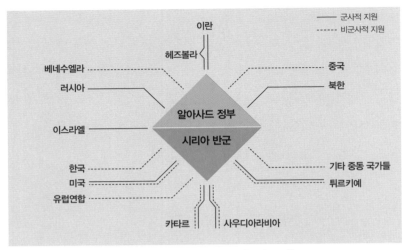

시리아 내전에서 정부군과 반군 지원국의 구도.[25]

퇴해야 한다고 주장했다. 한편 이라크 수니파 세력은 시아파 중앙정부
를 불신했고 중앙정부는 쿠르드계인 페시메르가에게 무기를 공급하는
데 반대했다. 동시에 난민이 시리아를 떠나 튀르키예, 레바논, 요르단
난민촌을 거쳐 유럽으로 대거 이동해 인도주의적 위기가 발생하자 유
럽 내 국가들은 패닉에 빠졌다.

  타 종파와 이교도를 적으로 삼는 ISIS에 시아파 알아사드 정권은 주
공격 대상이었다. 시리아 내전과 ISIS 격퇴전은 시리아 정부군, 반군,
ISIS의 삼파전으로 얽혔다. ISIS는 알아사드 정권을 차악으로 만들었
고 알아사드 정권은 호흡을 고르고 얽히고설킨 전쟁을 관망했다. ISIS
는 수니파와 시아파, 사우디아라비아와 이란, 미국과 러시아, 튀르키예
와 시리아, 중국과 일본 모두에게 공공의 적이지만 ISIS 격퇴전은 교착
상태에 빠졌다. 결국 오바마 정부는 교착상태를 타개하고자 알아사드

정권이 아닌 ISIS 축출에 우선순위를 두기로 했다. 시리아 내전에서 대치했던 나라가 공동의 적인 ISIS를 상대로 공습과 지상전에 집중하기로 합의한 것이다. 반ISIS 국제 연합 전선이 시리아, 러시아, 이란과 함께 ISIS 격퇴에 힘을 모았다. 미국이 지상군 투입을 미루는 상황에서 이란은 ISIS를 상대로 싸울 전투 병력을 바로 파견할 수 있는 나라였다.

이후 미국은 알아사드 정권이 화학무기로 자국 민간인을 계속 공격해도 군사적 대응을 삼갔다. 물론 인권과 민주주의를 대표 슬로건으로 내세운 미국의 민주당 대통령은 알아사드 정권을 향해 화학무기 사용이란 레드라인을 넘지 말라고 경고했다. 시리아 정권은 아랑곳하지 않고 민간인을 공격했다. 오바마 대통령은 알아사드 정권에 레드라인을 또 넘으면 혹독한 대가를 치를 것이라고 우물쭈물 경고했다. 알아사드 정권이 또다시 화학무기로 민간인을 공격했음에도 오바마 정부의 강경 대응은 없었다. 전 세계가 지켜본 레드라인 경고는 공허한 말에 그쳤다. '시리아 어린이와 민간인의 희생에 어떻게 대응할 거냐', '알아사드는 어떻게 응징할 거냐'는 기자의 질문에 오바마 대통령은 눈도 못 맞추고 자리를 피했다. 오바마 정부의 태도에 제대로 된 지휘 체계도 갖추지 못한 채 여러 분파로 나뉘어 있던 시리아 반군의 사기는 그야말로 바닥을 쳤다. 몇 년 후 난민 자격으로 유럽과 북미에 정착한 시리아 사람들은 당시를 떠올리며 자유주의 수호자를 자처한 미국 민주당 정부의 반응에 크게 실망하고 충격을 받았다고 밝혔다. 이어 미군이 ISIS 격퇴를 위해 알아사드 정권을 돕는 러시아군과 잠시 휴전을 선언하자 보복을 두려워한 시리아 반군은 대거 이탈했고 일부는 정부군으로 들어갔다. 알아사드 정권의 생존에 파란불이 켜진 순간이었다.

HIS RED LINES

오바마 전 미국 대통령이 자신이 선언한 레드라인 프레임에 갇혀 옴짝달싹 못 하고 있음을 풍자한 그림.

반ISIS 국제 연합 전선이 시리아 정부군을 돕던 러시아, 이란과 함께 ISIS 격퇴에만 집중하자 알아사드 정권은 최대 수혜자가 됐다. 국제 연합 전선은 2017년 말 시리아에서, 2018년 초 이라크에서 ISIS 패퇴를 선언했다. 물론 ISIS의 패퇴에 미군이 지원한 시리아 반군과 쿠르드계 민병대 및 이라크 정부군의 지상전, 반ISIS 국제 연합 전선의 공습이 큰 몫을 했다. 하지만 이란은 알아사드 정권을 도우려 1만 명이 넘는 대규모 지상군을 보냈고 혁명수비대 소속 고위 장성급만 40명 넘게 전사했다. 혁명수비대 산하 최정예부대인 쿠드스군 소속 2천여 명은 현지에서 시아파 민병대를 직접 훈련시켰다. 혁명수비대 지도부는 레바논의 무장 정파인 헤즈볼라와 아프가니스탄, 파키스탄, 이라크 출신 민병대 수만 명을 이끌며 전투 현장을 지켰다.

시리아에 기지를 둔 러시아 공군은 ISIS뿐 아니라 시리아 반군과 민간인까지 폭격하며 알아사드 정권의 반대 세력을 제거했다. 러시아가 대대적으로 공습을 벌이자 내부 갈등으로 타격 대상마저 달라 우왕좌왕하던 국제 연합 전선의 공습은 더 큰 혼란에 빠졌다. 미국이 알아사드 정권 축출을 유보한 후부터 시리아 반군의 수는 턱없이 줄었고 ISIS가 퇴각한 후 전투 현장에서 지분을 요구할 미군은 없었다.

이란 강경파 견제의 실패와 알아사드 정권의 부활

2015년 오바마 정부가 천신만고 끝에 성사한 이란 핵 합의 덕분에 이란 내 온건 개혁파에 힘을 실어주려던 미국의 전략은 계획대로 진행되는 듯했다. 핵 합의 성사 후 2016년에 치러진 국회의원과 전문가의회 선거에서 로하니 대통령이 이끄는 온건 개혁파가 약진했다. 그러나 미국의 이란 내 강경파 약화 전략은 이란 밖에서 완전히 무너졌다. 알아사드 정권이 생존에 성공하면서 시리아 정부군을 전폭적으로 돕던 이란 혁명수비대의 영향력도 덩달아 올라갔음은 물론 이후 내전의 승자가 됐다.

ISIS 격퇴전이 성공적으로 끝나면서 2대 세습 독재자인 알아사드는 정권 수호라는 비장하고도 막중한 임무를 마치고 한숨 돌렸다. 영토의

65% 이상과 주요 도시를 관리하며 정상 국가 복귀를 타진했다. 알아사드 정권을 물심양면으로 도운 이란과 러시아도 전후 역내 질서의 재편을 주도했다. 이란은 역내 친이란 무장 조직을 거느리며 헤게몬 자리를 다졌고 러시아는 전후 평화 협상을 주도하며 중재국으로서 존재 가치를 알렸다. 헤즈볼라는 시리아 전역에 110여 곳의 군사 보급소를 세우고 시리아와 레바논 국경에 대규모 군사기지를 건설했다. 이란과 러시아는 금전적 대가도 챙겼다. 알아사드 정권은 2018년 다마스쿠스에서 국제 엑스포를 개최해 전후 복구 사업을 본격화했는데, 이란 혁명수비대 산하 회사와 러시아 기업이 계약을 독점했다. 중국도 맹렬한 기세로 재건 시장에 합류했다. 알아사드는 세 나라에 각별한 고마움을 표했다.

친서구 블록으로 분류하던 튀르키예와 카타르는 시리아 내전 이후 이란과 러시아가 이끄는 비자유주의 지역 질서를 지지하며 탐색전에 들어갔다. 2019년에는 내전 발발 후 처음으로 시리아 의회 의장이 요르단에서 열린 아랍의회연맹 회의에 참석했다. 앞서 시리아 내전 직후 아랍연맹은 자국민 학살을 근거로 시리아의 회원 자격을 박탈했다. 그런데 요르단 회의에서는 시리아의 자격 회복 이야기가 슬그머니 나왔다. 아랍에미리트와 바레인이 시리아에 대사관을 재개했고 요르단의 민간 항공사가 시리아 영공을 통과했다. 2020년에 아랍에미리트 실권자인 무함마드 빈 자이드 당시 아부다비 왕세제가 다마스쿠스를 방문한 후 시리아는 2021년 두바이 엑스포에 참가했다. 2023년에는 사우디아라비아 외무부 장관도 다마스쿠스를 찾았다. 반대로 시리아 내에서 미국의 입지는 더 좁아졌다.

2011년에 발발해 10여 년이 넘게 이어진 시리아 내전이 거의 매듭을 지은 모양새다. 물론 해피엔딩은 아니고 알아사드 세습 독재 정권의 내구성은 어느 때보다 강해졌다. ISIS는 패퇴하고 독재 정권은 살아남았다. 2021년에 알아사드 대통령은 무늬만 선거인 대선에서 95% 득표율로 4선에 성공해 7년 더 임기를 연장했으나 시리아 인구의 90%는 극심한 빈곤에 직면해 있다. 역내에서는 이란의 시아파 헤게모니 장악, 러시아의 국제적 위상 제고, 튀르키예의 비자유주의 블록 합류, 미국과 서방의 중동 내 입지 축소, 미국이 지원한 쿠르드계의 독립 좌절이 이어졌다.

오바마 정부 주도의 2015년 이란 핵 합의로 이란 온건 개혁파가 힘을 얻은 건 사실이다. 그러나 미국이 알아사드 정권 축출이 아닌 ISIS의 격퇴를 선택하면서 이란 강경파의 영향력은 급부상했다. 러시아는 더욱 대담해져 군사 모험주의의 민낯을 숨기지 않고 우크라이나마저 침공했다. 미국 민주당 정부가 외면한 시리아의 인권과 보편 가치, 중동에서 힘을 얻는 비자유주의 질서 간에는 분명한 연결 고리가 있다.

미국식 민주평화론의 오작동

중동의 쿠르드계를 외면한 미국 정부

2019년 미국이 시리아 주둔 병력 철수를 발표한 지 사흘 만에 튀르키예군이 쿠르드계 시리아 민병대인 인민수비대Yekîneyên Parastina Gel를 공격했다. 당시 트럼프 대통령은 돈이 많이 든다며 ISIS 격퇴전에서 지상군으로 싸운 인민수비대 지원을 중단하고 철군을 결정했다. 미군 1천여 명이 주둔하던 시리아 북동부의 쿠르드계 자치 지역은 시리아 전체 영토의 3분의 1에 달했다. 이 지역에서 미군은 3만여 인민수비대 대원을 훈련시켰고 인민수비대는 ISIS 포로를 관리해왔다. 알아사드 정권은 내전 승리를 선언하기도 했지만, 영토의 65% 정도만을 관리했다. 나머지 지역은 미군과 쿠르드계 인민수비대, ISIS, 튀르키예군이 장악하고 있었다. 에르도안 튀르키예 대통령이 트럼프 대통령과 통화를 마친 후 튀르키예군은 중화기를 앞세워 시리아 북동부의 인민수비대 거점 도시를 기습 점령했다. 튀르키예의 대對쿠르드 군사작전은 사실상 미국의 승인으로 이뤄졌다. 튀르키예는 쿠르드계 시리아인을 쫓아낸 지역에 안전지대를 설치하고 튀르키예에 정착한 시리아 난민 370만여 명 가운데 100만 명 이상을 이주시킬 계획이라고 했다.

인민수비대는 반ISIS 국제 연합 전선에서 활약했다. 2011년에 일어난 시리아 내전에서 알아사드 독재 정권에 맞선 반군 연합인 '시리아민주군Syrian Democratic Forces'의 주축이기도 하다. 내전 발발 직후 시리아 전국의 정부군이 수도 다마스쿠스로 집결하자 북동부의 쿠르드계는 민병대를 조직해 자치를 누려왔다. 2014년 ISIS가 부상하자 쿠르드계 인민수비대는 미국이 주도하는 반ISIS 국제 연합 전선의 지원 아래 전투병으로 ISIS 격퇴전에 투입됐다. 인민수비대는 전사자 1만여 명을 내면서 단일 참여 조직 가운데 가장 많은 희생자 수를 기록했다. 튀르키예의 인민수비대 기습 공격으로 쿠르드계 시리아인 500여 명이 사망하고 30만여 명이 피난길에 올랐다. 이 와중에 인민수비대가 구금 시설에서 관리하던 ISIS 포로 1천여 명이 탈출하기도 했다. 미군이 아무런 행동도 취하지 않자 인민수비대 사령관은 러시아와 시리아에 도움을 구했다. 도움을 주지 않은 미국에 다른 대안이나마 허용해 달라고 요구한 뒤였다.

튀르키예의 쿠르드계 학살을 방조한 미국과 달리 블라디미르 푸틴 Vladimir Vladimirovich Putin 러시아 대통령과 알아사드 시리아 정권은 즉각 화답했다. 튀르키예군에 맞선다는 명목으로 시리아 정부군은 7년여 만에 처음으로 북동부 지역에 들어왔고 러시아군은 미군이 남기고 간 기지를 접수했다. 러시아는 중재력도 발휘했다. 푸틴 대통령은 소치에서 에르도안 대통령과 만나 두 나라가 안전지대를 공동 관리하고 나머지 국경 지대의 관리를 시리아에 맡기기로 합의했다. 에르도안 대통령은 중동에서 발을 빼겠다는 미국 대신 러시아에 밀착했다. 인민수비대는 자치권 포기와 함께 미군이 제공한 무기 반납도 공식화했다. 쿠르드인들은 떠나는 미군 탱크를 향해 토마토와 감자를 던졌다. 민주국가가 토사구팽한 시리아의 쿠르드계를 비민주국가가 거둬준 순간이었다. 국제 여론이 악화하자 미국은 뒤늦게 사태 수습에 나섰으나 이미 발 빠르게 움직인 러시아 주도로 상황이 종료된 후였다.

쿠르드계를 외면한 미국 정부의 태도는 이번이 처음은 아니다. 2017년 이라크 내 쿠르드계도 당시 트럼프 대통령에게 철저히 외면당했다. 2005년 미국은 이라크 전쟁에서 자국을 적극 도운 이라크 쿠르드계에게 자치 정부 수립을 허락했다. 당시 한국이 파병한 이라크 평화 재건 사단인 자이툰부대가 활동한 곳이 쿠르드계 자치 정부의 수도인 에르빌 Erbil이다. 2014년 시작된 미국 주도의 ISIS 격퇴전에서 쿠르드계 이라크 민병대인 페시메르가는 쿠르드계 시리아 인민수비대처럼 최전방에서 핵심 지상군으로 싸웠고 이라크 모술과 키르쿠크 Kirkuk에서 ISIS를 패퇴시켰다. 격퇴전이 막바지로 향하던 2017년 쿠르드계 자치 정부는 꿈에 그리던 분리 독립 투표를 시행했다. 피를 흘린 만큼 자격이 충분하다고 여겼다. 그러나 이에 격분한 이라크 중앙정부는 정부군과 시아파 민병대를 앞세워 쿠르드계를 향한 군사작전을 실시해 유전 지대인 키르쿠크를 점령했다. 이라크 중앙정부 내 친이란 강경파는 군사작전을 확대해 에르빌까지 진격하자고 목소리를 높였다. 이라크, 이란, 튀르키예 모두 자국 내 쿠르드 소수민족을 의식해 쿠르드계 자치 정부를 맹비난했고 미국은 원만한 해결만을 촉구할 뿐이었다. 결국 2017년 이라크의 쿠르드계는 영토 일부를 잃었고, 2019년 시리아의 쿠르드계는 자치 정부 수립의 희망을 빼앗겼다. 한때 쿠르드 민족을 동맹으로 치켜세웠던 미국은 이들의 좌절을 외면했다. ISIS를 격퇴한 마당에 쿠르드 민족이 더 이상 중요하지 않았기 때문이다.

중동을 겨냥한 트럼프의 기행적 외교

이 밖에도 트럼프 전 대통령의 외교 기행은 차고 넘쳤다. 지불 능력을 중시하는 동맹관과 근시안적 거래식 외교 행태가 폭풍처럼 몰아치자 역내 동맹 우방국의 두려움은 일탈로 이어졌다. 트럼프 대통령은 시리아 철군 직후 사우디아라비아에 추가 파병과 첨단 무기 배치 계획을 발표했다. 사우디아라비아가 비용 지급을 약속했기 때문이라고 추켜세웠다. 그런데 방위비를 잘 낸다며 트럼프 대통령이 추켜세운 사우디아라비아조차 러시아와 자주 회동했다. 미국만 믿기에는 불안했기 때문이다.

2018년 트럼프 정부는 예루살렘을 이스라엘 수도로 인정하며 자국 대사관을 옮겼다. 유엔안전보장이사회 결의안 242호의 위반이었다. 이어 팔레스타인 영사관을 폐쇄한 후 이스라엘 대사관 산하 팔레스타인부로 강등 이전했다. 또 워싱턴 주재 팔레스타인해방기구 대표부를 폐쇄하고 유엔팔레스타인난민구호기구의 지원 중단을 결정했다. 미국은 매년 난민구호기구 전체 기금의 30%를 지원해왔고 2017년 3억 6천만 달러를 기부했다. 게다가 대규모 대사관 이전식을 이스라엘 건국 70주년 기념일에 맞춰 열었다. 팔레스타인은 이날을 '분노의 날'로 정해 반미·반이스라엘 시위로 맞섰다. 가자 지구에서는 시위대와 이스라엘군의 충돌로 50여 명이 숨지고 1천여 명이 다쳤다. 1년 후 트럼프 정부는 시리아의 골란고원Golan Heights을 이스라엘의 영토로 공식 인정했다. 유엔안전보장이사회 결의안 497호의 위반이었다.

2018년 IAEA가 이란의 핵 합의 준수를 확인했지만, 트럼프 정부는 주요 6개국과 이란이 어렵게 합의한 다자간 결정을 전격 파기했다. 미국의 일방적 탈퇴에도 유엔은 회원국에 이란 핵 협정을 계속 지지해달라고 요청했다. 영국, 프랑스, 독일은 이란과 사업을 이어가는 자국 중소기업에 계속된 지원을 약속했다. 6개월 후 미국의 2단계 이란 제재가 시작될 때도 IAEA는 이란의 핵 합의 준수를 재차 확인했으나 트럼프 정부는 미동도 하지 않았다.

2020년 미국 정부는 당시 이란의 실세 중 한 명인 솔레이마니 사령관을 살해했다. 실익 없는 이 작전은 트럼프 대통령의 깜짝 결정이었다. 트럼프는 신중한 결정을 바란다는 군의 건의에도 드론 공습 명령을 내린 것으로 알려졌다. 물론 솔레이마니 제거를 오랫동안 준비해온 정보국 내 특정 부서가 매몰 비용을 지나치게 의식해 작전 강행에 집착했을 가능성도 있다. 지난 10여 년간 미국 CIA는 이스라엘 정보국 모사드와 함께 솔레이마니 사령관을 추적해 제거 작전을 준비해왔다.

작전은 정당성 논란에 휩싸였다. 이란 혁명수비대는 알카에다, ISIS와 같은 초국가 극단주의 테러 집단이 아니다. 이란은 제한적이나마 선거가 이뤄지는 국가이며 보수파와 개혁파 간의 내부 경쟁이 작동하는 나라다. 테러 집단의 우두머리를 제거하듯 주권 국가의 정예부대 사령관을 폭사시킨 일은 국제법 위반 논란으로 이어졌다. 이란 강경 보수파는 기회를 놓치지 않았다. 개혁파를 향한 압박 수위를 높이고 체제 비판 여론을 용납하지 않겠다는 시그널을 전방위로 보냈다. 이란의 반체제 시위와 이라크의 반이란 시위를 유혈 진압한 혁명수비대의 사령관은 순교자가 되고 이란과 이라크의 시민사회는 극도로 위축됐다.

미국이 뚜렷한 후속 대안도 없이 시아파 종주국을 자극해 급진 강경파가 득세하자 미국의 동맹 우방국은 불안했다. 이란의 라이벌 사우디아라비아마저 미국과 이란 모두의 자제를 촉구하고 나섰다. 적대국 이란의 군부 최고 실세가 제거됐지만, 이란 프록시 조직의 역내 발호라는 후폭풍은 감당하기 어렵기 때문이다. 다가올 혼돈의 미래를 두고 편익 계산에 바빠서였는지 이란과 부쩍 가깝게 지내온 튀르키예는 침묵했다.

솔레이마니 사령관의 사망 당일, 이란 당국은 핵 합의 이행 축소 5단계 조처이자 마지막 단계 돌입을 발표했다. 이란도 핵 합의를 파기한 것이다. 2018년 미국이 이란 핵 협정을 탈퇴하자 2019년 이란은 미국과 유럽의 핵 합의 준수 여부에 맞춰 상응 조치를 하겠다고 했다. 첫 조치로서 핵 합의 이행 축소 1단계에 들어갔고 이후 60일마다 단계를 높여 가던 차였다.

그런데 이게 끝이 아니다. 무슬림 7개국 대상 반이민 행정명령, 시리아 내전에서 러시아군과 휴전 선언, 아프가니스탄 파병 불가 번복, 미국 중부사령부가 있는 카타르를 향한 맹비난 등 트럼프 대통령의 좌충우돌 폭탄선언으로 미 정부 내부에도 심각한 갈등이 불거졌다. 중동에는 바람 잘 날이 없었다.

트럼프 대통령은 '오바마케어Obamacare' 폐지와 멕시코 장벽 건설이 성과를 내지 못하자 조바심이 났다. 자국 내의 정치적 성과도 미미한데 러시아 연루 의혹은 커지고 성 추문과 불법 선거 자금 스캔들로 탄핵 여론까지 거세게 불자 대외 정책 카드를 썼다. 외교 분야는 의회의 견제가 덜 해 대통령의 의지를 밀어붙이고 지지층을 선동하기에 더할 나위 없이 좋다. '약속을 반드시 지키는 강한 대통령'의 이미지를 띄우려고 대선 공약으로 내놨던 파격적 정책을 실행에 옮겼다. 충성파 백인 복음주의자를 결집하고 정치력을 인정받아야 했다. 이 모든 폭탄선언과 충동적 결정 이후의 구체적 계획은 없었다. 국제 규범과 다자간 합의, 만일에 대비한 여러 가지 후속 방안은 그의 관심사가 아니기 때문이다. 국내 지지층 단속, 이분법적 사고, 기존의 관행 파괴가 트럼프 외교정책의 핵심이다.

미국의 지도자는 개인의 정치적 이해관계에 따라 국수적 민족주의를 선동하고 세계주의 대신 자국 우선주의를 당당히 외쳤다. 미국 민주주의 제도는 이러한 돌발 변수를 제어하지 못했을뿐더러 위에서 몰아친 포퓰리즘으로 시민의 자유와 정치 권리 수준이 무너졌다. 미국의 프리덤하우스 민주주의 지수는 2017년 89에서 계속 떨어지더니 2021년에는 83을 기록했다. 공고화된 민주주의국가가 4년간 6포인트 하락을 경험한 사례는 드물다. 미국의 2022년 지수는 여전히 83으로 아르헨티나와 몽골보다 낮고 루마니아와 같다. 한 국가의 대외 정책은 국내 권력 지형의 역동성에서 비롯되는데 미국 민주주의의 둔화·약화는 분쟁 취약 지대인 중동의 정치적 혼란으로 이어졌다.

한편 튀르키예의 시리아 침공과 러시아의 밀착 행보에 전통적 친미국가인 카타르가 공식 지지를 발표했다. 카타르에는 미군 1만여 명을 수용할 수 있는 중부사령부와 미 공군이 이용하는 알 우데이드Al Udeid 공군기지가 있다. 튀르키예와 카타르는 미국과 날 선 대결을 벌이는 이란과도 부쩍 가까워졌다. 특히 튀르키예와 이란은 쿠르드계의 자치권 확대 불가라는 공동의 입장을 재차 확인했다. 영국, 프랑스, 독일은 미국의 이란 제재에 반대했으나 미국은 유럽에 나토 방위비 분담액을 올리라고 압박했다. 유럽이 중동의 혼돈에 뾰족한 해결책을 내놓을 수는 없었기에 역내 민주주의, 다자주의, 동맹 가치는 점차 위태로워졌다. 미국의 역내 신뢰도는 추락한 반면, 러시아는 외교력을 과시했다. 푸틴 대통령은 2017년부터 주도해온 시리아 종전 협상에서 헌법위원회를 출범시키고 알아사드 시리아 대통령의 거취 논의를 끝냈다. 유엔안전보장이사회의 시리아 내전 진상 조사 결의안에도 맞서 알아사드 정권을 비호했다. 또 다른 유엔안전보장이사회 상임이사국인 중국도 반대와 기권을 오가며 러시아를 지지했다.

민주평화론에 따르면 민주주의 체제는 전쟁에서 높은 승률을 자랑하며 평화를 도모한다. 유권자의 여론, 견제와 균형 제도 때문에 오랜 논의와 검증을 거쳐 도덕적 우위와 승리의 확신이 섰을 때 참전을 결정한다. 따라서 민주국가는 독재자와 소수 엘리트의 사적 이해관계에 따라 참전하는 독재국가보다 전쟁에서 이길 확률이 높다.[26] 그리고 민주국가끼리는 전쟁을 벌이지 않는다. 하지만 이러한 민주평화론이 중동에서는 이상하게 작동한다. 물론 중동에는 민주국가가 별로 없고, 대신 중동 여러 나라의 동맹 우방국이 민주 대 비민주 국가로 갈린다. 그런데 민주국가를 동맹 우방국으로 두면 쓸모가 없어졌다고 버림받는다. 자유주의 질서는 나라 없는 약자에게 외부 충격의 보호막 역할을 했으나 더는 아니다. 미국식 민주평화론의 오작동으로 중동 역내외 비자유주의 세력은 큰 노력을 들이지 않고도 위상이 높아졌다. 동시에 무능하고 우유부단한 민주국가는 중동에서 매력을 잃었다.

바이든의 가치냐, 푸틴의 의리냐

미국의 국가 재건 정책이 지닌 결함

제2차 세계대전 이후 미국은 '공산주의의 봉쇄', '석유 자원의 확보', '이스라엘의 보호'라는 세 기조를 중심으로 중동 정책을 발전시켜 왔다. 미국은 냉전 시기에 공산주의 확산을 봉쇄하기 위해서 중동에 유능하고 민주적인 국가 건설 지원을 약속했다. 미국의 인적, 물적 자원을 지원해 개발도상국이 국가 기능을 제대로 수행하고 민주주의를 증진할 수 있도록 돕는 정책이었다. 미국의 대외 정책에서 민주주의를 강조하는 전통은 건국이념에 기초한다. 미국 독립선언문에서 천명하는

'보편적이고 양도할 수 없는 인권' 개념을 대외 정책에도 적용하여 인권 신장과 민주주의 확산의 가치를 전면에 내세운다. 미국은 원조를 주는 국가에게 인권 보고서를 제출케 하는 원칙을 세우고 비민주적 관행을 지속하는 국가에는 군사적, 경제적 제재를 단행한다.

그러나 미국의 국가 재건 정책은 큰 성과를 거두지 못했다. 무엇보다 미국 정부가 사회주의 운동의 확산을 막는 데 더 효과적인 독재 정권을 후원하고 자국의 안보 전략적 이익에 기초해 원조를 시행했기 때문이다. 따라서 공산주의 봉쇄라는 기조에는 충실했을지 몰라도 민주주의 지원이라는 대원칙을 위배하고 반미 감정의 확산이라는 정책적 부작용을 낳았다.[27] 특히 1980년대 이란과 이라크 간 전쟁에서 이라크의 후세인 독재 정권을 도왔고, 소련이 아프가니스탄을 침공하자 이슬람 급진주의 저항 세력을 도왔다. 이후 미국이 지원을 철회하자 이들은 미국을 적대시했고 후자는 알카에다로 재조직해 미국 본토에 9·11 테러를 감행했다. 공산주의 봉쇄 기조는 냉전 이후 이슬람 급진주의의 봉쇄로 바뀌었다.

석유 자원의 확보를 강조하는 공화당 정부와 이스라엘의 보호를 중요시하는 민주당 정부 사이에서는 정책 비일관성이 심화됐다. 공화당은 산유국과 유대 관계를, 민주당은 이스라엘과 팔레스타인의 평화 협상 중재를 강조했는데, 정권이 바뀔 때마다 중동 정책의 핵심 의제가 변했기 때문이다. 공화당 정부가 추구한 산유국 안보 보장의 예로서 1990년 당시 조지 허버트 워커 부시George H. W. Bush 정부의 걸프 전쟁 Gulf War 개전이 있다. 민주당 정부가 중재한 평화 협상의 예는 1978년 지미 카터Jimmy Carter 정부의 캠프데이비드협정과 1993년 클린턴 정부의 오슬로 협정이 해당한다. 한편 민주당은 공화당보다 인권과 민주주의의 가치를 더 중요시한다고 하지만 이스라엘에 온건한 태도를 보이는 아랍 독재 정권과 교류하고 팔레스타인 인권에 상대적으로 무관심했다는 비판을 받아왔다.

아랍의 봄 혁명이 한창 진행될 때 미국은 오랜 우방국인 튀니지와 이집트의 독재 정권이 시위대의 퇴진 압력을 받자 우유부단한 태도를 보였고 아랍 대중의 분노를 샀다. 이집트의 무바라크 정권은 이스라엘과 아랍 국가 간의 첨예한 대립 구도에서 미국과 이스라엘의 이익을 보호하는 역할을 도맡아왔다. 미국의 이러한 이중적인 태도는 카이로 연설로 알려진 2010년 당시 오바마 대통령의 이집트와 중동 민주화를 향한 뜨거운 지지 약속 직후에 나왔던 터라 대중의 실망은 더욱 컸을뿐더러 미국의 도덕적 권위는 추락했다. 또한 미국은 전통적 우방인 사우디아라비아가 나서 이웃 바레인의 민주화 시위를 전격 진압한 사실에 특별한 입장을 내지 않았다. 이집트의 시시 현現 대통령은 2013년 쿠데타로 무슬림형제단 민선 정부를 몰아냈는데, 오바마 정부는 무슬림형제단을 지지하며 이집트 원조를 중단했고 사우디아라비아가 이집트의 재정 공백을 메워줬다. 그러나 2년 후 미국은 이집트와의 관계 복원이 미국의 안보 이익에 부합되기에 군사 원조와 재정 지원을 재개한다고 밝혔다.

바이든 정부의 힘 잃은 중동 정책

2021년에 출범한 바이든 정부의 중동 정책 핵심은 앞서 트럼프 정부가 파기한 이란 핵 합의의 복원이다. 핵 합의 파기 이후 이란 개혁파의 입

2018년 6월 러시아 모스크바 크렘린궁에서 열린 오펙 플러스 회의에서 블라디미르 푸틴 러시아 대통령(왼쪽)과 무함마드 빈 살만 사우디아라비아 왕세자가 악수하고 있다.

지는 급격히 줄었고 강경 보수파가 득세했다. 보수와 개혁 경쟁은 자취를 감췄고 2020년 총선에서 군부 강경파가 성직자 그룹인 원리주의파에 승리했다. 강경파가 장악한 의회는 20% 우라늄 농축 재개 법안을 압도적인 찬성으로 통과시켰다. 2021년 초 혁명수비대는 호르무즈해협에서 우리나라 선박을 나포함으로써 미국의 이란 제재에 따른 한국의 원유 수출 대금 동결을 비난했다. 바이든 정부와의 핵 합의 복원 협상을 앞두고 주도권 선점을 위한 기 싸움을 시작한 것이다. 2021년 대선에서도 강경파 후보가 당선됐다. 2015년 오바마 정부가 핵 합의를 주도했을 때 이란에게는 온건파 대통령, 외교부 장관, 대도시 국회의원이 존재했지만, 현재 권력층은 강경파 일색이다.

다음으로 바이든 정부의 중동 정책은 민주주의와 인권 및 동맹의 가치를 강조한다. 바이든 정부는 튀르키예와 이집트에게 권위주의로의 정치적 퇴행을 지적하고 사우디아라비아에게 인권 개선을 압박하며 후퇴하는 이스라엘 민주주의도 묵과하지 않을 것이다. 하지만 코로나19의 혼란이 지나간 후 국가 실패를 틈타 이슬람 극단주의 테러 조직이 다시 득세하면 연합 전선을 조직할 동맹 우방국의 도움이 절실하다. 우크라이나를 침공한 러시아를 효과적으로 제재하고 압박할 때도 마찬가지다. 한 국가라도 더 연대 안으로 끌어들여야 하는 긴박한 상황에서 민주주의 기준은 사치에 가까울 것이다. 또 바이든 정부는 신생 민주주의국가인 튀니지, 취약 국가인 레바논과 이라크의 부족한 재정에 도움을 줘야 하고 알제리와 수단의 민주화 시위대에도 후원금을 보내야 하며 트럼프 정부가 중단한 유엔팔레스타인난민구호기구의 기금 지원도 재개해야 한다. 바이든 정부가 중동에 새바람을 일으키고 싶어도 이에 응해줄 이란과 튀르키예의 온건 세력은 힘을 잃은 지 오래다. 지난 몇 년간 역내 강경파의 장악력이 견고해졌기 때문이다. 미국과 유럽 국가가 실책한 결과다.

2022년 러시아가 우크라이나를 침공하자 자유주의 질서를 지지하는 여러 나라가 미국 주도의 대러시아 제재에 동참하며 우크라이나를 지원했다. 그런데 중동 국가 대다수는 미온적 태도를 보였고 역내 미국의 동맹 우방국도 마찬가지였다. 사우디아라비아와 아랍에미리트는 미국이 요청한 대러시아 제재 참여와 원유 증산을 거절했다. 유엔안전보장이사회 비상임국인 아랍에미리트는 러시아 규탄 결의안 표결에서도 기권했다. 이스라엘과 튀르키예도 대러시아 제재에 나서지 않고 대화를 강조했다. 이집트, 모로코, 튀니지는 러시아 비판을 자제하고 밀

가격 상승에 촉각을 곤두세웠다. 중동 시민은 7년여 전 시리아 내전에서 러시아가 시리아 민간인을 무차별 살상했을 때와 사뭇 다른 국제사회의 이중 잣대를 곱지 않은 눈으로 봤다. 러시아가 만행을 저질렀을 당시 즉각 응징했더라면 푸틴 대통령이 지금처럼 기고만장하지 못했을 거라며 혀를 차기도 했다.

러시아의 푸틴 대통령은 2015년 자신에게 모든 걸 맡기고 매달리는 알아사드 대통령을 위해 시리아 내전에 본격적으로 개입했다. 시리아 내에 자국 공군과 해군 기지를 둔 러시아는 반군과 민간인을 가리지 않고 공격하고 전투병, 용병, 무기를 대대적으로 지원했다. 나아가 러시아는 2011년부터 2019년까지 유엔안전보장이사회가 제출한 시리아 정부의 인권유린 및 화학무기 사용 진상 조사 결의안 12건, 시리아 이들리브Idlib 지역 휴전 촉구 결의안 1건 모두를 반대하면서 후원국 시리아를 감쌌다. 카자흐스탄 아스타나Astana에서 열 차례 넘게 열린 시리아 종전 협상에서는 알아사드 독재 정권을 복귀시키려고 발 벗고 나섰다. 지지부진했던 유엔 주도의 협상과 달리 러시아가 이끈 협상에는 정부군과 반군이 처음으로 한자리에 앉아 헌법위원회 설립에 동의했고 이란과 튀르키예도 열심히 참여했다. 내전 기간 중 알아사드 정권이 자행한 인권유린에 유엔 인권위원회 산하 시리아 독립 국제조사위원회 구성, 유럽연합 이사회 명령, 미국 대통령의 행정명령 등의 조치가 이어졌다. 하지만 시리아의 독재 정권은 러시아의 비호를 등에 업고 아랑곳하지 않았다. 푸틴 대통령이 시리아의 운명을 좌우하자 국경을 접하고 있는 이스라엘과 튀르키예가 러시아와의 관계에 공을 들였다. 시리아에서는 친이란 무장 정파인 헤즈볼라가 이스라엘을 공격하고 북동부

자치 지역의 쿠르드계 민병대가 국경을 넘나들며 튀르키예군과 싸우기 때문이다.

이란 핵 합의 복원 시도와 타 중동 국가의 불안

반면 시리아 반군을 돕던 미국과 동맹 우방국은 시리아 난민 위기, ISIS 격퇴, 쿠르드계 지원, 이란 핵 합의 추진 문제를 둘러싼 국내 여론의 압박에 시달렸고 결국 알아사드 정권의 퇴진을 유보했다. 당시 오바마 정부는 탈脫중동 정책 준비의 하나로 이란 핵 합의를 추진했고 이 과정에서 동맹 우방국인 사우디아라비아, 아랍에미리트, 이스라엘을 배제해 이들의 배신감을 부추겼다. 이어 트럼프 정부가 자유주의 가치를 배신하자 미국의 신뢰도는 추락했다. 이후 바이든 정부는 트럼프 정부가 파기한 이란 핵 합의 복원과 중동 떠나기를 선언했고 동맹 우방국은 또다시 위기감을 느꼈다. 게다가 바이든 대통령은 대선 후보 시절부터 인권의 중요성을 강조하며 사우디아라비아를 소위 세계의 '왕따'로 불렀다. 이는 오바마 전 대통령이 북한을 칭하던 용어였다.

또한 바이든 정부는 이란의 지원 아래 사우디아라비아, 아랍에미리트, 이스라엘을 공격한 예멘의 후티 반군을 테러 조직 명단에서 제외했다. 예멘 내전의 발발 이후 후티 반군은 정부군을 후원하는 사우디아라비아 본토를 미사일과 드론으로 지속적으로 공격했고 아랍에미리트의 수도인 아부다비 한복판에 미사일을 쐈다. 트럼프 정부가 2021년 1월 임기 마지막 날 후티 반군을 테러 조직으로 지정했으나 바이든 정부는 출범 직후 이란 핵 합의 복원 협상에서 우호적 태도를 보이려 했는지 후티 반군의 테러 조직 지정을 철회했다. 아랍에미리트와 사우디아라비아는 미국에게 재지정을 요청했으나 받아들여지지 않았다. 반면 러시아는 2022년 초 유엔안전보장이사회에서 후티 반군을 테러 조직으로 지정하자는 아랍에미리트의 결의안을 지지했다.

한편 바이든 정부가 중국 화웨이의 5G 시스템을 사용하는 아랍에미리트에 F-35 전투기 판매를 계속 꺼리자 2021년 말 아랍에미리트는 미국과의 구매 협상을 중단한다고 선언했다. 미국은 아랍에미리트 내 화웨이 시설이 간첩 행위에 이용될 수 있다며 까다로운 보안 조건을 요구했다. 결국 아랍에미리트는 미국 대신 중국산과 프랑스산 군용기 도입 계약을 체결했다.

바이든 시대의 중동 정책에 최대 난관은 무엇보다 실타래처럼 얽히고설킨 역내외 관계에 있다. 사우디아라비아와 아랍에미리트는 무슬림형제단을 반대하지만 이란은 무슬림형제단을 지지한다. 이란은 시리아 알아사드 정권을 지지하고 알아사드 정권은 무슬림형제단에 반대한다. 튀르키예는 무슬림형제단을 지지하지만 알아사드 정권에는 반대한다. 사우디아라비아와 아랍에미리트는 알아사드 정권에 반대한다. 하마스는 무슬림형제단을 지지하나 반미고, 카타르는 무슬림형제단을 지지하나 친미다. 여기에 러시아의 영향력이 커지고 중국이 새롭게 떠오르며 시리아·예멘·리비아 내전의 대리전 양상이 굳어졌다. 바이든의 중동 정책이 성공하려면 큰 운이 따라야 할 듯하다.

중동에서도 미중 경쟁은 치열하다. 미국은 중국을 견제하려고 중동을 떠나 아시아로 향한다지만 중국은 에너지자원을 안정적으로 확보하고자 사우디아라비아, 아랍에미리트, 이스라엘, 이란, 튀르키예와 전략적 동반자 관계를 맺어 협력을 다져왔다. 또 중국은 미국과 달리 중동 국가의 디지털 권위주의에 관대하다. 중동의 많은 나라가 테러 조직을 감시한다는 명목으로 중국의 홍채와 안면 인식 기술 및 인터넷 통제 기술 등을 포함한 최첨단 보안 감시 시스템을 도입해 반정부 인사의 일거수일투족을 감시할 가능성이 커졌다. 중국은 중동 내 권위주의 국가에 대해 내정 불간섭과 현상 유지 입장을 견지해왔다.

현재 중동에서는 트럼프 정부 시기에 굳어진 미국의 신뢰도 추락과 힘의 공백을 틈타 튀르키예, 이란, 러시아가 제국의 영광을 불러내 팽창주의 행보를 보이며 경쟁과 협력을 오가고 있다. 2021년 탈레반의 아프가니스탄 재집권을 계기로 국제 지하디스트 jihadist 세력이 활성화되자 튀르키예, 이란, 러시아, 중국은 미국의 무책임한 이탈을 비난하며 반미 연대를 굳건히 했다. 이들 나라는 아프가니스탄에서 공관을 철수하지 않았다. 오늘날 중동 신지정학의 혼란은 미국의 쇠락, 러시아의 부상, 유럽의 관망, 반미 연대의 강화로 요약할 수 있다.

대부분 권위주의 체제인 중동 국가 입장에서 보면 정부 교체 때마다 정책이 널뛰는 미국보다는 푸틴 대통령의 개인 의지가 모든 걸 결정하는 러시아가 더 안정적인 파트너다. 중동의 리더는 민주주의를 모르는 수준 이하라며 혐오의 시선을 보내는 바이든 대통령보다 아버지처럼 의지하는 알아사드 대통령을 끝까지 보호한 푸틴 대통령에게서 '의리남' 이미지를 떠올린다. 푸틴 역시 우크라이나 침공을 강행했을 때 여론의 눈치를 볼 수밖에 없는 민주주의국가의 리더가 자신의 매섭고 공격적인 결단과 권위주의 군부의 일사불란한 움직임에 제대로 대처하지 못할 거라 계산했을 것이다. 한배를 타면 의리를 지킨 푸틴은 시리아 내전에서 반군을 지원한 민주국가 정부가 자국 밖 전쟁 개입을 두고 유권자와 납세자의 행보에 얼마나 신경을 쓰는지 이미 충분히 학습했기 때문이다. 중동에서 펼치는 푸틴과 바이든의 대결이 흥미진진하다.

Part 3

예측이 불가능한
중동의 격변

독재자의 착각, 엘리트의 변심, 시민의 계산

아무도 눈치 못 챈 이란의 이슬람 혁명

하루아침에 무너진 팔레비왕조의 독재 정권

1979년 2월 1일 이란의 성직자이자 이슬람 법학자인 아야톨라 루홀라 호메이니Ayatollah Ruhollah Khomeini가 해외로 추방된 지 15년 만에 고국으로 돌아왔다. 튀르키예, 이라크, 프랑스에서 망명 생활을 하던 호메이니는 에어프랑스 특별기 편으로 테헤란 공항에 내렸다. 1월 16일 팔레비왕조의 두 번째이자 마지막 샤인 무함마드 리자 팔레비Muhammad Rizā Pahlevī가 대규모 반체제 시위에 쫓겨 신병 치료를 핑계로 이란을 떠난 지 두 주가 지난 후였다. 호메이니를 환영하러 나온 인파는 "신은 위대하다"라고 외쳤다. 두 달 후 호메이니는 이란이슬람공화국 수립을 선포했다.

혁명이 일어나 독재를 무너뜨리는 일은 엄청나게 충격적 사건임에도 예측할 수 없다는 특징을 가진다. 1979년 이란에서 일어난 혁명과 독재의 몰락은 아무도 예상치 못했다. 미국 CIA는 이란혁명이 일어나기 6개월 전의 보고서에서 '샤의 권력이 한층 공고화됐기 때문에 1980년 대에도 이란 내 정치 상황에는 큰 변화가 없을 것'으로 내다봤다. 샤가 이란을 빠져나가기 나흘 전에 작성된 보고서 역시 '샤의 반대 세력은 서로 경쟁하느라 함께 저항을 조직할 수 없다. 최근 일련의 반샤 시위가 혁명으로 이어질 가능성은 없다'고 판단했다.[28] 도망치듯 이집트로 떠난 샤의 탈출 역시 예상하지 못했다.

왜일까? 독재는 별다른 기미 없이 극적으로 무너진다. 체제 특성 때문이다. 억압, 감시, 통제 체제 아래서는 정확한 여론이 존재하지 않기 때문에 정치적 폭발을 미리 감지하는 게 매우 어렵다. 따라서 사회 내부 불만이 더 이상 버티기 힘든 한계를 향해 치달아도 독재자, 엘리트, 시민 모두 그 징후를 느끼지 못한다. 정권 엘리트는 거짓 충성 경쟁에 바쁘고 일반 시민은 공포정치 아래서 폭발 직전의 불만을 철저히 숨길 수밖에 없다. 한쪽으로의 갑작스러운 쏠림을 일으키는 티핑 포인트에 이르기 직전까지 폭발의 압력은 쌓이기만 할 뿐 표면적인 정치 상황은 그대로다.[29] 불안하게나마 유지되는 협력과 안정 속에서 독재자와 측근 엘리트, 시위 선도 그룹, 일반 시위대, 미국 정보국 누구도 장기 독재자가 비무장 시위대 앞에서 모든 걸 포기하고 주저앉으리라고는 예상치 못했다. 체제를 유지하려고 만든 억압 기제 때문에 체제 몰락의 예고를 눈치챌 수 없다는 것이 독재의 아이러니다.

혁명은 원래 그렇다. 매우 사소한 계기로 촉발돼 오래된 절대 권력을 갑작스럽게 몰락시킨다. 1789년 프랑스혁명, 1917년 러시아혁명, 1949년 중국 공산혁명 모두 전조 없이 일어나 전근대 체제를 순식간에 무너뜨렸다. 근대 이후에 일어난 1979년 이란혁명, 1989년 동유럽 혁명, 2011년 아랍 혁명과 이에 따른 독재의 몰락 역시 아무도 예측하지 못했다. 매우 안정적으로 보이던 장기 독재는 예고 없이 발발한 혁명 앞에서 극적으로 무너졌다. 독재를 무너뜨린 혁명은 극적인 출현으로 세상을 놀라게 하지만 이미 체제 내에서 혁명 발발의 조건은 충분히 갖춰져 있었다. 다만 체제 속성 탓에 독재자와 엘리트, 시민 모두 이러한 사실을 제대로 인지할 수 없었을 뿐이다.

독재 정권을 무너뜨린 혁명의 출발점

혁명은 어느 시점에 일어날까? 독재자가 겉으로 보이는 안정과 실제의 취약함을 구분하지 못할 때 정권은 무너진다. 폭압 정치, 부패, 빈곤은 독재 정권의 약점이지만 몰락의 결정적 원인은 아니다. 독재 정권이 매우 우발적인 사건으로 여론 장악력을 잃는 순간 정권을 향한 불만이 폭발하고 위기는 시작된다. 일반 시민은 가족이나 아주 친하고 가까운 사이에서만 억누른 불만을 매우 조심스럽고 비밀스럽게 털어놓았다. 억압 체제에서 노골적인 비난 대신 흔히 나타나는 일이다.[30] 그러나 주변 사람 대다수 역시 폭발 직전의 불만을 오랫동안 숨겨왔다는 걸 알게 되면서 반정부 시위라는 새로운 기회를 포착하게 된다. 장기 독재 체제에서 침묵하던 시민은 정권이 무너질 수도 있다는 판단이 서면 시위에 나선다. 혁명은 일단 시작되면 걷잡을 수 없는 속도로 숨 가쁘게 진행된다.

겉으로 보이는 평온함에 안심하던 독재자는 우연한 기회로 폭발한 시민의 거센 분노를 접하고 당황한다. 장기 독재의 여론 통제와 감시로 독재자는 자신의 지지 기반이 매우 취약하다는 것을 제대로 알지 못한다. 냉혹하던 독재자가 우왕좌왕하며 단호한 태도를 누그러뜨리면 엘리트는 정권의 미래를 의심하고 시위대는 혁명의 성공 가능성을 엿보게 된다. 강력한 철퇴 대신 유화책 카드를 꺼낸 독재자의 변화에 측근 엘리트와 시위대 모두 흔들리고 만다. 독재자가 긴박한 상황에서 강경 엘리트를 처벌하고 내각 총사퇴를 단행하며 대국민 연설로 우물쭈물 개혁을 약속하면 측근 엘리트는 더욱 불안해하고 시민은 저항 수위를 높인다. 오랜 폭압 정치가 잠시 주춤한 순간 불안한 균형이 빠르게 들썩인다.

독재자의 단호한 정권 수호 의지를 기대했던 엘리트는 이에 딴마음을 먹는다. 독재자의 새로운 메시지는 엘리트가 기대했던 결연한 의지와는 거리가 멀다. 숙청이 난무한 가운데 눈치 보기로 유지된 엘리트의 과잉 충성과 집단행동은 쉽게 변한다. 독재자의 마음을 잘못 예상하면 바로 숙청되는 체제에서 엘리트는 동료의 눈치를 치열하게 살피며 다음 행보를 결정해왔다. 엘리트 몇 명이 정권의 생존을 불안해하자마자 독재자를 향한 변심이 빠르게 확산하고 엘리트 전체의 결속을 깨뜨린다. 엘리트의 이탈이 이어지며 결국 군의 중립 선언이 뒤따른다.

일반 시민은 더욱 과감하게 퇴진을 요구한다. 일반 시민이 시위 참여를 두려워할 때 신념에 찬 소수 전위 그룹이 위험을 무릅쓰고 시위를 선도하며 주위의 참여를 독려한다. 시위대 규모는 점점 더 커지고 폭압이 잠시나마 약해지는 유화 국면에서는 다양한 목소리가 봇물 터지듯 나오며 혁명 성공에 대한 기대가 가파르게 상승한다. 상황이 일관되게 나쁘면 체념하지만, 뜻밖의 유화책이 선언되면서 기대 수준 역시 높아지기 때문이다. 그러나 독재자의 약속은 빠르게 높아진 기대 수준에 미치지 못하게 마련이고 시위대는 더욱 분노한다. 현실과 기대 사이의 틈이 커질수록 시민은 상실감을 더 크게 느끼고 더욱더 거세게 저항을 조직한다. 상황은 나아졌지만 저항은 거세지는 역설적 상황이 발생한 것이다. 엘리트의 집단적 이탈과 시위대의 거센 저항에 이어 독재 몰락의 희망적 여론이 분기점을 향해 신속히 확산한다.

1789년 7월 14일 바스티유 감옥 습격을 장면을 그린 회화(작자 미상). 이 습격 사건은 프랑스대혁명의 서막을 알리는 중요한 사건이었다.

1970년대 일어난 이란혁명 당시의 시위대 모습. 시위대가 들고 있는 현수막에 '우리는 《쿠란》을 따를 뿐, 샤(팔레비왕조)를 원하지 않는다'라고 쓰여 있다.

몰락하는 샤 체제와 호메이니의 복귀

1953년 이란의 팔레비는 미국 CIA가 지원한 쿠데타 덕분에 왕정 체제를 군건히 다잡았다. 제2차 세계대전 후 첫 민주 선거에서 압도적인 지지로 총리가 된 모함마드 모사데크Mohammad Mosaddeq가 쫓겨나면서 이름뿐인 샤는 절대군주로 군림했다. 석유 국유화 운동을 이끌던 모사데크는 1949년 민족 전선을 조직해 좌파는 물론 이슬람주의 세력과도 손잡고 넓은 지지층을 확보했다. 민족 전선이 공산주의 투데Tudeh당과도 협력하자 미국의 드와이트 아이젠하워Dwight David Eisenhower 정부는 소련의 영향력이 이란에 미칠 것을 두려워해 이란 내정에 개입했다.

1953년 쿠데타는 샤에게 대미 종속의 족쇄, 이란 국민에게는 반미 감정의 뿌리가 됐다. 팔레비왕조의 2대 샤는 혁명으로 물러날 때까지 25년간 미국에 의존해 미군 주둔과 방위 동맹, 미국산 무기 구매, 미국 주요 석유 회사의 이권 보호에 힘썼다.[31]

샤는 직속 정보국 사바크Sâzemân-e Ettelâ'ât va Amniat-e Kešvar에 기대어 폭압 정치를 일삼았다. 사바크는 샤 체제에 대한 어떠한 비판이나 저항을 용납하지 않았고 국제사면위원회는 1970년대 내내 이란을 최악의 인권 탄압국으로 선정하며 비난했다. 사바크 국장은 부총리급이었고 정규 요원 1만 5천 명과 비밀 정보원 수천 명을 거느렸다. 샤는 사바크 내부에 또 다른 정보국을 두고 사바크 자체에 대한 감시도 소홀히 하지 않았다. 쿠데타가 발발할 수 있다는 편집증적 공포에 시달렸던 샤는 강권기구에 집착했다.

프랑스에서 이슬람 혁명론을 공부한 후 반샤 운동을 이끌던 알리 샤리아티Ali Shariati가 1977년 6월에 의문사한 데 이어 샤 정권이 추방한 호메이니와 함께 이라크 나자프Najaf에 머물던 장남 모스타파 호메이니Mostafa Khomeini가 10월 심장마비로 갑자기 사망하자 사바크의 소행이라는 여론이 빠르게 퍼졌다. 1978년에 들어와 대학생 시위의 규모가 점차 커지자 샤는 당황했다. 당시 암에 걸려 몸과 마음이 황폐했던 샤는 유약한 태도를 보이며 정권 수호에 사력을 다하지 않는 듯했다. 샤는 6월 사바크의 국장을 교체했고, 8월에는 총리마저 종교계와 친분이 있는 온건한 인물로 바꿨다. 종교계를 달래고자 카지노를 폐쇄하고 기년법을 이슬람력으로 되돌렸으며 투옥된 성직자 일부를 석방했다. 이어 국가화해위원회를 급조하더니 다당제 시행을 선언했다. 전례 없는 유화책이었다.

그러나 9월 군이 평화 시위대를 향해 무차별 발포한 '검은 금요일' 사건이 일어나자 여론은 걷잡을 수 없이 나빠졌다. 10월부터 석유 회사를 포함한 국영기업과 의료계, 교육계, 언론계의 전국 총파업이 뒤따랐고, 사바크 해체와 정치범 석방 요구가 거세졌다. 이에 샤는 왕실부 장관을 해임하고, 총리 교체 석 달 만에 또 총리를 바꿨다. 1965년부터 1977년까지 12년간 샤 정권의 총리는 아미르 아바스 호베이다Amir Abbas Hoveyda 한 사람이었다. 하지만 1978년부터 샤 체제의 붕괴 직전까지 18개월 동안 총리가 네 번이나 잇따라 교체됐다. 잇단 유화책에도 파업과 시위로 국정이 마비되자 11월 샤는 대국민 담화에서 민주화 시위대와 함께하겠다고 선언했다. 이어 고위급 관료와 강경 엘리트 60여 명을 직권남용 혐의로 체포해 국면 타개를 노렸다. 이들 중에는 샤의 어릴 적 친구이자 사바크 3대 국장인 네마톨라 나시리Nematollah Nassiri도 포함됐다. 나시리는 대표적인 강경파로 호메이니가 반정부 시위를 주도한 혐의로 체포됐을 때 즉각적인 사형 집행을 주장했고, 1978년 봄 시위가 확산될 때 단호한 진압을 역설했다. 결국 샤가 떠나고 왕실 근위대와 몇몇 장군이 최후의 저항을 벌일 때 나시리는 감옥에 갇혀 있었다.

단호함을 잊고 당황하는 샤의 유약한 태도는 엘리트에게 결정적인 신호였다. 샤의 엘리트는 충격에 빠졌다. 샤가 허둥거리며 강경책을 수정하고 시위대에 사과하는 모습을 지켜보던 상류층 엘리트는 바로 재산을 챙겨 이란을 떠날 준비에 들어갔다. 샤가 이란을 떠난 직후 '테헤란의 도살자'로 불렸던 보안군 사령관은 프랑스로, 직전에 해임됐던 세

총리는 미국으로 떠났다.

　군부는 정권의 미래가 불확실해지자 재빨리 독자 행보를 결정했다. 육군 참모총장과 장성 25여 명이 모여 군의 중립화를 선언하자 장교 대부분이 혁명 세력에 투항했다. 최정예 엘리트 집단인 공군 장교 사이에서도 내부 반란이 일어났고 많은 수가 투항했다. 군의 투항은 지배 엘리트의 분열과 시위의 폭발적 확산에 결정적인 역할을 했다. 실제로 고위급 장교 모두가 샤의 충복은 아니었다. 쿠데타의 두려움에 시달리던 샤가 군부 전체를 사바크 감시 아래에 두자 군의 불만이 높아졌다. 또한 대령급 이상의 군 수뇌부는 샤의 사적 후원 속에서 호화 생활을 누렸으나 중간급 이하 지휘단의 처우는 열악했다. 상급 지도부가 호화스러운 서구식 생활을 누렸던 것에 비해 일반 사병은 여전히 전통 가치를 중시했고 문맹률 또한 50%에 달했다.

　측근 엘리트가 살길을 찾아 해외로 도주하는 동안 시위대는 호메이니의 대형 사진을 앞세우고 샤의 즉각적인 퇴진을 더욱더 거세게 요구했다. 샤의 유약한 태도는 민심을 달래지도 못했다. 게다가 1977년 새로 취임한 미국의 카터 대통령이 공화당 정부가 묵인했던 이란의 인권 상황을 비난하자 샤의 권력 약화설은 급속도로 퍼져나갔다. 특히 이슬람 성직자가 죽음을 무릅쓰고 시위를 이끌었으나 시위에 참여한 많은 사람이 사바크 요원에게 붙잡혀 아무도 모르게 사라졌다. 위험하기 짝이 없는 시위를 초기에 조직하는 데는 남다른 사명감으로 무장한 소수의 전위 그룹이 필요하다. 이슬람 법학자인 울라마 몇몇은 순교를 마다하지 않고 군과 비밀경찰의 물리적 폭압에 맞섰으며 이들의 영웅적 행위는 저항 확산의 촉매제가 됐다. 전통 시장인 바자르bazaar처럼 폐쇄

적이고 촘촘한 네트워크 역시 보안이 중요한 초기 시위의 조직화에 효과적이었다.[32]

급진 울라마 그룹은 시위를 선도하며 광범위한 반체제 연합을 이끌었다. 부패한 독재자의 퇴진이라는 구호 아래 성직자와 신학교 학생, 바자르 상인과 수공업자, 공산주의 투데당을 포함한 좌파 연합, 대학생과 중간 관료층이 중심이 된 세속 자유주의 그룹이 함께 모였다. 당시 이란의 시민운동은 모사데크가 결성한 다양한 정파의 연합체인 민족 전선에 뿌리를 뒀다. 혁명이 확산하는 과정에서 성직자 전위 그룹은 전통 가치와 이슬람에 친화적인 사회경제적 중하층 시민을 동원했다. 바자르, 모스크, 이슬람 법원, 복지 재단 등 일상에서 접하는 기관이 거점이었다. 반면 서구식 정치 시스템에 기반해 권력 분산을 강조하는 좌파와 세속 자유주의 세력은 대중에게 크게 어필하지 못했다. 혁명의 성공 가능성을 향한 시민의 기대가 상승했고, 시위 참여자의 수도 점차 증가했다.

결국 샤는 1979년 1월 치료를 핑계로 이란을 떠났다. 건강이 나빠졌다며 조금도 버텨보지 않은 채 이집트로 피했다. 민족 전선 출신의 중립적 인사에게 총리직을 맡긴 지 열흘만이었다. 샤는 국내 권력 자원이 크게 약화되기도 전에 쉽게 포기해버렸다. 샤가 떠나고 호메이니가 15년의 망명 생활 끝에 돌아왔다. 군의 중립화 선언 이후 정치인과 관료가 줄이어 호메이니의 임시정부에 충성을 선언하면서 샤 체제는 막을 내렸다.

이후 혁명 세력 간의 주도권 다툼에서 급진 울라마는 좌파와 자유주의자, 민족주의자뿐 아니라 온건 성직자 세력마저 제거했다. 중립화 선언을 이끌었던 육군 참모총장은 강경파가 득세하자 프랑스로 망명해 버렸다. 다양한 혁명 세력은 왕정을 폐지하고 공화국을 수립한다는 데는 동의했지만, 구체적 방식에는 첨예한 대립을 보였다. 성직자 그룹은 이슬람 공화국, 좌파와 자유주의 세력은 민주공화국을 주장했다. 호메이니를 중심으로 한 급진 울라마는 이슬람 공화국의 찬반을 묻는 국민투표를 강행해 99%의 지지를 얻어냈다. 1979년 4월 1일 호메이니는 이란이슬람공화국 출범을 선포했다. 이슬람 공화국의 헌법은 호메이니의 주장에 따라 울라마의 통치를 기초로 삼았고 대통령과 의회의 권위를 종교 지도자 아래로 종속했다.

혁명 이전의 상황은 독재 체제가 폭발 직전의 압박을 겨우 버티는 단계다. 공안 정치, 인권유린, 부정부패, 무능과 비효율성, 불평등과 빈부 격차, 생활고와 실업 등 독재에서 흔히 나타나는 여러 문제점은 혁명이 일어나게 할 충분한 조건이다. 하지만 이러한 어려움은 체제의 약점일 수 있으나 정권 몰락의 핵심 요인은 아니다. 정권 생존의 가장 큰 위협은 독재자와 측근 엘리트가 체제의 인위적인 안정성과 현실의 취약함을 구분하지 못하는 상황에 있다. 독재 정권을 흔드는 우발적이고 우연한 계기가 언제 어떤 모습으로 찾아오는지 정확히 알 수는 없으나 일단 충격이 더해지고 균열이 일어나면 그 파급력은 걷잡을 수 없이 확산하며 체제 붕괴라는 극적 변화로 이어진다. 1979년 이란혁명이 그랬다. 인류사의 모든 혁명처럼.

극적으로 일어난 2011년 '아랍의 봄' 민주화 혁명

노점상 청년의 분신과 혁명의 시작

2010년 12월 튀니지 중부의 작은 도시 시디부지드Sidi Bouzid에서 청과 노점상을 하던 청년 무함마드 부아지지Mohamed Bouazizi가 부패한 공무원의 단속 횡포에 항의해 분신했다. 부아지지는 압수된 노점상 물품을 되찾으러 시청에 들렀다가 심한 모욕을 당하고 이를 참지 못해 청사 앞에서 몸에 불을 당겼다. 사촌이 올린 SNS 동영상으로 분신 장면을 접한 시디부지드 시민들은 바로 항의 시위를 벌였다. 이후 전국으로 들불처럼 번진 반독재 시위가 주변 국가로까지 걷잡을 수 없이 퍼졌다. 아랍의 봄 혁명의 시작이었다. 튀니지, 이집트, 리비아, 예멘, 시리아의 독재 정권이 눈 깜짝할 사이 붕괴 직전에 몰렸고 시리아를 제외한 네 나라의 독재자가 연쇄적으로 물러났다. 장기 절대 권력이 평화 시위대 앞에서 허망하게 무너졌다.

1979년 이란혁명과 마찬가지로 2011년 아랍의 봄 혁명을 아무도 예상하지 못했다. 이전 이란혁명 글에서 살펴봤듯이 혁명은 원래 그렇다. 아랍의 독재는 프랑스 절대왕정, 제정 러시아, 이란 팔레비 왕정, 동유럽 공산주의 체제처럼 갑자기 몰락했다. 독재 정권 대부분은 특별한 예고 없이 갑작스럽게 붕괴한다. 공포정치 아래서는 정확한 여론이 존재하기 어렵기에 독재자, 엘리트, 시민 모두가 서로의 속마음을 몰랐고 정권의 빈약한 토대를 가늠하지 못했기 때문이다. 독재 정권의 안정은 소수 정권 엘리트의 억압과 통제로 쉽게 유지될 수 있다. 독재 정권에 가장 큰 위협은 겉으로 보이는 평온함을 진짜라고 믿어버리는 데 있다.

튀니지의 벤 알리, 이집트의 무바라크, 리비아의 카다피, 예멘의 살레는 격렬한 반정부 시위에 우왕좌왕하며 강경책을 철회했고 이는 정권 붕괴의 촉매제가 됐다. 특히 아랍의 봄 혁명 발발 당시 위압적 권위주의 국가군으로 같이 분류되던 튀니지와 이집트의 정권은 매우 비슷한 시기에 유사하게 극적으로 몰락했다. 두 나라 독재자의 강경책 철회에 군부는 재빨리 군의 중립화를 선언했다. 독재자가 체제 수호에 자신 없어 하는 순간 엘리트 간의 협력은 바로 사라진다. 독재자가 민심을 달래려고 자유화를 공약하자 반독재 여론은 더욱 빠르게 퍼졌고 독재자 퇴진에 대한 희망도 높아졌다.

혁명의 발생지인 튀니지에서 청년 노점상의 분신에 항의하는 시위가 일어났을 때 경찰은 발포로 초기 대응을 했다. 당국의 강경 진압에도 수도 튀니스Tunis에서 대규모 시위와 정부 청사 공격이 이어졌다. 이에 벤 알리는 서둘러 부아지지가 입원한 병원을 찾았고 통신부, 무역부, 종교부 장관을 비롯해 격렬한 시위가 일어난 도시 세 곳의 시장을 잇달아 해임했다. 2011년 1월 부아지지가 끝내 숨지자 시위는 더욱 거세졌다. 벤 알리 정권은 비상사태를 선포하고, 전국에 휴교령을 내렸다. 그러나 튀니지 전국 노조가 총파업을 선언하고 변호사와 교사 8천여 명이 동참하자 벤 알리 퇴진 운동은 지역과 계층을 넘어 국민운동으로 확산했다. 당황한 벤 알리는 내무부 장관을 해임하고 다음 날 새벽에 생방송으로 대국민 사과 연설을 하며 대선 불출마, 6개월 내 총선 실시, 언론 검열 폐지를 약속했다. 하지만 같은 날 군부는 중립을 선언했고, 바로 다음 날에 벤 알리는 결국 사임을 발표하고 사우디아라비아 망명길에 올랐다. 부아지지의 분신 28일 만이었다.

벤 알리의 축출 소식이 알려지자 튀니지와 비슷한 정치 환경하에 장기 권위주의 체제가 유지되던 이집트에서 무바라크 퇴진 시위가 거세게 일어났다. 반정부 재야 연대가 2011년 1월 25일을 국민 총궐기의 날로 선포해 카이로Cairo에만 시민 수만 명이 모였다. 시위대의 폭발적인 분노에 당황한 무바라크는 1월 29일 자정 직후 내각의 즉각적인 해산과 정치 개혁을 약속하고, 집권 32년 만에 처음으로 부통령직을 만들어 정보국장 출신을 앉혔다.

그럼에도 카이로 타흐리르Tahrir 광장에서 시위가 계속됐고 변호사 협회가 총파업에 돌입했다. 군부는 평화 시위를 진압하지 않겠다고 선언했고, 당시 오바마 미국 대통령은 시위대 지지를 발표했다. 2월 1일 무바라크는 국영 TV 연설에서 대선 불출마와 함께 자신의 아들이 포함된 집권 민족민주당의 지도부 총사퇴를 선언했다. 무바라크는 2005년 단독 후보 직선제로 5선 대통령이 된 후 둘째 아들에게 대통령직을 세습하려는 작업에 한창이었다. 이어 지방 도시에서 시위대 발포를 명령한 경찰서장 여럿이 구속되고 보안청장이 해임됐다. 공무원 임금 15% 인상이 발표되고 정치범 35명이 석방됐다. 하지만 시위는 더 거세졌다. 결국 무바라크는 국민 총궐기의 날 선포 18일째 되던 날 대통령직에서 물러났고 군 최고위원회로 정권 이양을 발표했다. 당일 무바라크와 가족은 대통령궁이 있는 카이로를 떠나 휴양도시인 샤름 엘 셰이크Sharm el-Sheikh로 피신했다. 무바라크 일가의 스위스 은행 계좌와 부동산이 동결되고, 측근 장관 세 명의 출국 금지가 이어졌다.

이집트 카이로 타흐리르 광장에 모인 아랍의 봄 민주화 시위대. 호스니 무바라크 정권의 퇴진을 요구하고 있다.

티핑 포인트를 향해 치닫는 독재자의 최후

반정부 시위 발발 이후 벤 알리와 무바라크가 시위대 무력 진압에 강력한 의지를 보이지 않자 독재자에게 모든 걸 기대던 엘리트는 이를 판단의 근거로 빠르게 이용했다. 독재 유지의 중요한 변수는 독재자의 정권 수호 의지에 대한 엘리트의 믿음이다. 정권의 생존과 독재자의 운명을 끊임없이 계산하던 튀니지와 이집트 엘리트는 결국 독재자와 거리를 뒀다. 독재자를 향한 시민들의 격렬한 분노와 독재자의 유약함을 확인한 정권 엘리트는 독재자 포기를 선택했다.

벤 알리 정권의 생존 가능성이 옅어지자 당시 수상은 새로운 통합 정부의 임시 대통령직을 맡겠다며 나섰다. 국회의장을 지내고 집권당에서 활발히 활동한 벤 알리의 최측근마저 탈당을 선언했다. 육군 참모총장은 발포 명령에 불복해 군 철수 명령을 내렸고 바로 가택 연금을 당했다. 다급해진 벤 알리는 즉각 대국민 TV 연설로 유화의 제스처를 취했으나 이미 군부 중립화 선언이 파다하게 알려진 후였다. 대세는 돌이킬 수 없었다. 다음 날 벤 알리가 사우디아라비아로 떠나고 군은 시민의 환호 속에 복귀했다. 이집트에서도 군부의 발 빠른 계산이 눈에 띄었다. 군부는 국민의 합법적 요구를 존중할 것이라고 발표했고 무바라크는 군부가 돌아선 지 두 주가 안 돼 권좌에서 물러났다. 이후 국방부 장관이 임시정부를 이끌고 군부가 조직적으로 탈脫무바라크 공백기를 메워나갔다.

튀니지에서는 지방의 일반 노조원이 시위를 선도하고 변호사 연맹, 대학생 연합회, 교원 노조, 인권 운동 조직이 동참했다. 튀니지 최대의 노동조합인 노동총연맹의 지부 가운데 부아지지의 분신이 일어난 시디부지드의 노조원이 시위 확산에 결정적 역할을 했다. 노동총연맹의 지도부는 벤 알리 정권의 지원을 받으며 권위주의 체제를 옹호했지만, 일반 조직원은 달랐다. 특히 지방 노조원은 독립적이지 못한 지도부에 불만이 높았고, 수도권에서 소외되어 열악한 지방 상황에 항의하며 파업을 주도해왔다. 지방 노조원은 비밀경찰의 체포와 고문을 자주 겪었던 탓에 시위 주도를 크게 두려워하지 않았다.

이집트에서 반정부 시위를 이끈 그룹은 페이스북과 트위터를 열심히 활용한 젊은 인터넷 활동가였다. 튀니지 정부는 인터넷 연결망을 독점 관리하고 비밀경찰 내 SNS 검열 부서를 따로 운영했으나 이집트 정부의 역량은 이에 미치지 못했다. 이집트의 인터넷 활동가 그룹은 지방에서 산발적으로 일어난 시위와 경찰의 폭력 진압을 SNS에 실시간으로 알리면서 시위를 선도했다. 익명성을 제공하는 SNS 공간에서 활동가는 두려움을 덜 느꼈다. 물론 이집트 경찰도 국내 온라인상의 정부 비판 내용을 검열하고, 인터넷 카페에 들이닥쳐 SNS를 이용하는 젊은이를 불법 연행했다. 인터넷 활동가의 선도로 모인 시위대는 이슬람주의자, 자유주의자, 민족주의자, 사회주의자, 페미니스트를 포함해 매우 다양했다. 카이로, 알렉산드리아Alexandria, 수에즈Suez, 이스마일리아 Ismailia 등지에서 동시다발적으로 반정부 시위가 일어나자 1월 27일에서 28일로 넘어가는 밤에 당국은 전국의 인터넷을 전면 차단했다. 하지만 카이로 타흐리르 광장에 모인 시위대는 최대 수용 인원 25만 명을 훌쩍 넘긴 200만 명에 달했다.

튀니지의 지방 노조원과 이집트의 인터넷 활동가가 저항 의지를 강하게 드러내자 시위대의 규모는 점차 커졌다. 혁명에 거는 기대는 주변 사람의 영향을 크게 받기 때문에 굳이 많은 사람이 동시에 크게 기대할 필요는 없다. 소수의 시위 선도 그룹의 기대가 변하는 것만으로도 다수의 평범한 시민에게 큰 변화를 가져올 수 있다. 시위 참여로 얻을 수 있는 혜택이 비용을 뛰어넘는다는 주관적 믿음이 사람 사이에 빠르게 확산하기 때문이다.

혁명 발발과 독재 몰락의 원인을 다르게 보는 해석도 있다. 혁명 전후 독재자, 엘리트, 시위대 간의 촌음을 다투는 손익계산이 아닌, 장기간에 걸친 사회경제적 구조의 변화를 중요한 변수로 보는 설명이다. 이 분석은 혁명 발발의 우발성이 아닌 필연적인 인과성에 초점을 맞춰 혁명이 일어날 수밖에 없었던 여러 가지 원인을 사후에 추적해 나열한다. 혁명의 원인으로 특정 사회 세력의 영향력 변화와 이에 따라 서서

히 진행된 권력 구조의 불균형을 제시한다.

구조적 설명은 2011년 아랍 혁명의 원인을 경제 저성장, 청년 실업, 무능하고 부패한 정부를 향한 젊은 세대의 불만 고조로 본다. 분노한 아랍 시민은 SNS의 활성화 덕분에 시위를 더욱 효과적으로 조직해 혁명으로 이끌 수 있었다고도 분석했다.

그러나 사후 인과관계를 거꾸로 추적하는 분석은 왜 20~30여 년간 지속된 아랍 권위주의 정권이 하필 2011년에 갑작스럽게 몰락했는지는 설명하지 못한다. 또한 장기 집권을 하던 철권 독재자가 왜 본격적인 시위가 일어난 지 한 달도 안 돼 부와 권력을 순순히 포기했는지, 왜 아무도 장기 독재 정권의 갑작스러운 붕괴를 예측하지 못했는지도 만족스럽게 분석하지 못한다.

게다가 아랍 국가의 저성장과 부정부패는 제3세계 전반에서 나타나는 공통적 문제점이다. 식민 지배에서 벗어난 신생 엘리트는 제국주의가 만들어놓은 강권기구를 복원하면서 정치적 경쟁자를 견제하고 시민을 배제했다. 이는 탈식민국가의 공통된 특징이다. 토착 부르주아 계급과 다원주의의 부재 속에 국가의 우위는 지속되고, 근대화의 거대한 목표 아래 국가의 권력은 더욱 커졌다. 소수 엘리트가 장악한 국가는 석유나 외부 원조와 같은 불로소득에 의존했고, 국가의 행정 역량과 정권의 정당성, 은행과 재정 기관의 신용도는 바닥을 밑돌았다. 따라서 개발도상국에서 비슷하게 나타나는 구조적 문제가 왜 유독 튀니지와 이집트, 리비아, 예멘에서만 혁명으로 이어질 수 있었는지 설명해야 한다. 게다가 혁명의 발생지인 튀니지가 아랍 세계에서도 부유한 나라인 반면, 혁명이 비껴간 알제리는 경제난과 실업난이 극심했다.

무엇이 혁명을 일으켰는가

흔히 아랍의 봄 혁명의 배경이라고 알려진 민생고, 청년 실업, 부정부패, SNS 확산은 촉발 요소였을 뿐 원인은 아니었다. 특히 SNS의 활성화는 아랍 혁명의 다양한 사례를 일관되게 설명하지 못한다. 2011년 초 튀니지에서 비롯된 반독재 혁명은 이집트, 시리아, 리비아, 예멘, 모로코, 요르단, 바레인, 알제리, 오만으로 빠르게 확산됐다. 휴대전화 보급률, 인터넷 이용률, 페이스북 가입률은 혁명이 일어나지 않은 사우디아라비아, 아랍에미리트, 카타르, 쿠웨이트 왕정에서 뚜렷하게 높았다. 혁명이 일어난 튀니지, 이집트, 시리아, 리비아, 예멘에서도 혁명과 SNS 활성화 변수 사이에 의미 있는 상관관계를 찾아볼 수 없다. 전체 인구당 휴대전화 보유, 인터넷 사용, 페이스북 가입률을 각각 살펴보면 튀니지는 128%, 46.2%, 31%이고 이집트는 114%, 53.2%, 14.5%, 시리아(페이스북 가입률 자료는 없음) 71%와 28.1%, 리비아는 161%, 21.8%, 13.9%, 예멘(페이스북 가입률 자료는 없음)은 68%와 20%를 각각 보인다. 휴대전화나 인터넷 사용자 비율을 보면 튀니지와 이집트는 중동 국가 내에서 중간 등급에 위치하나 시리아, 리비아, 예멘의 순위는 매우 낮았다. 페이스북 가입률은 의미 있는 패턴을 보이지 않았다.[33]

구조주의 분석은 1979년 이란혁명의 원인도 권력 구조의 변화에서 찾는다. 전통 시장 바자르를 중심으로 한 도시 공동체의 조직력 상승, 이슬람 성직자 탄압, 샤의 사적 후원 망에서 온건 엘리트 배제, 샤 왕정을 향한 미국 정부의 태도 변화 등을 샤 체제 몰락의 원인으로 본다. 당시 샤 체제에는 비밀경찰 사바크의 공안 정치, 공공 분야의 비효율성, 부정부패의 만연 등 제3세계 권위주의 정권에서 쉽게 찾아볼 수 있는 문제점이 있었다. 샤의 후원 네트워크는 국가기구 전반에 깊숙이 침투해 군과 관료의 자율성과 전문직주의 정신을 훼손했고 샤 개인은 외부 후원자인 미국에 전적으로 의존했다. 따라서 혁명의 '필요조건'이 성숙해가는 가운데 바자르 네트워크와 무슬림 공동체의 응집력 상승이 혁명의 조직화를 높였다는 설명이다.

1970년대 중반 국제 유가 파동으로 이란의 석유 의존 경제가 큰 타격을 입자 도시 노동자가 대거 해고됐다. 급속한 도시화로 새롭게 유입된 농촌 출신 노동자가 가장 큰 피해를 보았고, 성난 도시 빈민은 바자르를 중심으로 반샤 운동을 조직했다. 여기에 민족주의와 자유주의 엘리트 세력이 지도부로 가세해 광범위한 반체제 연합을 구성했다. 때마침 1977년에 출범한 미국의 민주당 정부는 인권과 민주주의를 강조하며 샤와 거리를 뒀다.

하지만 이러한 구조적 요인은 25년간 안정적으로 유지된 샤 체제의 붕괴 타이밍에 명쾌한 해답을 주지 못한다. 샤는 반독재 시위가 일어난 지 1년도 못 돼 큰 저항 없이 모든 권력을 내려놓았다. 최근의 구조적 설명은 기존의 분석에 더 역동적인 시각을 추가하고자 군과 경찰의 시위대 유혈 진압, 호메이니라는 상징적 구심체의 역할 등을 요인으로 덧붙이기도 했다. 엄청난 인명 피해를 낸 1978년 8월 시네마 렉스 화재와 9월 검은 금요일 사건은 강권기구의 과잉 진압이 가져온 참사였다. 샤는 허둥거리며 책임자 처벌에 나섰으나 성난 여론을 잠재우지 못했다. 게다가 샤 체제로부터 쫓겨나 파리에서 망명 중이었던 호메이니는 반독재 저항에 순교적 정당성을 부여하는 구심체였다. 그렇지만 이들 변수는 혁명의 촉발 요소이지 결정적 원인이라고 할 수 없다.[34]

한편 리비아의 독재자 카다피가 핵을 포기한 후 체제 안전을 보장받지 못해 최후를 맞았다는 주장이 있다. 북한 정권은 리비아식 비핵화 사례를 근거로 삼아 독재자를 죽음으로 이끈 리비아 모델에 극도의 알레르기 반응을 보이며 비핵화 절대 불가를 내세운다. 그러나 시간상 앞뒤가 맞지 않는 분석이다. 2006년 완료된 리비아의 비핵화를 2011년 카다피 죽음의 원인으로 보는 것은 무리가 있다. 미국은 2003년 갑작스레 핵 포기를 선언한 카다피 정권과 2006년 국교 정상화를 이뤘다. 리비아의 비핵화에 상응한 미국의 체제 보장이었다. 2년여 간의 핵 폐기와 검증 과정에서 제재 해제와 경제 보상, 투자 유치도 단계적으로 실시됐다. 카다피의 둘째 아들은 리비아 발전 기금을 세워 영국을 비롯한 유럽 여러 나라에 기부하고 투자하며 월드 클래스 인플루언서처럼 행세했다. 카다피 정권은 2011년 걷잡을 수 없이 빠르게 번진 아랍의 봄 민주화 시위로 무너졌다. 미국과 수교하고 5년이 지난 후였다.

카다피 정권 역시 체제 수호에서 이탈한 측근 엘리트와 민주화 시위대 때문에 무너졌다. 카다피는 오랜 여론 통제로 취약한 지지 기반을 제대로 알지 못했고 시민의 분노 폭발에 허둥댔다. 냉혹한 독재자가 움츠러드는 것을 지켜본 엘리트는 정권의 미래를 의심했다. 국제사회는 리비아의 민주화 시위를 지지했다. 이후 군벌이 난립해 내전으로 번졌고 유엔안전보장이사회는 리비아 상공에 비행 금지 구역을 설정해 민간인 보호를 결의했다. 결국 카다피는 반군의 손에 최후를 맞았다. 이처럼 독재 정권의 앞날은 외부의 체제 안전 보장이 아닌 내부의 장악력과 통제력 정도에 달려 있다.

장기 독재 체제에서 억눌려온 불만은 아주 우연한 기회에 극적으로 폭발해 정권의 균형을 깨뜨린다. 혁명 발발과 독재 몰락의 불가측성 때문이다. 혁명 발발 직전에 방아쇠 역할을 한 요인과 혁명을 실제로 이끈 근본 원인은 꼭 구분해야 한다. 다리가 무너진 참사의 원인은 마지막으로 건넌 트럭 탓이 아니다.

아랍의 봄,
그 후 10년

독재 정권의 몰락과 민주화의 실패

튀니지의 민주화 성공 배경

2011년 아랍 장기 독재 정권을 연달아 순식간에 송두리째 흔든 아랍의 봄 혁명이 일어난 지 10년이 훌쩍 넘었지만 결과는 참담하다. 혁명의 근원지 튀니지를 제외하고는 모두 민주화에 실패했다. 전조 없이 극적으로 일어난 혁명과 뒤이은 독재 정권의 몰락은 민주화 연착륙으로 이어지지 않았다. 이집트는 한 해 만에 군부 권위주의로 돌아갔고 리비아, 예멘, 시리아는 파벌 간 무력 충돌로 독재보다 더 나쁜 내전을 장기간 겪었다. 이들 나라에서 급작스레 일어난 민주화 시위는 독재 정권을 송두리째 흔든 후 심각한 권력 공백을 가져왔다.

민주화의 걸림돌은 어디든 비슷하지만, 독재 몰락 이후의 결과는 각 나라가 이미 키워온 고유 특성에 좌우된다. 독재 몰락과 민주주의 안착의 틈은 꽤 크다. 아랍의 사례를 보면 혁명 발발과 혁명 이후 민주주의 안착 사이에는 별 연관성이 없어 보인다. 혁명은 독재자가 한순간 장악력을 놓칠 때 우발적으로 일어나지만, 안정적인 민주주의는 결코 우연히 오지 않는다. 관건은 강권기구가 전문직주의 직업 정신을 가졌는지, 반정부 야권 조직이 현실 정치 속 협상 경험이 있는지에 있다. 민주화에 유일하게 성공한 튀니지에서는 군부가 정치 개입 금지라는 직업 정신을 지켰고 이슬람 정당과 세속주의 정당이 정치적 대타협을 결단해 평화로운 권력 교체를 존중했기에 가능했다.

튀니지 독재자는 쿠데타 공포로 군부를 대폭 축소하고 소수 충성파를 모아 경찰을 키웠다. 1956년 튀니지가 프랑스에서 독립하자 독립운동을 주도한 네오데스투르Neo Destour 당은 이듬해 입헌군주제를 폐지하고 공화국을 선포했다. 초대 대통령으로 취임한 하비브 부르기바Habib Bourguiba는 일당독재를 심화하더니 1975년 종신 대통령제를 도입했다. 1987년 벤 알리 당시 총리가 마침 건강이 악화된 부르기바를 무혈 쿠데타로 축출했다. 새 대통령은 복수정당제 도입, 정치범 석방, 언론 규제 완화를 시행했으나 1992년 총선에서 이슬람주의 엔나흐다당이 이기자 비상사태를 선포했다. 이후 부르기바 시절보다 더 혹독한 폭압 정치를 펼친 벤 알리는 2002년 대통령 종신제를 허용하는 헌법 개정을 강행했다. 벤 알리는 어른 40명당 경찰 1명을 배치하는 촘촘한 감시 체계를 구축하고 집권당인 입헌민주연합의 공식 당원을 전체 인구의 2%인 20만 명까지 늘렸다. 하지만 이권에서 배제된 군부는 국방 의무에

만 전념해왔고 군과 경찰 사이의 갈등으로 튀니지 강권기구의 응집력
은 낮았다. 이런 배경 덕분에 군은 독재자 벤 알리에 반하는 중립화를
선언할 수 있었다.

혁명과 민주주의는 한 세트가 아니다

하지만 다른 나라의 사례는 달랐다. 2011년 이웃 이집트 시민 역시
반정부 시위를 조직해 독재 정권을 무너뜨렸으나 2013년 군부가 민주
정부를 집권 1년 만에 쿠데타로 몰아내고 정치 전면에 다시 등장했다.
이집트 군부가 과도정부를 이끌던 시기부터 민주주의 퇴행의 우려는
컸다. 군 최고위원회는 신헌법 제정 시 군부의 거부권 행사 장치를 여
러 군데에 마련해뒀다. 이집트 군부의 권력 장악력은 경찰을 압도했기
에 강권기구 간 알력 다툼이 없었고 군부의 강력한 집단 체제 아래 군
출신 독재자 무바라크의 권력 사유화 정도가 상대적으로 약했다. 이집
트 군부는 지난 60년간 가장 강력한 정치 세력이자 이집트 경제 이권
의 절반 이상을 장악한 실세였다. 기득권을 유지하려는 군부는 집단의
이익을 우선했다.

더구나 재야의 불법 단체로 제도권 활동 경험이 적었던 이집트의 이
슬람 정치 세력은 현실 정치를 풀어나갈 준비가 부족했다. 이집트 최
초의 민주 선거에서 집권당이 된 무슬림형제단은 일방통행의 미숙한
국정 운영으로 구舊정권 군부에 정치 개입의 빌미를 줬다. 군부가 무슬
림형제단 정부를 축출하는 과정에서 저항하는 시위대 1천여 명이 사
망했다. 쿠데타 직후 군부의 권한을 확대하는 새 헌법이 국민투표로
통과됐다. 새 헌법은 민간인도 군사 법정에 세울 수 있다는 조항을 포

함하는 등 공안 정치의 시작을 알렸다. 이어 군부는 무슬림형제단 소속 680여 명에게 사형선고를 내렸고 새 헌법에 반대한 시민운동가를 대거 체포했다. 군부가 투옥한 무슬림형제단 소속 무함마드 무르시 Mohamed Morsy 전 대통령은 2019년 재판 도중 심장마비로 사망했다.

민주화 대신 내전으로 이어진 리비아, 예멘, 시리아에서는 취약한 국가기구와 급진 군벌의 난립이라는 최악의 조합이 일어났다. 갈등과 분쟁을 효과적으로 조정할 시민단체는 존재하지 않았다. 리비아의 카다피 독재 정권이 시위대의 퇴진 요구에 흔들리자 지역과 이념으로 나뉜 무장 집단 수천 개가 반군을 자처했다. 이후 내전이 전국으로 빠르게 확산했다. 1969년 쿠데타로 권력을 잡은 카다피가 부족 간 분할통치를 조장하고 최소한의 치안 기구마저 없애버린 결과였다. 같은 부족 출신과 외국인 용병으로 구성된 카다피의 친위대는 최신식 무기로 무장했으나 독재자의 미래가 불안해지자 바로 이탈해버렸다. 내전 상황이 악화되자 유엔안전보장이사회는 민간인 보호 책임론을 적용해 리비아 상공에 비행 금지 구역 설정 결의안을 채택했다. 결국 나토군의 공습 지원으로 반군이 전세를 이끌었고 카다피는 최후를 맞았다.

2012년 첫 민주 선거에서 제헌의회가 출범했으나 군벌이 동시다발적으로 할거하면서 1차 내전이 일어났다. 이슬람 급진주의 민병대가 납치와 암살을 자행하며 치안 불안이 악화되고 이슬람주의 세력이 제헌의회를 점차 장악했다. 2014년 총선에서 이슬람주의 세력은 패배했지만 민병대를 규합해 서부 트리폴리Tripoli에 일방적으로 정부를 세웠고 선거에서 이긴 세속주의 세력은 동부 투브루크Tubruq에 정부를 따로 세웠다. 동부 정부가 리비아 국민군 수장인 칼리파 하프타르를 총 사령관으로 임명하자 이슬람주의와 세속주의 세력 간의 무력 충돌이 격화하면서 2차 내전으로 번졌고 ISIS까지 할거하면서 내전 양상은 복잡해졌다.

여기에 튀르키예와 카타르, 이탈리아가 서부 이슬람주의 정부를, 러시아와 프랑스, 이집트, 아랍에미리트, 사우디아라비아가 동부 세속주의 리비아 국민군을 각각 지원했다. 에너지자원 확보, 이슬람 극단주의

아랍 독재자의 도미노 몰락

독재자dictator의 받아쓰기dictation(위에서 아래 순으로).
1. 제인 엘아비디네 벤 알리: "나는 사우디아라비아왕국KSA, The Kingdom of Saudi Arabia을 사랑한다"(튀니지 민주화 시위대의 퇴진 요구에 벤 알리는 사우디아라비아로 망명했다).
2. 호스니 무바라크: "우리는 튀니지가 아니다".
3. 무아마르 알 카다피: "우리는 튀니지와 이집트가 아니다".
4. 알리 압둘라 살레: "우리는 튀니지, 이집트, 리비아가 아니다".
5. 바샤르 알아사드: "우리는 튀니지, 이집트, 리비아, 예멘이 아니다".

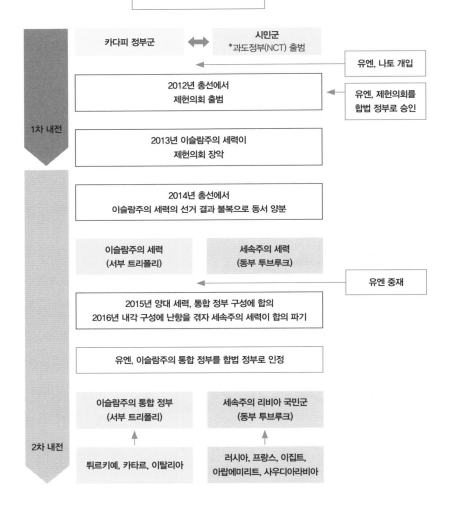

리비아 1차·2차 내전 진행 과정[35]

2011년 아랍의 봄 시민혁명 발발

카다피 정부군 ⟷ 시민군
*과도정부(NCT) 출범

유엔, 나토 개입

2012년 총선에서
제헌의회 출범

유엔, 제헌의회를
합법 정부로 승인

1차 내전

2013년 이슬람주의 세력이
제헌의회 장악

2014년 총선에서
이슬람주의 세력의 선거 결과 불복으로 동서 양분

이슬람주의 세력
(서부 트리폴리)

세속주의 세력
(동부 투브루크)

유엔 중재

2015년 양대 세력, 통합 정부 구성에 합의
2016년 내각 구성에 난항을 겪자 세속주의 세력이 합의 파기

유엔, 이슬람주의 통합 정부를 합법 정부로 인정

이슬람주의 통합 정부
(서부 트리폴리)

세속주의 리비아 국민군
(동부 투브루크)

2차 내전

튀르키예, 카타르, 이탈리아

러시아, 프랑스, 이집트,
아랍에미리트, 사우디아라비아

테러리즘 억지抑止, 난민 유입을 둘러싸고 서로 다른 계산법이 작동하면서다. 2020년 이슬람주의와 세속주의 세력이 유엔의 휴전협정에 서명한 후 2021년 총선과 2022년 대선을 실시할 예정이었으나 후보 난립과 이슬람주의 세력의 내부 갈등, 튀르키예와 러시아군 및 외국 용병의 철군 거부 등으로 무기한 연기됐다.

예멘에서는 살레 독재 정권이 반정부 시위에 밀려 물러난 후 과도정부가 들어섰으나 시아파 계열의 후티 반군이 무장봉기를 일으켰다. 예멘 내 시아파 인구는 전체 인구의 35%를 차지하며 사우디아라비아와 국경을 맞대는 북부 지역에 거주한다. 유엔이 정통성을 인정한 예멘 정부의 대통령과 각료 일부가 2015년에 후티 반군에 쫓겨 사우디아라비아로 피신해 지원을 요청했다. 이때부터 사우디아라비아는 아랍에미리트, 바레인, 쿠웨이트, 카타르, 이집트, 요르단, 모로코, 수단과 함께 아랍연합전선을 조직해 정부군을 지원했고 미국은 아랍연합전선을 공중급유와 정보 공유로 지원했다. 반면 이란은 후티 반군을 지원했다. 2018년 정부군과 후티 반군은 유엔의 중재로 휴전협정에 서명했으나 무력 충돌은 계속 이어졌다.

아랍의 봄 혁명으로 흔들린 권위주의 정권의 강권기구와 반정부 세력의 응집력을 비교하는 표에서 나타나듯이 이집트 군부의 응집력이 가장 높았다. 정치권력은 물론 경제 이권까지 장악해 다져놓은 기득권이 배경이다. 민주화 이행에 성공한 튀니지의 강권기구는 군부와 경찰 간의 알력으로 이집트보다 낮은 응집력을 나타냈다. 군부는 독재 정

아랍의 봄 혁명으로 흔들린 국가의 강권기구와 반정부 세력의 응집력 비교[36]

권위주의 강권기구의 응집력 반정부 세력의 응집력	상	하
상	이집트	튀니지
하	시리아	리비아, 예멘

권의 후원망에서 배제됐고 덕분에 투철한 전문직주의 직업 정신을 지킬 수 있었다. 두 국가에서는 반정부 세력의 응집력과 시민사회의 발전도가 비슷하게 높은 편이나 강권기구의 응집력에서 드러난 차이가 혁명 이후 민주화의 결과를 매우 다르게 만들었다. 국가별 군부의 성격에 따른 혁명의 결과를 보면 리비아의 군부는 제대로 된 제도화 경험을 겪지 못했고 예멘의 군부는 분파 간 분열이 장기화됐던 탓에 두 나라에서는 혁명 이후 내전이 일어났다. 리비아와 예멘의 강권기구는 응집력이 약했고 반정부 세력 역시 모래알 같았다.

단 시리아의 세습 독재 정권은 살아남았다. 시리아 내전 역시 여타 취약한 독재국가에서 나타난 내전 발발 과정을 비슷하게 밟았다. 그런데 시리아 부자 세습 체제의 군부는 아버지 독재자의 범汎종파 엘리트 정책을 답습한 아들 독재자 덕분에 조직의 결속을 유지했다. 형이 급사한 후 예정에 없던 세습 체제의 후계자 자리에 오른 바샤르 알아사드는 내전이라는 극한의 상황에서 나이 든 지휘관의 결정에 전적으로 기댔고 군부는 세습 독재 정권을 향한 충성을 맹세했다. 이란과 러시아의 전폭적인 군사 지원도 큰 몫을 했고 ISIS가 급부상해 내전이 삼파전 양상으로 복잡해진 것도 천운으로 작용했다. 결국 내전이 일어난 지 10여 년이 지나 독재 정권은 국가 통제력을 회복했다.

아랍의 봄 혁명은 성공인가 실패인가

중동에서는 아랍의 봄 혁명 이후 민주화의 실패뿐 아니라 이미 자리 잡은 민주주의마저 후퇴하는 현상이 뒤따랐다. 제한적이나마 민주주의국가로 분류되던 튀르키예와 이란의 위정자가 역내 혼란을 정치적으로 이용하면서부터다. 일인 체제를 다지려는 에르도안 튀르키예 대통령은 민족주의와 오스만제국의 과거를 소환했다. 이란 강경 보수파 지배 연합은 시아파 이슬람 혁명의 역내 수출을 둘러싼 국내 저항을 무마하고자 민족주의와 페르시아제국의 영광을 섞어 포퓰리즘 선동에 나섰다. 두 나라는 주변국 내전에 개입해 팽창주의를 가동하고 자국 내 정부를 향한 비판의 목소리를 반민족주의로 매도했다.

유일하게 민주화 이행에 진입한 튀니지에도 풀어야 할 국내 문제가 산적해 있다. 신흥 민주 정부는 일사불란한 집행력을 갖지 못해 단기 경제 부흥에 취약하다. 새롭게 들어선 정부 구성원 대부분은 오랜 투옥과 망명 시기를 거치면서 현실 정치를 경험하지 못했을뿐더러 국정 운영의 역량 또한 키우지 못했다. 반면 혁명에 적극 참여하면서 민주화 과정을 지켜본 일반 시민은 희망에 부풀어 있는 탓에 원하는 만큼 움직이지 못하는 새 정부를 향해 불만을 토로한다. 정부가 기대에 부푼

아랍의 봄 혁명으로 흔들린 국가의 군부 성격과 혁명의 결과[37]

	군부의 성격	혁명의 결과
튀니지	전문직업주의	민주화
이집트	정치권력과 경제 이권 장악	쿠데타
시리아	세습 독재 정권을 향한 높은 충성도	내전 후 독재 정권의 귀환
리비아	제도화 경험 부재	내전 후 2개의 정부와 의회가 혼재
예멘	분파 간 분열	내전의 교착 상태

시민의 다양한 요구에 답하려 노력하는 동안 새로운 정책의 입안과 시행은 더뎌진다. 이런 까닭으로 첫 민주 정부에 대한 업적 평가는 대체로 부정적이다. 1989년 혁명 이후 출범한 동유럽의 여러 신흥 민주 정부도 경제·행정·안보 면에서 효율적이지 못했던 탓에 대부분 두 번째 선거에서 과거 사회주의 정당에 패했다.

튀니지의 새로운 민주 정부도 이슬람 극단주의 추종 세력의 테러를 효과적으로 막지 못해 비난을 받았다. 테러로 말미암은 관광업의 위축은 경제 침체와 실업자 증가로 이어졌다. 사실 민주주의는 시민의 대표를 자유롭고 공정하게 뽑는 정치적 원리이지 경제적·행정적 효율성과 직결된 기제가 아니다. 다만 투명하고 열린 민주주의 제도는 단기 경기 부흥이 아닌 장기적으로 발전의 선순환을 가져온다. 민주주의 시스템에서 개혁 정책의 혜택은 법질서에 따라 다양한 구성원에게 고르게 배분되기 때문이다.[38] 2019년 튀니지에서 민주화 이후 두 번째 대선과 세 번째 총선이 치러졌다. 아랍의 봄 혁명이 가져다준 선물이다. 여느 신흥 민주주의국가의 사례처럼 튀니지 유권자는 기성 정치인의 무능을 심판했고 결선투표 끝에 무소속인 헌법학자 카이스 사이에드Kais Saied가 대통령으로 당선됐다. 집권 여당인 엔나흐다는 의석의 상당수를 잃었으나 가까스로 다수당 자리는 유지했다. 그런데 사이에드 대통령은 부패 퇴치와 경제난 해소를 이룬다며 의회 해산, 총리 해임, 개헌 등을 밀어붙여 대통령 권한을 독단적으로 늘렸다. 야권과 시민단체 및 유권자는 선거 보이콧으로 저항했다. 개헌 이후 치러진 2022년 말과 2023년 초 총선의 투표율은 모두 11%에 그쳤다. 대통령 한 사람이 신흥 민주주의의 약점을 이용해 유권자를 선동하고 튀니지의 민주주의를 큰 위기로 몰아갔다.

한편 이집트의 군부 재집권이 나쁘지만은 않다는 견해도 있다. 민주 선거로 뽑혔으나 무능한 이슬람주의 정부 때문에 민생고와 정국 불안정의 폐해가 지나치게 컸다는 것이다. 무슬림형제단 정부 시기에 외환 보유고가 고갈되고 물가는 급등했으며 실업률은 나아지지 않았다. 치안까지 악화되자 점점 불안이 더해가면서 민생 파탄이라는 말까지 나돌았다. 게다가 결선투표에서 51.7% 득표율로 가까스로 당선된 무슬림형제단 소속의 무르시 대통령은 국정 운영에서 이슬람 요소를 과하게 강조해 투표에 참여하지 않거나 구정권 세력을 지지했던 수천만 명의 마음을 돌보지 않는 실수를 했다. 혁명 후 민주화 과정은 시민의 기대 심리를 한껏 높인다. 무바라크의 장기 독재 체제하에서 오랜 폭압과 경제난에 지쳤던 시민은 확연한 변화를 한껏 기대했다.

민주주의 시스템은 명령 하달식의 권위주의 체제보다 경기 부흥에 뛰어나지 못하다. 게다가 제도권 활동 경험이 거의 없던 이슬람 정치 세력은 타협에 매우 취약했고 자신을 지지하지 않는 유권자 포용에 매우 무지했다. 하지만 편 가르기를 일삼은 무능한 정부에 대한 평가와 처벌은 쿠데타가 아닌 4년 뒤 투표장에서 이루어져야 했다. 선거 결과에 승복하는 것은 민주주의의 가장 기본적 약속이다. 새로 선출된 정부의 운영 능력이 기대에 못 미친다고 해서 군부가 개입하여 대통령을 축출하고 다수당을 해산한다면 민주주의의 실습 기회는 결코 가져볼 수 없다. 그러나 군부는 민주주의 근간인 선거와 법질서를 새로운 규칙으로 받아들이지 않았다. 무슬림형제단이 해체됨에 따라 군부를 견제할 수 있는 세력마저 사라졌다. 군사정권하의 이집트는 단기적으로는 안정을 찾겠지만 철권통치가 억지로 만들어낸 안정은 오래갈 수 없다. 혁명으로 분출했던 열린사회를 향한 시민의 기대를 억누르는 것에 불과하기 때문이다. 현재 이집트 국민의 3분의 1 이상이 하루에 2달러 미만으로 생활하는 극빈층이고 또 다른 3분의 1은 빈곤층이다.

민주주의 이행은 혁명보다 훨씬 어렵다. 혁명은 빈곤, 청년 실업, 부정부패, 트위터와 페이스북 같은 SNS 확산 등의 촉발 요소가 합하면서 우연한 기회에 극적으로 일어날 수 있다. 하지만 민주화는 다르다. 민주화 이행에는 전문 직업주의 군부, 정권에 독립적이고 현실 정치 경험이 풍부한 시민사회라는 요소가 필요하다.[39] 튀니지와 이집트에는 비슷한 수준의 비즈니스 계층과 재야 단체가 존재했다. 그러나 튀니지 군부는 이집트 군부와 달리 정치 개입을 멀리하고 경제 이권을 장악하지도 않았는데, 이것이 결국 민주화 연착륙에 결정적인 요소로 작용했다.

중동 민주화에 대한 산유 왕정의 대처

중동 민주화의 한계가 명확히 드러나고 시리아·리비아·예멘 내전이 교착상태에 빠진 가운데 새로운 경향이 나타났다. 아이러니하게도 아랍의 봄 혁명을 억압했던 걸프 산유 왕정이 파격적 대내외 개혁 개방 정책을 시행했다. 10여 년 전 튀니지에서 비롯된 민주화 시위가 이웃 나라로 순식간에 퍼져나갈 때 이들 산유 왕정은 정권 생존에 위협을 느껴 시위 금지령을 내리는 동시에 전폭적인 복지 공세로 사회 불만을 억누르며 일부 동요의 움직임을 빠르게 회유했다.

국제사회는 산유 왕정의 혁명 길들이기를 거세게 비난했다. 무엇보다 아랍의 봄 혁명 이후 걸프 산유국이 실시한 단기 처방이 청년층의 마음을 바꾸지 못했다. 여론조사에서 특히 아랍에미리트와 사우디아라비아 청년층은 개인주의와 민주주의를 점차 더 선호하는 추세를 보였다. 결국 이들 나라는 최근 탈석유, 탈이슬람 개혁을 시행하는 한편 이스라엘과의 국교 정상화에 합의함으로써 새로운 실용주의 노선을 선언했다. 또 같은 민족이자 이스라엘에 비해 약자라는 감성적 이유로 팔레스타인 자치 정부의 무능과 시민사회 억압, 원조금 횡령 및 비리를 묵인했던 과거와의 단절을 결단했다. 개혁의 열성 지지층인 아랍에미리트와 사우디아라비아의 청년 세대는 이스라엘과의 관계 정상화를 경제 발전과 사회 개방을 향한 긍정적 단계로 봤다. 이들 산유국은 코로나19 팬데믹 시기에는 권위주의의 감시 체계를 이용해 공격적 방역을 시행하더니 이때의 정보를 투명하게 공개했다. 서남아시아 출신 이주 노동자에게도 무료 검사를 하고 의료용품을 나누어 주면서 높은 수준의 국가 역량을 선보였다.

아랍의 봄 혁명은 아직 미완이지만 걸프 산유국의 변화는 중동의 대내외적인 오랜 관성을 깨뜨리는 신호탄으로 여겨진다. 아랍의 봄 혁명이 가져온 간접적이지만 긍정적인 결과다. 물론 정치적이고 경제적인 발전의 장기적 선순환은 왕정이 아닌 민주주의 체제에서 이뤄질 것임에는 분명하다.

3

2021년 아프가니스탄
탈레반 재집권

한순간에 몰락한 아프가니스탄 정부

단 이틀 만에 수도를 점령한 탈레반

예측은 또 빗나갔다. 미국의 아프가니스탄 철군 직후 아프가니스탄 정부가 이슬람 급진주의 무장 조직인 탈레반의 거침없는 진격으로 한순간에 무너졌다. 아무도 가늠하지 못했던 일이다. 2021년 4월 바이든 정부는 아프가니스탄에 주둔한 미군의 철수 계획을 발표했다. 아프가니스탄 전쟁을 촉발한 9·11 테러 20주년에 맞추어 철군을 완료하고 아프가니스탄 정부와 탈레반 반군의 평화를 기원할 계획이었다. 하지만 계획은 완전히 어긋났다. 8월 15일 수도 카불Kabul에 체류하는 미국 국적의 민간인 대피가 채 끝나지도 않은 상황에서 탈레반이 카불의 대통령궁을 접수했다. 8월 13일만 해도 전국 주요 도시의 절반 정도가 탈레반 손에 들어갔다고 했는데 불과 이틀 만에 탈레반은 카불을 탈환해 아프가니스탄 재집권을 선언했다. 당시 친미 성향의 아슈라프 가니Ashraf Ghani 대통령은 거액을 챙겨 '빛의 속도'로 국외로 탈출했다. 부정선거 논란 끝에 2014년 당선된 가니 전 대통령은 부패 꼬리표를 달고 다녔다.

부패하고 무능한 아프가니스탄 정부군에 투철한 직업 정신이 없다는 건 알았지만 한 나라의 정부군이 무장 게릴라에게 그토록 허망하게 항복해버린 것에 모두 어안이 벙벙했다. 한편 미국 대사관 인력이 카불에서 허둥대며 철수하는 모습은 베트남전 당시 미국의 치욕적인 '사이공(Saigon, 지금의 호찌민) 헬기 탈출'을 연상시켰다. 미국 내에서는 탈레반의 진격 속도와 아프가니스탄 정부의 붕괴 시점을 바이든 정부가 제대로 예측하지 못했다는 비난이 들끓었다.

그러나 프랑스혁명과 소련의 몰락처럼 거대한 정치적 격변은 사후적으로만 분명하게 알 수 있다. 격변을 이끈 세력마저 당장 내일의 일을 알아채지 못했고 이번도 예외는 아니었다. 티핑 포인트에 이르기 직전까지 폭발의 압력은 쌓이기만 할 뿐 표면적 정치 상황은 그대로다. 그러므로 폭발을 미리 감지하는 게 매우 어렵다. 게다가 부패와 불신, 위선이 만연한 사회라면 더욱 그렇다. 공적인 자리에서 아무도 진실을 말하지 않는 곳에서는 모두가 서로를 오해하는 통에 몰락의 전조 현상은 가볍게 무시된다.

1975년 북베트남 군대가 사이공에 진격했을 때 남베트남 군대가 별다른 저항 없이 투항하리라고는 아무도 예측하지 못했다. 1979년 이란

혁명이 일어났을 때 미국 CIA는 샤의 국외 탈출을 나흘 전까지 눈치 채지 못했다. 최정예 비밀경찰인 사바크와 40만 명의 현대식 군대를 보유했던 국왕이 비무장 반정부 시위대 앞에서 쉽게 몰락하리라고는 아무도 생각 못 했다. 2011년 아랍의 봄 혁명이 일어났을 당시 튀니지와 이집트의 장기 독재자가 시위 발발 한 달 만에 모든 걸 포기한 채 무너지리라고는 역시 아무도 예상치 못했다. 불만과 배신이 정점을 향해 나아갔지만 사건이 폭발하는 순간 모두가 황망해할 뿐이다. 아프가니스탄 정부의 갑작스러운 붕괴 역시 그랬다.

아프가니스탄 민주주의 체제의 붕괴

아프가니스탄 정부는 어쩌다 부패하고 무능한 권위주의 정권으로

탈레반은 현지 시간으로 2021년 8월 15일 아프가니스탄의 수도인 카불을 점령한 후 공항을 통해 해외로 빠져나가려는 사람들을 통제했다.

전락해 불가측성의 덫에 빠진 걸까? 2001년 9·11 테러 직후 당시 부시 공화당 정부는 아프가니스탄에 숨어 있던 알카에다의 우두머리인 빈 라덴의 신병 인도를 탈레반 정권에 요구했다. 하지만 거절당하자 '테러와의 전쟁'을 일으켜 속전속결로 탈레반 정권을 축출했다. 부시 정부는 소규모 특수부대와 첨단 군사기술로 무장한 공군을 동원해 희생을 최소화하는 '과학전'을 펼쳤다. 문제는 미국이 탈레반 정권 축출 후에 체계적인 전후 재건 프로그램을 깊이 고려하지 않았고 나토 주도의 국제안보지원군이 얼떨결에 공동 책임을 떠맡았다는 점이다. 재건 정책의 기본 목표는 외부의 개입과 원조로 국가 기능을 수행할 역량을 키우고 안정적이고 민주적인 체제를 다지는 것에 있는데 이때 외부 주체가 불분명해진 것이다.

탈레반 정권을 몰아내고 두 달이 지난 2001년 12월, 미국은 아프가니스탄 전체 부족장 회의를 소집했다. 이 회의에서 원로 그룹은 타지크족Tadzhik族의 이슬람 법학자를 임시정부의 수장으로 선정했으나, 미국은 아프가니스탄의 최대 부족이자 탈레반의 영향력이 지대한 파슈툰족Pushtun族의 하미드 카르자이Hamid Karzai에게 임시정부의 대통령직을 맡겼다. 미국과 함께 탈레반 격퇴전에서 싸웠던 '북부동맹'의 타지크족, 우즈베크인Uzbek人, 하자라족Hazara族 인사에게는 주요 부처의 장관직이 돌아갔다.

2004년 첫 민선 대통령이 된 카르자이는 수도에서만 영향력을 행사하는 '카불 시장'이자 미국의 꼭두각시로 여겨졌다. 카르자이 대통령의 측근과 카불의 엘리트 집단은 거대한 부패 카르텔을 형성해 국제 원조금을 착복했다. 부패한 간부는 급료를 가로채려고 군인 명부를 허위로 기재하기 일쑤였다. 군경의 훈련과 장비 구축에 사용할 재정은 늘 부족했고 사병의 사기는 날로 떨어졌다. 2005년부터 탈레반 반군 세력은 구식 소총과 사제 폭탄으로 게릴라전을 전개했으나 이에 맞설 미군 보병은 턱없이 부족했고 첨단 군사과학은 험준한 산악 지형에 무용지물이었다. 당시 미국은 2003년 이라크 전쟁까지 시작한 상황이라 아프가니스탄 증파가 어려웠다. 2006년 이후 외국군을 상대로 한 탈레반의 자살 폭탄 테러가 늘어나자 미군과 국제안보지원군은 카르자이 정부에 치안권을 넘기는 데 급급했다. 물론 취약한 카르자이 정부는 게릴라의 격퇴에 아무런 도움이 못 됐다.

미국은 대신 아프가니스탄의 요충지와 수송로를 장악한 군벌에 의존하고 이들의 자금줄인 마약 밀매를 눈감아줬다. 결국 탈레반 반군도 어렵지 않게 마약 거래를 했고 탈레반 병사의 월급이 아프가니스탄 정부군의 월급보다 네 배나 많은 상황이 벌어졌다. 급여 차이만으로도 사기가 떨어진 정규군은 '종이호랑이'로 전락했다. 당시 악명 높았던 카르자이 정부의 고질적 부패 때문이었다. 국가 역량 건설과 부패 척결이라는 재건 목표는 애당초 이뤄지기 어려워 보였다.

2008년 이후 탈레반이 세력을 확장하자 아프가니스탄 전체가 극심한 혼란에 빠져들었고 이에 2009년 당시 오바마 민주당 정부는 증파를 결단했다. 2011년 미국 특수부대가 파키스탄에서 빈라덴 사살에 성공한 이후 2014년 미군과 국제안보지원군은 공식적인 아프가니스탄 임무 종료를 선언했다. 그런데 갑자기 이슬람 극단주의 테러 집단인 ISIS의 영향력이 커졌고 2015년 미국은 철군 계획을 잠시 보류했다. 이후 트럼프 공화당 정부가 들어서자 다시금 중동 정책의 혼란이 이어졌다. 트럼프 정부는 이란 핵 합의를 독단적으로 파기하고 편파적인 친이스라엘 행보를 보였으며, 나토에 방위 분담금 증액을 요구하고 우방인 쿠르드계를 배신했다. 이어 2020년 탈레반과 평화협정을 맺으며 철군을 약속했다. 2021년에 들어선 바이든 정부는 '트럼프 뒤집기' 정책을 진행했으나 이전 정부의 '중동 떠나기' 기조를 바꾸지는 않았다.

미 공화당 정부가 시작한 아프가니스탄 전쟁이었으나 동맹과 인권 민주주의의 깃발 아래 미국의 귀환을 외치는 민주당 정부 시기에 탈레반의 아프가니스탄 재집권 사태가 벌어졌다. 이로써 미국이 20년간 추진한 아프가니스탄 정책은 뼈아픈 실패로 마감했다. 미국은 아프가니스탄의 치안력 회복과 민주 시스템 구축은 물론 공여국의 국제적 위상도 높이지 못했다. 20년간 1조 달러 이상을 쓰고 2,400명이 넘는 미군이 목숨을 잃었으나 아프가니스탄은 탈레반 손에 다시 넘어갔다.

탈레반 정권의 복귀와 불투명한 미래

탈레반은 이슬람 교리를 자의적으로 해석해 극단적인 여성 정책과 폭압 정치를 정당화한다. '탈레브Taleb'는 아랍어 어원으로 학생 또는 배우는 사람이란 뜻인데 튀르키예와 이란에서도 쓰이는 단어다. 이 탈레브의 복수형이 탈레반인데, 전통 이슬람 교육기관인 마드라사Madrasa 출신의 학생이 주류다. 과거 탈레반 집권기의 아프가니스탄 여성은 온몸을 완전히 덮고 눈까지 망사로 가린 부르카burka를 강제 착용해야 했다. 머리, 목, 어깨를 가리는 히잡에 더해 눈 아래의 얼굴까지 가리는 복장이 니캅이고 눈마저 다 가리면 부르카다. 당시 아프가니스탄 여성은 일을 하거나 교육을 받을 수 없었다. 여성 의사가 사라진 병원에서 남성 의사가 여성 환자를 법적으로 치료할 수 없게 되자 여성 사망자가 늘었다. 머리부터 발끝까지 덮은 채 눈만 망사 사이로 내놓는 부르카 때문에도 여성 교통사고 사망자가 급증했다. 니캅이나 부르카를 쓰면 물 한 모금 마시는 것조차 번거롭고 양옆의 시야가 가려 안전에도 큰 위협이 된다.

탈레반은 카불 입성 후 변화된 통치를 선언했으나 이를 믿는 사람은 별로 없다. 주민들은 책과 TV를 숨겼고 수염을 기르며 부르카를 꺼내 입었다. 탈레반 집권기의 극악무도한 공포정치를 알기 때문이다. 실제로 죽을 수도 있다는 것을 알면서도 아프가니스탄에서 빠져나가기 위해 비행기 바퀴에 매달린 사람을 보면 과거 탈레반이 어떤 통치를 했는지 짐작할 수 있다. 몇몇은 탈레반을 환영했다는 보도가 있지만 공포에 질린 사람의 어쩔 수 없는 행동이라고 보는 게 더 자연스럽다.

그런데 탈레반 지도부가 현재 내홍에 시달리고 있다. 탈레반은 카불 장악 후 3주가 지나서야 임시정부 구성을 발표했다. 정부 구성을 둘러싸고 내부 초강경 분파인 '하카니 네트워크Haqqani Network'가 크게 반발해 결국 협상파 출신이 수장에서 밀려났다. 하카니 네트워크는 ISIS 아프가니스탄 지부를 자처하는 'IS-KIslamic State–Khorasan'와 밀접한 관계를 유지한다. 여성 인권 보호를 요구하는 시위가 연일 일어나는 가운데 탈레반 임시정부는 1990년대 집권기와 2001년 축출 이후 20년간의 게릴라전 시기에 활약했던 고위급 인물로 채워졌다. 내무부 장관과 이민부 장관에 내정된 하카니 네트워크 소속 인물에게는 미국 연방수사국의 현상금이 걸려 있다.

임시정부안의 발표 시기와 구성을 보면 탈레반 지도부의 내부 분열

양상이 드러난다. 발표 예정일을 번복해가며 나온 결과에 따르면 입지가 다소 약한 모함마드 하산 아훈드Mohammad Hassan Akhund가 총리를, 조직의 이인자이자 유력한 총리 후보였던 압둘가니 바라다르Abdul Ghani Baradar는 부총리를 맡았다. 초강경 분파인 하카니 네트워크가 정부 구성에 반발해 내부 권력 다툼이 거세지면서 지도부가 한발 양보한 결과다. 한편 과거 미국을 도와 탈레반 축출에 앞장섰던 북부동맹이 탈레반을 향해 항전을 선포했다.

미국에 이어 주요 2개국(G2)으로 부상한 중국도 탈레반의 재집권에 촉각을 곤두세웠다. 아프가니스탄과 국경을 접하는 중국이 보기에 탈레반 정권의 존재 자체만으로도 신장웨이우얼자치구新疆維吾爾自治區의 위구르 분리 독립 세력을 자극할 우려가 크기 때문이다. 중국은 정권을 차지한 탈레반이 아프가니스탄을 하루빨리 안정적으로 통제하기를 바란다. 미국의 부재와 힘의 공백으로 생긴 탈레반의 독주가 내심 당혹스럽기도 하다. 미국의 전례를 지켜본 중국은 아프가니스탄에서 장기전의 늪에 빠지는 것을 원하지 않는다.

중국의 왕이王毅 외교부장은 탈레반의 이인자인 바라다르를 톈진天津으로 초대해 신장웨이우얼자치구의 독립운동 단체인 '동투르키스탄이슬람운동'과의 단절을 촉구하면서 일대일로 전략에 따른 아프가니스탄 재건 사업과 경제 지원을 당근으로 제시했다. 하지만 이슬람 급진주의의 확산이 존재 이유인 탈레반은 신장웨이우얼자치구에서 자행되는 중국 정부의 무슬림 탄압에 침묵할 수 없을 것이다. 적어도 지도부 내 초강경파와 이들과 연계된 이슬람 극단주의 조직인 IS-K는 중국에 커다란 안보 위협으로 작용할 수 있다.

중국과 아프가니스탄의 이슬람 급진주의 및 극단주의 조직 간에 갈등이 생길 경우, 미군이 철군하면서 남긴 수많은 무기가 여차하면 중국을 겨냥하는 이슬람 극단주의 세력의 비수가 될 수도 있다. 아프가니스탄은 캅카스Kavkaz, 베트남과 더불어 '제국의 무덤'으로 불린다. 대영제국은 아프가니스탄을 보호국으로 만들었지만 엄청난 희생을 치렀고, 미국에 앞서 소련은 냉전이 한창이던 1979년 아프가니스탄의 사회주의 세력을 지원하고자 전쟁을 일으켰다. 미군 철수와 탈레반의 귀환은 유라시아 대륙에 걸친 '거대한 체스판' 위의 민감한 화약고에 새로운 충돌의 불씨를 심었다.

Part 4

MZ 세대의 등장과 이슬람 테러 조직의 변화

이슬람주의 운동의 특징적 변화

사회 변혁을 꿈꾼 1세대 원리주의

이슬람주의는 사회 전반에서 이슬람의 역할을 넓히고 중동 이슬람 세계의 독재 정권이 소외시킨 주변부의 이익을 도모한다고 주장하는 사상과 운동을 가리킨다. 영국과 프랑스가 중동을 직간접적으로 식민 지배하던 시기에 강권기구를 장악한 국가는 폭압적인 방법으로 근대 국가의 기초를 다졌고 국가와 후원 관계를 맺은 소수 특권층만 혜택을 받았다. 서구 근대국가 형성의 경험과 달리 중동에서는 절대왕정에 저항하던 독립적인 토착 자본가 계급이 성장할 수 없었다. 독립 이후 탈식민 신생 국가 엘리트가 뒤처진 경제 발전을 따라잡는다는 평계로 식민 지배 시기의 강압 기구와 관료제를 복원했고, 신흥 독재 정권은 참여와 평등을 요구하는 시민사회를 탄압했다. 국가 주도의 발전 과정에서 성장한 노동자 계층마저 특혜를 부여하는 기존 체제를 종종 옹호하며 국가 권력에 저항하지 않았다. 많은 개발도상국의 사례와 마찬가지로 중동에서도 '과대 성장 국가와 과소 발전 사회' 현상이 두드러졌고 비대해진 국가와 초라한 시민사회의 비대칭이 드러났다.[40]

따라서 중동의 대중은 정실 자본가나 무능한 어용 노조 대신 이슬람식 개혁을 주장하는 조직을 대안으로 지지했다. 여기에 제2차 세계대전 이후 자유 진영의 패권 국가로 부상한 미국이 사회주의 운동을 막는 데 더 뛰어난 독재 정권을 종종 두둔하며 자국의 이익에 기반해 원조를 제공했다. 미국의 비원칙적이고 비일관적인 대외 정책은 무슬림 대중의 반미 감정과 이슬람주의 운동의 인기를 부추겼다. 소수나마 세속 자유주의, 아랍 사회주의 그룹도 반독재 운동을 벌였으나 서구의 비정부기구 지원을 받는다는 점에서 이슬람주의 조직보다 정당성이 떨어졌다.

1세대 이슬람주의 무슬림형제단의 부상

이슬람주의 운동은 '1세대 원리주의', '2세대 급진주의', '3세대 극단주의'로 나뉜다. 이들은 서구의 물질문명과 세속주의 정권을 반대한다는 점에서 비슷하지만, 이슬람의 역할에 대한 구체적인 해석과 실천 전략 면에서는 차이점을 드러낸다. 1940~1980년대를 풍미했던 중동 이슬람 세계의 1세대 원리주의는 이슬람법인 샤리아shari'ah에 기반한 이슬람 국가 건설을 운동 목표로 삼았다. 대표 조직으로서 이집트의 무슬림형제단이 있는데, 이들은 부패하고 무능한 권위주의 정권이 현대 무슬림 세계의 후퇴를 가져왔다고 보고 자국의 독재 타도를 주장했다.[41] 중산층에 해외 유학파 출신으로 이뤄진 형제단의 지도부는 민주화와 사회 변혁을 목표로 이슬람 전통에 기초한 개혁을 꿈꿨고 당시 시민사회의 중추를 이루던 전문직과 지식인 그룹이 이들을 지지했다. 1940~1960년대 이집트에는 변호사, 의사, 엔지니어, 교수, 언론인 인구가 압도적으로 많았다.

이러한 인기에 힘입어 시리아, 요르단, 팔레스타인, 사우디아라비아, 아랍에미리트, 쿠웨이트, 바레인, 리비아 등의 주변 국가에도 지부가 생겨났다. 팔레스타인 가자 지구를 지배하는 이슬람 급진주의 무장 조직인 하마스가 무슬림형제단의 팔레스타인 지부로 출발했다. 이후 무슬림형제단은 조직의 규모와 영향력 면에서 이집트의 장기 군사 독재 정권에게 가장 큰 위협이 됐다.

1928년 이집트 이스마일리아에서 교사 출신인 하산 알반나Hassan al-Banna가 무슬림형제단을 설립해 식민지 유산인 서구 물질문명의 찌꺼기를 없애고 이슬람식 기부로 빈민층을 구제하자고 주장했다. 이집트는 1922년 영국의 보호 통치령에서 벗어났고 이듬해 민족주의 성향의 정당인 와프드Wafd가 파루크Farouk 왕정 체제에서 입헌군주제와 내각제를 도입했다. 무슬림형제단은 다양한 계층의 지지 세력을 확보했고, 특히 도시 중산층과 젊은 지식층에서 큰 반향을 일으켰다. 제2차 세계대전이 발발한 후 중동과 이집트에서도 불안정한 정세가 이어졌고 1948년에 무슬림형제단 소속의 급진적인 청년 단원이 정부의 형제단 탄압에 앙심을 품고 총리를 암살했다. 이듬해 알반나가 암살당했는데 이는 정부의 소행으로 여겨졌다.

1952년 가말 압델 나세르Gamal Abdel Nasser 중령이 이끄는 '자유장교단'이 파루크 왕정을 몰아내는 쿠데타에 성공했다. 이집트 독립 후에도 영국은 수에즈운하에 군대를 주둔시켜 이권을 장악했고 파루크 왕정은 나라를 돌보지 않았다. 1948년에 이집트가 주도하는 아랍연맹이 이스라엘 건국에 반대하며 제1차 중동전쟁을 일으켰으나 이스라엘에 대패했고, 이집트 시민은 정부의 무능함에 분노했다. 이에 이집트 사회 내에서 큰 영향력을 행사하던 무슬림형제단 역시 나세르가 지휘하는 자유장교단의 쿠데타를 지지했다. 그 무렵 시민사회의 중추를 이루던 중산층 출신의 전문직 협회가 무슬림형제단에 매우 호의적이었기에 나세르는 형제단과 흔쾌히 연합을 맺었다.

1956년 대통령에 취임한 나세르는 아랍 민족주의, 사회주의경제, 적극적 중립 외교를 내세워 영국군의 완전 철수와 수에즈운하 국유화를 이뤄냈다. 그러나 무슬림형제단은 나세르 정권의 세속주의 정책을 강하게 반대했다. 1965년 군사정권은 무슬림형제단의 해산을 선포하고 단원 4천여 명을 대거 투옥했다. 1966년에는 형제단의 사상적 지도자인 사이드 쿠틉Sayyid Qutb을 10여 년 투옥 끝에 나세르 암살 기도 죄목으로 사형에 처했다. 알반나처럼 교육대학을 졸업한 쿠틉은 2년간의 미국 유학 생활에서 서구 문명의 타락상을 목격한 후 이슬람식 삶의 방식과 교육의 확산을 주장했다. 1953년 무슬림형제단에 가입한 후 조직 내 교육과 홍보 프로그램을 개발했고 1955년 투옥된 이후에는 감옥에서《진리를 향한 이정표Milestones: Ma'alim Fi'l Tariq》를 포함해 저서 여러 권을 썼다. 쿠틉의 저서는 이후 2세대 이슬람 급진주의 운동에 큰 영향력을 끼쳤다. 쿠틉은 서구가 오염시킨 사회를 초기 이슬람 제국 시기의 순수한 형태로 되돌리자고 주장하고 여성과 이교도의 권리와 자유를 제한적으로 해석했다. 쿠틉의 사형 이후 무슬림형제단 내부에서는 조직의 투쟁 방식을 둘러싸고 분열이 생겼고 강경 노선의 목소리가 힘을 얻었다.

1970년 나세르 대통령이 1967년에 일어난 제3차 중동전쟁의 패전 책임을 지고 사퇴한 후 급사하자 부통령이자 나세르의 자유장교단 동지였던 안와르 사다트Anwar Sadat가 대통령으로 취임했다. 새 대통령은 나세르 시기와의 단절을 공표하며 이집트 우선주의의 목표 아래 친서방 외교, 자유 시장 경제, 다당제 도입, 이스라엘 인정 등 획기적인 정책을 추진했다. 1973년 사다트 정권은 제3차 중동전쟁에서 잃은 시나이반도Sinai半島를 되찾고자 이스라엘을 기습 공격해 제4차 중동전쟁을 일으켰다. 하지만 아무런 성과도 내지 못하고 유엔과 강대국의 휴전 압력에 응했다. 1977년 돌파구를 찾던 사다트 대통령은 미국 카터 정부의 중재로 캠프데이비드협정을 체결하고 이스라엘과 국교를 수립했으며 2년 후 시나이반도를 돌려받았다. 제한적이나마 정치 자유화를 도입한 사다트 대통령은 이슬람주의 운동을 제도권 내로 끌어들이려 했고 무슬림형제단의 지도부도 합법적인 정당 활동과 의회 진출을 준비했다. 형제단 지도부가 조직 개편으로 강경파를 배제하자 쿠틉의 사형 이후 급진주의에 경도된 하부 조직원들이 반발했다. 결국 1981년 과격주의 분파 중 한 명이 사다트 대통령을 살해했다.

1981년 사다트 대통령이 무슬림형제단의 급진주의 조직원에게 살해 당한 후 부통령인 무바라크가 뒤를 이어 취임하면서 이집트 전역에 계엄령을 내렸다. 무바라크는 2011년 아랍의 봄 혁명으로 물러날 때까지

30여 년간 이집트를 통치하며 계엄령을 유지해 공안 정국을 이어갔다. 국제사면위원회는 무바라크 정권에서 행해지는 불법감금과 고문을 지속해서 고발했다. 사다트 정권 시기에 제도권 활동을 잠시 경험한 무슬림형제단은 무바라크 정권 시기 내내 최대 야권 블록을 이루며 독재에 저항하고 대중의 지지를 얻었다. 1990년대 중반 형제단 내에서 젊은 세대가 주축이 된 개혁파가 부상해 민주주의와 양립할 수 있는 이슬람식 개혁을 제시하고 이슬람을 앞세운 테러 행위를 비난했다.

무슬림형제단 내 보수파와 개혁파의 갈등이 심화하면서 1996년 신진 개혁파의 일부가 형제단을 탈퇴해 중앙당을 새로이 결성했다. 40대 중반의 엔지니어 출신 활동가 그룹이 설립한 중앙당은 국민주권, 선거 경쟁, 다원주의, 여성과 이교도에 대한 평등사상이 이슬람에도 존재한다고 강조했다. 중앙당에 따르면, 이집트 인구의 약 10% 이상을 차지하는 콥트 기독교도 역시 동등한 정치 권리를 가지며 여성과 이교도 또한 이집트의 최고 수반이 될 수 있다.

2005년 총선에서 무바라크 정권이 무슬림형제단의 선거 참여를 또다시 금지하자 형제단의 개혁파는 선거 보이콧을 주장하는 보수파에 맞서 무소속 출마를 강하게 설파하고 결국 20%의 득표율로 88석을 차지해 최대 야권 조직이 됐다. 무바라크 정권이 선거 참여를 허락한 야당은 14석을 차지했다. 군사정권이 형제단 출신의 유력 후보를 체포하고 투표함을 빼돌리는 등 조직적인 선거 방해와 부정을 저질렀음에도 무슬림형제단은 크게 이겼다. 이후 무바라크 정권은 30명이 넘는 형제단의 대표 단원을 체포해 3~10년 형을 선고했다.

결국 아랍의 봄 혁명 이후 시행된 2012년 첫 민주 선거에서 무슬림형제단 출신 후보인 무르시가 대통령으로 당선됐다. 하지만 오랜 재야 생활로 국정 운영 경험이 없던 무슬림형제단 정부는 이슬람의 역할을 지나치게 강조하며 경제 살리기와 사회 통합을 신속히 이뤄내지 못했다. 결국 형제단 정부는 집권 1년 만에 군부 쿠데타로 쫓겨났다. 무슬림형제단이 온건하다며 비난하던 강경 이슬람주의의 살라피Salafiy 세력은 군부의 무슬림형제단 해산을 환영했다.

미국 타도를 외친 2세대 급진주의

1990년대에 이르러 이슬람주의 운동의 주도권은 1세대 원리주의에서 2세대 급진주의로 넘어갔다. 2세대 급진주의는 1990년~2010년대 전 세계를 무대로 이슬람 국가 건설을 위한 투쟁을 선포하고 반서구주의에 기반한 무력 사용을 주장하며 테러마저 허용했다. 알카에다로 대표되는 2세대는 1979년 소련의 아프가니스탄 침공에 맞서며 미국의 지원을 받기도 했던 이슬람 국제 무장 반군인 무자헤딘에 뿌리를 뒀다. 이슬람 급진주의 세력은 탈냉전 시기의 세계화 과정이 서구식 비즈니스와 소비 양식으로 무슬림 세계를 오염시키고 미국의 주도로 무슬림 민중에게 고통스러운 구조 조정을 부과하는 음모라고 주장했다. 그러고는 미국의 변심에 대항해 집요한 복수를 벌였다.

한편 과거 이슬람 원리주의를 표방했으나 이슬람 국가 건설의 목표를 폐기하고 제도권 내로 편입한 사례도 있다. 2000년대 초반에 등장한 튀르키예의 정의개발당은 국민주권, 선거 경쟁, 다원주의, 법과 질서, 시장경제의 지지를 선언하며 반서구 입장을 철회했다. 정의개발당은 창당 1년여 만인 2002년 총선에서 압승해 당시 10년 넘게 삐걱거리는 연립정부로 이어가던 불안한 정국에 마침표를 찍고 단일 정부 구성에 성공했다.

그 외에 이슬람주의가 친서구 권위주의 세속 정권에 반대하는 사회운동이나 국제 지하디스트 테러 조직의 형태가 아닌 한 나라의 기본 정치체제로 자리 잡은 예도 있다. 이란, 파키스탄, 아프가니스탄, 모리타니가 이슬람법인 샤리아와 공화주의를 혼합한 이슬람 공화국 체제를 공식적으로 채택했다.

아프가니스탄 전쟁과 무자헤딘의 성장

냉전이 한창이던 1979년 소련은 아프가니스탄의 친소 세력을 지원하려고 아프가니스탄 침공을 단행했다. 1973년 모함마드 다우드 칸 Mohammad Daoud Khan 장군이 쿠데타로 왕정을 무너뜨리고 아프가니스탄 공화국을 선포하자 사회주의 세력은 이를 지지했다. 그러나 새로운 기득권 세력은 곧 내부 권력 다툼을 벌였고 1978년 급진 성향의 사회주의 정당이 쿠데타를 일으켜 아프가니스탄 민주공화국을 설립했다. 위로부터 폭압적인 사회주의 개혁이 시행되자 전통 이슬람주의 세력과 무슬림 대중의 불만은 높아갔고 반정부 유혈 시위와 정국 불안정이 이어졌다. 아프가니스탄과 국경을 맞댄 소련은 친소 분파를 돕는다며 전쟁을 시작했고 이에 맞서 이슬람의 깃발 아래 여러 세력이 연합해 저항에 나섰다.

사회주의 무신론자에 맞서려고 이슬람 성전인 지하드 jihād에 참여한 이들 저항 세력은 아프가니스탄 내 다양한 부족인 파슈툰족, 타지크족, 우즈베크인, 하자라족뿐 아니라 사우디아라비아, 이집트, 알제리, 요르단, 파키스탄 등 이웃 무슬림 국가에서 건너온 이슬람 전사(무자헤딘)를 포함했다. 이후 무자헤딘은 소련의 아프가니스탄 침공에 맞서 싸우는 이슬람 세계의 무장 반군을 칭하는 고유명사가 됐다. 미소美蘇 이데올로기 경쟁이 극심하던 시기, 미국은 공산주의 봉쇄의 하나로 이들 급진 이슬람 저항 세력인 무자헤딘을 도왔고 사우디아라비아와 걸프 산유국은 자금을 댔다. 미국과 사우디아라비아는 1989년 소련이 아프가니스탄에서 철수할 때까지 국제 지하디스트인 무자헤딘을 지원했다. 소련은 약 10년간 천문학적인 비용과 병력을 잃은 뒤 아프가니스탄 전쟁에서 패퇴했고 이후 내리막길을 달리더니 결국 해체됐다.

1세대 원리주의 그룹이 국내에서 사회 변혁에 매진했다면 소련의 아프가니스탄 침공 이후 이슬람주의 운동의 동력은 국경을 초월해 아프가니스탄에서 지하드를 수행하는 무자헤딘으로 옮겨갔다. 이슬람주의 운동의 2세대는 최초의 국제 지하디스트 세대의 탄생과 함께 출발했다. 사우디아라비아 출신의 빈라덴 역시 이 시기 아프가니스탄으로 넘어와 소련에 대항한 무자헤딘이 됐고 1988년 알카에다를 조직했다.

그런데 소련이 몰락하고 냉전이 끝나자 미국은 이들 무자헤딘에 대한 지원을 끊었고 배신감을 느낀 국제 지하디스트는 과거의 후원자인 미국을 향한 복수를 준비했다. 타국에서 건너와 아프가니스탄 성전에서 무신론자인 소련을 쫓아내고 금전적 보상도 받으며 국제 지하디스트 연대의 승리를 만끽한 아랍 출신 무자헤딘은 10만~35만 명에 달했고 다음 성전聖戰 현장을 물색했다.

빈라덴이 세운 알카에다는 전투 경험이 풍부한 아랍 무자혜딘의 잔류 세력을 대거 수용하고 국제 지하디스트로서 싸울 젊은이를 여러 무슬림 국가에서 충원했다. 급진적인 강경 와하비즘에 기반한 알카에다는 한때 후원자였던 미국을 악의 제국으로 규정한 후 대대적이고 치밀한 테러를 벌였다. 1993년 세계무역센터 폭탄 테러, 1998년 케냐와 탄자니아 내 미국 대사관 동시 폭탄 테러, 2000년 미국 구축함인 USS 콜함Cole艦 자살 폭탄 테러 사건이 이어졌다. 탈냉전 시기에 사회주의 진영 대신 이슬람 급진주의 세력이 미국을 조준하고 국제 질서를 위협하며 부상하자 미국은 재빠르게 이들을 향한 봉쇄 정책을 펼쳤다. 2세대 이슬람 급진주의 세력은 때 묻지 않은 순수한 초기 이슬람 제국 시기의 칼리프 국가를 건설하고 서구와 비이슬람 잔재를 없앤다며 폭력 사용과 테러 불사를 주장했다. 결국 알카에다는 더 나아가 미국 본토에서 9·11 테러를 일으켰다.

아프가니스탄의 파슈툰족이 주도해 1994년에 조직한 이슬람 급진주의 조직인 탈레반이 9·11 테러를 지지했다. 타락한 물질문명과 쾌락주의에 반대하는 탈레반은 이슬람 교리를 교조적으로 해석해 공개 참수, 절단, 태형을 일삼고 특히 여성을 심각하게 억압했다. 과거 탈레반 집권 시기(1996-2001)에 아프가니스탄 여성은 교육을 받을 수 없었고 공적 영역에서 철저히 배제됐다. 유엔을 비롯한 국제 원조 기구가 아프가니스탄 여성에게 일자리를 제공했으나 탈레반이 법으로 금지했다. 화장, 커트, 손톱 손질이 금지됐고 부르카를 입지 않거나 크게 웃거나 혼자 이동해도 가혹한 처벌을 받았다. 냉전 시기 미국은 자국 이익을 우선시하는 이중 잣대와 잦은 정권 교체로 일관성 없는 대외 정책을 실

시했고 결국 알카에다와 탈레반이라는 괴물을 키웠다는 평가가 존재
한다.

미국 본토에 비수를 날린 알카에다

9·11 테러를 행한 알카에다 대원 19명 중 15명이 사우디아라비아,
2명이 아랍에미리트 출신이었다. 이들은 급진 와하비 세력으로 미국뿐
아니라 미국과 우호 관계를 맺은 사우디아라비아와 아랍에미리트 왕
정 역시 공격 대상이라고 선언했다. 미국과 마찬가지로 걸프 산유 왕정
은 소련의 아프가니스탄 철군 이후 지하디스트 무장 세력에 대한 금전
적 지원을 중단했다. 2003년 알카에다는 사우디아라비아의 수도 한복
판에서 대규모 테러를 일으켰다.

1세대 원리주의자 대다수는 고등교육을 받은 중산층 무슬림 출신

알카에다의 9·11 테러로 폭발이 일어난 세계무역센터 2동(왼쪽) 건물. 항공기 테러를 당한 1동과 2동 건물이 완전
히 무너지면서 주변 건물의 붕괴로 이어졌다. 9·11 테러는 미국뿐 아니라 전 세계를 충격에 빠트린 사건이었다.

으로 자국의 독재 정권을 주적으로 삼았다. 반면 더 다양한 출신 배경을 바탕으로 한 2세대 급진주의자들은 활동 무대를 국외로 넓혔으며 패권 국가인 미국을 핵심 공격 대상으로 삼았다. 2세대 급진주의 세력은 1세대 그룹보다 더 교조적으로 이슬람을 해석하고 타 문화에 대한 포용력이 낮으며 지나치게 폭력적이었기 때문에 무슬림 일반 대중에게 지지를 얻지 못한 채 사회적 기반이 취약한 비주류 운동에 머물렀다.[42]

이슬람주의 운동의 부상과 변형은 아랍 민족주의의 쇠퇴와도 맞물렸다. 1950~1960년대 아랍 국가는 비동맹 사회주의 공화국과 친서구 보수 왕정으로 양분됐다. 공화국과 왕정의 대립은 1978년 이집트의 캠프데이비드협정 체결 이후 대이스라엘 강경국과 온건국 간의 대결로 변했다. 아랍 민족주의의 상징인 이집트의 변심으로 실망과 회의가 확산하면서 민족이 아닌 무슬림의 정체성을 강조하는 이슬람주의가 떠올랐다. 1980년대 내내 이어진 이란과 이라크 간 전쟁을 둘러싸고 반미 이슬람주의가 선동의 핵심 구호로 자리를 잡으면서 아랍 민족주의는 더욱 설득력을 잃어갔다. 아랍 국가인 이라크와 이란이슬람공화국의 전쟁을 둘러싸고 대이스라엘 강경국인 시리아, 리비아, 예멘, 알제리는 미국 공화당 정부의 지원을 받던 아랍 형제국 이라크에 반대하며 이란을 지지했다. 1990년에 발발한 걸프 전쟁을 기점으로 1990년대에는 아랍 내부의 갈등이 더 깊어졌다. 이라크가 아랍 형제국인 쿠웨이트를 침공하자 요르단과 팔레스타인해방기구는 이라크를 두둔했지만 아랍 민족주의는 아무도 믿지 않는 공허한 구호가 됐다.

2001년 9·11 테러 직후 미국은 아프가니스탄에 숨어 있던 알카에다의 우두머리 오사마 빈라덴의 신병을 원했으나 탈레반 정권은 이를 거절했다. 미국은 바로 테러와의 전쟁을 시작해 탈레반을 몰아냈다. 2011년 미국 특수부대는 파키스탄에 숨어 지내던 빈라덴을 사살했으며, 알카에다의 나머지 핵심 멤버는 미국 교도소에 갇혀 있다.

경악할 폭력성을 띠는 3세대 극단주의

테러를 비즈니스화시킨 ISIS의 잔혹성

2014년 ISIS가 등장하면서 2세대의 폭력을 뛰어넘는 3세대 극단주의 세력이 부상했다. ISIS는 폐쇄적이고 맹목적인 이슬람주의를 병적으로 내세우며 초국제 비즈니스 수익 모델을 추구했다. 또 자신에게 동조하지 않으면 같은 수니파 무슬림에게도 무차별 폭력을 행사했다. ISIS는 IS(Islamic State, 이슬람 국가), ISIL(Islamic State of Iraq and the Levant, 이라크 레반트 이슬람 국가), Daesh(다에시, 이라크 레반트 이슬람 국가의 아랍어 머리글자이자 '밟는다', '부수다'의 아랍어와 비슷하게 발음)라고도 불린다. 이 가운데 중동 사람은 극단주의 테러 집단이 자신을 칭하는 명칭인 'IS' 대신 '다에시'로 부르기를 선호한다. 2015년 당시 오바마 정부는 ISIS 대응 고위급 국제회의에서 ISIS를 칭할 때 이슬람이란 단어를 빼고 폭력적 극단주의 세력으로 부르자고 했다.

2003년 미국은 이라크의 후세인 정권이 알카에다를 지원하고 대량 살상 무기를 보유한다며 아프가니스탄 전쟁에 이어 두 번째 전쟁을 외쳤다. 뒷받침할 증거는 없었다. 아랍 사회주의를 내세운 후세인 독재 정권은 급진주의 테러 단체인 알카에다와 경쟁 관계였다. 유엔 무기 사찰

단은 이라크에서 대량 살상 무기를 못 찾았다고 공식 발표했다. 프랑스가 개전에 적극 반대하고 독일과 캐나다도 비판적이었다. 중동의 대표 우방국인 사우디아라비아 역시 이라크 침공은 지옥문을 여는 것이라며 말렸다. 백악관 국가안전보장회의에서 '알카에다의 공격을 받았다고 이라크를 폭격하는 것은 일본의 진주만 공격을 받고 멕시코를 침공하는 것과 같다'는 말까지 나왔다.

그럼에도 당시 딕 체니Dick Cheney 부통령과 도널드 럼즈펠드Donald Rumsfeld 국방부 장관 같은 네오콘neocon은 듣지 않았다. 세계 초강대국인 모국의 심장부를 강타당한 절체절명의 위기에서 벗어나려면 웬만한 위험은 감수해야 한다고 했다. 미국의 건재를 과시하고 애송이 악당 무리에게 교훈을 가르치려면 순진한 유엔이나 유럽의 의견 따위는 우스웠다. 이들 매파에게는 전쟁을 안 했을 때의 손실이 이득보다 훨씬 컸다. 이라크가 산유국이라서 국제 원유 시장이 요동치겠지만 잠시 감수해야 할 손해일 뿐이었다. 네오콘은 속전속결이라는 과신에 치우쳤다. 복수심과 애국심에 불타는 일반인은 프랑스가 괘씸했다. 부시 대통령의 지지 기반인 텍사스주에서는 프렌치프라이를 '프리덤 프라이freedom fries'로 부르자고 요란을 떨었다. 텍사스주의 아웃라이어outlier이자 진보 도시인 오스틴Austin의 프랑스 골동품 가게에는 시 외곽의 목장 주민들이 몰려와 스프레이를 뿌려댔다. 세계 여러 곳과 미국 대학가에서 거센 반전 시위가 이어졌으나 부시 정부는 전쟁을 감행했다.

이라크 전쟁은 혼돈의 판도라 상자를 열어젖혔다. 미국은 이라크에서 전후 안정화에 실패해 잔혹한 종파 분열을 부추겼고 결국 극단주의 테러 집단인 ISIS라는 괴물을 키웠다. 일당독재 시절의 인력을 무차별 숙청하면서다. 철권통치 아래서 유능한 인재가 후세인의 정당인 바아트당에 가입하는 것은 강제에 가까웠다. 후세인과 집권층이 소수 수니파 출신이었던 까닭에 이라크 전쟁 이후 전체 인구의 35%인 수니파가 잠재적 숙청 대상이었다. 미국의 '탈-바아트당De-Baathification' 정책은 국가 재건의 인력 충원 과정에서 심각한 갈등을 일으켰다.

처벌받고 숙청당한 수니파는 저항 세력을 조직하고 2003년 말부터 미군을 상대로 자살 폭탄 테러와 저강도 게릴라전을 벌였다. 2001년에 전쟁을 시작한 아프가니스탄에서 전후 안정화 정책의 중요성이 빠르게 떠올랐으나 이라크에 적용하기에는 이미 시기를 놓친 후였다. 현지 주민의 거센 반발에 부딪힌 미국은 2005년부터 공격적인 군사작전 대신 금전적 보상을 제공해 협조를 구하는 주민 친화적 병력 운용 방식을 도입했다. 이라크 전쟁을 강행한 럼즈펠드 국방부 장관과 폴 올포위츠 Paul Wolfowitz 부장관이 2006년 말에 자리에서 물러난 후, 미국 국방부도 전투가 아닌 안정화 정책의 성패가 이라크 전쟁의 승리를 좌우한다고 인정했다. 이에 후세인 정권에서 군인과 경찰로 일하던 수니파 다수가 전향해 미군에 협조하고 '이라크의 아들Sons of Iraq' 이라는 민병대를 조직해 알카에다의 이라크 지부와 시아파 민병대의 공격으로부터 수니파 주민을 보호했다. 2007년 증파된 미군은 10만여 이라크의 아들 대원과 함께 알카에다 소탕 작전을 효과적으로 수행했다. 미국은 수니파 민병대가 이라크 정규군과 경찰 시스템 안으로 편입되도록 시아파 중앙정부와 협상을 맺었다.

그러나 2006년에 들어선 알말리키 시아파 정부는 취약한 신흥 민주주의 체제에서 미국의 종파주의 탈-바이트당 정책을 적극 소환했다.

시아파 정부의 탄압을 피해 수니파 주민의 절반인 450만여 명이 이웃 나라로 피하거나 고향을 등지고 난민으로 떠돌았다. 미군을 상대로 자살 폭탄 테러를 벌이던 수니파 무장 세력은 시아파 민병대와도 싸웠다. 미국에서 오바마 정부가 들어서자 2011년 이라크 주둔군이 철수했고 이라크는 더 깊은 수렁에 빠져들었다. 수니파 민병대의 통제권을 넘겨받은 시아파 정부는 민병대원 다수를 테러리스트라는 죄목으로 감옥에 보냈고 급여 지급을 중단했다.

후세인 정권 시절에 군경 출신이었던 수니파 민병대원은 실업자 신세가 된 후 이웃 나라로 피신해 그곳에서 이슬람 극단주의 조직에 가입했다. 이라크에서 형기를 마치고 출소한 바아트당 출신도 옛 조직원을 모은 후 수니파 극단주의자와 손을 잡았다. 아랍 사회주의를 내세운 바아트당 당원과 교조주의 지하디스트는 공존하기 어려웠지만 수니파 숙청에 앞장선 시아파 정부라는 공동의 적 앞에 연대를 맺었다. 알카에다 이라크 지부로 출발해 전 세계를 공포로 몰아넣은 빌런인 ISIS가 태동한 것이다. 시아파 정부의 차별과 폭압에 진저리가 난 수니파의 원로 그룹은 ISIS의 부상과 이라크의 분열을 방관했다.

2014년 이후 2세대 급진주의 그룹을 뛰어넘는 3세대 극단주의 테러 조직 ISIS가 급부상했다. ISIS는 시리아 내전의 혼란을 틈타 북동부 도시 락까를 수도로 삼아 이슬람 국가 수립을 선언하고 이라크의 도시 모술도 주된 근거지로 삼았다. 1940년대 부상한 1세대는 반독재, 1990년대 등장한 2세대는 반미를 주장했으나 3세대 이슬람 극단주의 집단인 ISIS는 예언자 무함마드(Muhammad, 마호메트)가 7세기에 세웠던 초기 이슬람 제국 시대로 돌아가자면서 제국주의의 이익에 따라 완성된 중동의

2016년 이라크 군인이 ISIS 격퇴전에서 노획한 ISIS 깃발을 당시 조지프 던퍼드Joseph F. Dunford 미 해병대 장군에게 선물했다.

현재 국경선을 해체하고 단일 수니파 이슬람 국가 수립을 목표로 내세웠다. 여성의 지위와 역할을 극도로 제한하며 소수 종파인 시아파 이슬람에 지극히 적대적이었다. 세속주의 독재자도 서구도 아닌 시아파 이슬람과 타 종교를 주된 공격 대상으로 삼고 수니파라도 협조하지 않으면 참수, 화형, 수형 등의 여러 방식으로 가차 없이 잔인하게 처벌했다. 따라서 ISIS 폭력의 가장 큰 피해자는 무슬림이었다. 2014년 10월 ISIS는 수니파 다수 지역인 이라크 서부 안바르Anbar의 주민이 비협조적이라는 이유로 여성과 어린이를 본보기로 처형해 수니파 무슬림의 공분을 샀다. ISIS는 2세대를 대표하는 지하디스트인 알카에다가 절연을 선언했을 정도로 극악무도했다.

인터넷이 조직원을 모집하는 창구

ISIS는 초국제화 특징을 지닌 다국적, 다인종, 다언어 집단이었다. 조직원이 90여 나라에서 모여들었고 2만여 명에 이르는 외국인 전투원의 상당수가 서구 출신이었다. 세계 각지에서 인터넷 극단주의 대화방으로 몰려든 ISIS 외국인 전투원 중 몇몇은 자체 트위터 앱을 개발하고 완성도 높은 선전물을 영어로 제작해 SNS에 마구잡이로 뿌렸다. ISIS의 홍보전은 전 세계 젊은이의 관심을 끌었고 그 가운데 '외로운 늑대'를 비롯한 많은 청년이 자생적 테러리스트가 되거나 외국인 전투원으로 시리아에 들어왔다. ISIS 외국인 전투원은 이슬람의 이름을 빌려 분노를 폭발했지만 아랍어를 몰라 《쿠란》을 읽지도 못했다. 수감 중이던 알카에다 조직원이 옆방에 새로 들어온 ISIS 대원을 보며 이슬람에 대한 기본 지식은 물론, 정치와 사회에 진지함이 전혀 없는 것에 놀랐다는 에피소드가 한둘이 아니다.

ISIS는 매우 잔인한 동시에 비즈니스 수익 모델에 밝은 기업형 테러 조직이었다. 점령 지역에서 도그마적인 이슬람 해석에 바탕을 두고 법과 제도를 실행하고 열악한 공공 서비스를 홍보하면서 '국가'라고 주장하거나 연말 결산 보고서를 발표하기도 했다. 원유와 유물을 밀매하고 인질의 몸값을 출신국마다 차등을 두고 받아냈으며, 강압적으로 세금을 징수해 여타 테러 집단과는 비교할 수 없을 만큼 재정이 풍부했다. 초창기 ISIS의 효과적인 조직 운영은 후세인 정권에서 국정 운영 경험을 충분히 쌓은 다수의 행정 관료와 군 장교가 극단주의 테러 단체의 지도부를 장악했기에 가능했다.

ISIS가 세기말적 괴물이자 MZ 세대의 빌런으로 부상하게 된 배경으로 인터넷에서 이뤄지는 집단의 극단화 및 인터넷 평등주의 확산을 들 수 있다. 이러한 점은 ISIS의 초국제화 특징을 이해하는 열쇠다. 아랍의 봄 혁명에 촉매제 역할을 했던 SNS는 ISIS 탄생의 훌륭한 도구이기도 했다. 9·11 테러 이후 전 세계적으로 테러와의 전쟁이 일어나자 급진주의에 동조하는 이들은 지하로 숨어들었고 안전한 소통 방식을 찾아 인터넷으로 모여들었다. 그 후 이슬람 극단주의와 테러리즘에 관련된 채팅방과 토론방이 폭발적으로 늘어났다.

여느 극단주의 추종 세력과 마찬가지로 이슬람 극단주의와 테러리즘에 관심을 둔 이들은 구미에 맞는 대화방을 선택해 동질감을 확인한 후 사회를 향한 불특정 분노를 결집했다. 인터넷의 특성상 극단적 생각에 동의하지 않는 다수는 침묵을 지키거나 대화방에서 나가버리기 때문에 비슷한 생각을 가진 극단적 소수만 남아 세상의 많은 사람이 자신과 같은 생각을 한다고 확신한다. 이러한 현상을 '에코 체임버 echo chamber 효과'라고 하는데, 소리가 퍼지지 않고 되돌아오도록 만든 에코 체임버 혹은 반향실 내 소리는 갇힌 공간 안에서 증폭되고 왜곡되기 마련이다. 극단주의를 추종하는 대화방에서 온건한 입장은 밀려나고 소수의 편협한 의견이 폭발하면서 더 폐쇄적이고 왜곡된 극단주의적 의견이 집단으로 생산됐다.

ISIS 조직원은 인터넷에서 스스로 극단주의에 빠져 제 발로 가입했다. 조직 수뇌부가 직접 나서 오랜 시간 공을 들여 조직원을 일일이 선별하고 모집하던 과거의 2세대와는 사뭇 다르다. 알카에다 지도부가 조직원 한 명을 충원하려고 그간 눈여겨본 대상을 찾아가 고민을 들어주며 일대일 밀착 포섭을 시도했다면, ISIS는 SNS로 사람을 모집한다. 2000년대 초까지 이슬람 테러 조직의 네트워크에서 대면과 소통이 중요한 역할을 했지만 2000년대 말에 이르러서는 인터넷이 조직 구성에서 결정적인 위치를 차지했다.[43]

모집 체계의 변화는 상향식 의사 결정 문화로 이어졌다. 인터넷에서 혼자 학습하고 자발적으로 조직에 들어온 만큼 ISIS 조직원은 지도부의 권위, 명령 체계, 위계질서를 존중하지 않았다. 인터넷 평등주의가 ISIS의 조직 문화였고 이런 요소는 탈중앙화를 촉진했다. 지도부 역시 조직을 유지하려면 자발적으로 참여한 구성원의 의사를 존중해야 했다. 일사불란한 지휘 체계가 작동하던 2세대 급진주의 알카에다와 다른 점이다. ISIS의 등장 이후 지하디스트 조직 내 상하 간 소통 방식이 크게 바뀌었고 거점별로 분점화 현상이 두드러졌다. 상향식 조직의 특성상 하부 조직의 목소리가 훨씬 컸던 ISIS는 중앙 지도부의 통제 없는 산발적 테러로 유명했다. 지도부 역시 독자적으로 테러를 저지른 뒤 중앙에 보고하는 '선 테러, 후 보고' 시스템을 인정해 왔다. ISIS의 개별 전투 또한 중앙 지도부의 명령 체계와는 무관하게 하층부에서 독단적으로 이뤄질 때가 많았다. 이들의 신출귀몰 테러는 언제 어디서 다음 공격이 일어날지 가늠할 수 없게 함으로써 전 세계를 공포로 몰아넣었다.

2014년 ISIS가 시리아와 이라크 일부를 장악해 칼리프 국가 수립을 선언하자 미국은 60여 동맹 우방국과 함께 국제 연합 전선을 조직했다. 우리나라도 비전투 지원에 참여했다. 반ISIS 국제 연합 전선은 2017년 말에 시리아 락까, 2018년 초에 이라크 모술을 탈환한 후 ISIS 패퇴를 선언했다. ISIS의 수장 아부 바크르 알바그다디Abu Bakr al-Bagdadi는

2019년 미군의 공습으로 사망했고 ISIS 포로 수만 명은 시리아 북부의 쿠르드계 자치 지역과 이라크의 수용소에 수용돼 있다. 반ISIS 국제 연합 전선은 여전히 활동 중이며 회원국이 늘어나 2023년 현재 80개 국가와 5개 기구로 이뤄진다. 3세대 지하디스트 극단주의 테러가 언제 어디서 또 일어날지 모르기 때문이다.

통제 불능의 테러를 일삼는 IS-K의 등장

2021년 미군의 아프가니스탄 철수 후 폭발한 혼란을 틈타 ISIS는 'IS-K Islamic State-Khorasan'란 이름으로 등장했다. 호라산Khorasan은 아프가니스탄 북부, 이란 북동부, 투르크메니스탄 남부를 포함하는 지역으로 고대 페르시아어로 '해 뜨는 땅'을 뜻하는데, IS-K는 ISIS의 아프가니스탄 지부를 자처했다. 미군이 철수하고 탈레반이 아프가니스탄을 다시 장악하자 주변 지역에 흩어져 있던 알카에다와 ISIS 추종 세력이 아프가니스탄을 국제 지하디스트의 해방구로 여기며 속속 입성했다. 시리아·예멘·소말리아의 알카에다 연계 조직, 레바논의 헤즈볼라, 가자지구의 하마스는 축하 성명을 잇달아 발표하며 미국의 패배와 탈레반의 귀환에 환호했다.

이때 IS-K는 전 세계의 이목이 쏠리는 시기를 놓치지 않았다. 2021년 8월 아프가니스탄에서 미국의 철군이 끝나자마자 탈레반은 수도 카불을 접수했다. 탈레반은 미국을 비롯한 국제사회 주요국에 2주간의 민간인 철수 기한을 제시했고 여러 나라는 필사의 대피를 서둘렀다. 급박한 탈출이 절정을 이루던 8월 26일, IS-K가 카불 공항에서 대담한 자살폭탄 테러를 감행했고 미군 13명과 아프가니스탄인 170명이 사망했다.

IS-K는 탈레반에서 떨어져 나온 극단주의 분파로서 미국과 거래를 한 탈레반을 유약한 배신자라며 비난했다. 미국이라는 공동의 적이 사라진 후 아프가니스탄 내에서는 탈레반, 알카에다, IS-K 간의 주도권 다툼이 일어났고, 이 가운데 가장 극단적인 IS-K가 선제적 행동에 나서며 영향력을 가장 빠르게 키웠다. 이들 조직의 목표는 극단주의 사상을 수출해 존재감을 과시하고 이슬람 극단주의를 따르는 추종자를 최대한 많이 끌어들이는 것이다.

이들은 같은 해 9월에도 아프가니스탄 동부 잘랄라바드Jalalabad에서 연쇄 폭탄 테러를 일으켰다. 이어 10월에는 탈레반 대변인 모친의 카불 장례식장, 북부 쿤두즈Kunduz의 시아파 사원, 남부 칸다하르Kandahar의 시아파 사원에서 자살 폭탄 테러를 일으켜 250명이 넘는 사상자가 발생했다. 2022년에도 카불 한복판에서 자살 폭탄 테러를 여러 번 일으켜 탈레반 정권의 권위를 정면으로 겨냥했다. 테러의 희생자 대부분이 아프가니스탄 무슬림 민간인이지만 극단주의자에게는 상관없다. 순수한 이념의 가면을 쓰고 잔혹함을 과시하는 게 중요할 뿐이다.

더구나 탈레반 지도부의 포용 통치 선언과는 달리 하부 조직원은 곳곳에서 독자적으로 민간인을 향해 무자비한 폭력을 행사했다. 젊은 대원이 IS-K로 이탈할 것을 우려하는 탈레반 지도부는 이러한 일탈을 묵인했고 지도부의 장악력은 흔들렸다. 탈레반 수뇌부가 정상 국가를 운영하겠다고 밝힌 상황에서 조직원 이탈이라는 압박에 처한 것이다. 탈레반 지도부가 하부 조직에 대한 통제력을 잃어가고 내홍에도 시달리면서 정국 불안이 이어지자 가장 극단적인 ISIS가 연쇄 테러로 존재감을 빠르게 키웠다. 2014년부터 2017년까지 시리아와 이라크가 ISIS의 무대였다면 2021년 이후 그 장소가 아프가니스탄으로 넘어왔다.

ISIS는 거점 지역인 시리아와 이라크에서 조직의 내분과 수니파 토착 세력의 반발로 쇠퇴의 길을 걷다가 반ISIS 국제 연합 전선에 패퇴했다. 초창기 ISIS의 지도부 내에 존재하던 후세인 통치 시절의 바아트당 출신 세속주의자와 교조주의 지하디스트 간의 연대는 종파 분열을 부추긴 미국과 알말리키 시아파 정부라는 공동의 적 앞에 일시적으로 유지됐을 뿐이다. 또 ISIS 세력 확장의 근본 원인은 역설적으로 핵심 지도부의 낮은 조직 장악력에 있었다. 실제로 지도부는 행동대원을 컨트롤하지 못하고 끌려다녔다. ISIS 지도부가 몰락했으나 격퇴를 자축하기에는 아직 이른 이유이기도 하다. 실제로 현재 ISIS의 아프가니스탄 지부를 자처하는 IS-K가 등장해 탈레반과 주도권 다툼을 벌이면서 존재감을 과시하고 하부 조직원을 더 끌어들이기 위해 잔혹한 테러를 이어가고 있다. ISIS가 시리아와 이라크에 나타났을 때도 이런 현상은 있었다. 여러 극단주의 조직이 병립한 가운데 하부 조직원은 어제는 알카에다, 오늘은 ISIS로 옮길 정도로 유동적이었다.

중동 이슬람 세계의 시민은 더 이상 이슬람주의 운동을 지지하지 않는다. 50여 년 전 변혁의 희망을 안겨주기도 했으나 오늘날 지금의 극단주의 빌런에게 사상적 뿌리를 제공했기 때문이다. 세속 자유주의와 아랍 사회주의의 실험에 이어 이슬람주의 대안마저 실패한 시민에게 안정의 길은 멀기만 하다.

비대칭 틈새 공격인
'테러'의 공포

테러리즘의 본질과 변화 양상

'테러리즘'이란 국가가 아닌 단체가 정치적 의도를 가지고 민간인에게 위해를 가해 공포를 불러일으키는 행위다. 2001년 9·11 테러 직후 미국의 발의로 통과된 유엔안전보장이사회 결의안 1373호는 민간인을 상대로 상해를 입히거나 인질로 잡는 등의 위해를 가함으로써 정부, 조직, 대중에게 특정 행위를 강요하려는 의도를 가진 범죄행위로 정의한다. 우리나라의 국가 대테러 활동 지침에 따르면 정치·사회적 목적을 가진 개인이나 집단이 그 목적을 달성하거나 상징적 효과를 얻으려고 국가 안보 또는 공공의 안전을 위태롭게 하는 불법행위다.

테러리즘의 본질은 '보여주고 드러내는' 속성에 있다. 많은 사람의 살상보다는 많은 사람의 시선을 *끄*는 것이 더 중요하다. 따라서 테러 조직은 요인 암살과 같은 직접적인 폭력과 이에 따른 즉각적인 효과보다는 최대한 이목을 끌면서 대중의 공포심을 극대화하는 폭력을 활용해 정치적 목적을 강제하는 것을 목표로 삼는다. 이들이 민간인을 희생해 존재를 과시하며 심리적 충격을 유발하는 것은 치밀한 계획으로 이뤄진 계산된 행동이다.

다른 범죄도 흉악하고 두렵기는 마찬가지이지만 테러 행위와는 구분된다. 유대인을 말살하려던 나치의 범죄행위는 민간인 대량 학살이다. 반정부 단체가 정부의 정책에 항의하며 기물을 파손했으나 사람에 직접 피해가 가지 않았다면 테러 행위가 아니다. 반체제 무장 조직이 군사 시설로 사용되는 호텔에 폭탄을 터뜨려 사람이 죽었을 때 비록 민간인 피해자가 나왔더라도 무장 시설을 공격했기에 테러가 아닌 전투로 간주한다.[44] 버스를 타면 볼 수 있는 '버스 운전기사 폭행, 테러와 같습니다'의 캠페인 문구도 이론적으로는 틀렸다. 많은 사람의 안전을 위협하는 불법행위지만 정치적 의도가 없는 우발적 행동이기 때문이다.

ISIS의 테러는 무엇이 다른가

국제 질서에 가장 큰 위협으로 떠오른 이슬람 극단주의 테러 집단인 ISIS의 폭력 행위는 기법, 목표, 전략적 논리에서 테러리즘의 전통 범주에 속한다. 이들은 자살 폭탄이나 무차별 총격 테러를 벌인 후 재빨리 배후를 선언해 시선을 한 몸에 받는다. 인질을 잔혹하게 처형하고 충격적인 동영상을 유포해 공포감을 극대화하며 세계의 이목을 끌어 존재감을 부각한다. 이어 영불 제국주의가 만든 현재의 중동 국경선

해체와 단일 이슬람 국가 건설이라는 조직의 목표를 잊지 않고 외친다.

테러리즘이 지닌 전략적이고 계산된 의도를 가장 잘 보여주는 사례는 바로 자살 폭탄 테러다. 자살 폭탄 테러는 분노에 찬 이슬람 광신도 개인이 영웅주의에 빠져 무분별하게 벌이는 단독 행동이 아니다. 테러 조직의 지도부가 뚜렷한 정치적 목적을 달성하고자 낮은 비용 대비 높은 효과 달성의 전략적 논리를 충실히 따르는 선택이라고 봐야 한다. 자살 폭탄 공격은 '자살 폭탄 조끼'의 착용만으로도 큰 피해와 극적인 효과를 내며 언론에 크게 보도된다. 또한 시한폭탄보다 정교하며 비행기 납치보다 성공 가능성이 크다. 게다가 자살 폭탄 공격 대원이 현장에서 사망하기 때문에 조직원 구출 전략을 마련할 필요가 없고 정보 유출의 위험도 거의 없다는 점에서 매우 합리적인 전략이다. 흔히 자살 테러는 이슬람 급진·극단주의 조직의 전유물로 알려져 있으나 지금껏 일어난 자살 테러의 절반 이상은 세속 마르크스주의 조직이 행했다. 전 세계에서 자살 테러를 가장 먼저 가장 많이 일으킨 조직은 마르크스주의에 기반한 분리주의 단체인 스리랑카의 타밀Tamil 반군이다. 이들이 행한 자살 폭탄 공격은 이슬람 급진주의 집단인 하마스나 이슬람 지하드의 자살 테러보다 더 많다.

물론 테러 집단의 지도부는 종교를 조직원 충원의 도구로 십분 활용한다. 이슬람은 무슬림 공동체가 저항을 조직할 때 매우 효과적인 상징적 구심체로 작용하며 물리적 탄압에 맞설 수 있는 도덕성을 부여하기 때문이다. 무슬림 공동체 내의 격려와 지지뿐 아니라 같은 신념을 공유한 동지로부터 순교자로 칭송받는 심리적 보상은 이슬람 급진주의 단체의 지도부가 무슬림 대중을 가장 쉽게 동원할 수 있는 요소다. 이러한 자살 폭탄 테러의 정치적 목표는 대체로 외세 점령과 연관이 있다. 테러 단체 대부분이 자신의 영토를 점령한 외부 침략자 축출과 영토 회복을 조직 최고의 목표라고 주장한다.[45]

테러 공격은 냉전 이후 크게 늘었다. 냉전 시기에는 힘을 보유한 쪽이 강대국이었다면 탈냉전 시기에는 초국가 테러 단체가 강대국을 상대로 힘의 정치를 주도한다. 경제력이나 군사력이 약한 국가 출신이 모여 강대국을 향해 테러와 같은 비전통적 수단으로 타격을 주면서 힘의 열세를 극복하려 한다. 테러는 역량이 약하지만 그래서 잃을 것도 적은 쪽의 비대칭 틈새 전략이다. 독재 정권이 주로 모여 있는 약소국과 달리 개방적 구조에서 자국민 보호 책임을 중시하는 민주주의국가는 테러 집단의 공격에 태생적으로 취약할 수밖에 없다. 정부가 국민 개인의 자유와 공동체의 안전을 동시에 보장해야 해서 테러리스트의 쉬운 표적이 된다. 다원주의에 기반한 열린 시스템 때문에 개인 권리를 침해할 수 있는 감시 기제가 작동하기도 어렵기 때문이다. 테러 조직은 여론이 선거에 미치는 지대한 영향을 악용하기도 한다.

ISIS로 대표되는 극단주의 세력의 시대가 도래한 이상, 민주사회의 적인 테러를 격퇴하려면 불편을 감수해야 하는 상황이 '뉴노멀new normal'로 등장했다. 2015년 ISIS 조직원 다수가 프랑스 파리에서 동시 다발적인 연쇄 테러를 일으켜 130여 명의 희생자를 냈다. 이에 프랑스 정부는 국민의 자유를 제한하는 비상조치를 내렸고 닷새 만에 추가 테러를 모의하던 용의자를 검거했다. 민주주의 사회에서 안전과 자유를 동시에 보장하는 것이 갈수록 어려워진다는 불편한 사실이 드러났다. 미국의 외교정책 결정 과정에서는 고립주의의 목소리가 높아졌다.

테러 발생의 원인이 타국에 군대를 주둔시키는 데 있다며 동맹국에 주둔 중인 미군의 철수 여론이 확산됐기 때문이다.

'점령당한' 쪽이 '점령한' 쪽을 대상으로 벌이는 공격이고 어느 정도 정치적 대의를 지닌다고 하더라도 테러 행위의 진위는 정치적 목표와 원인이 아닌 폭력 행위 자체로 판단해야 한다. 목적은 수단을 정당화할 수 없다. 모든 테러리즘은 확고한 정치적 목표를 가진다. 테러 조직은 국제사회의 이목을 집중시키고 공포감을 극대화하고자 수단과 방법을 가리지 않는 폭력 행위를 행사하며, 이때 대의를 내세운 합리화는 결코 성립될 수 없다.

ISIS 테러리즘의 확산과 북한의 움직임

이슬람 극단주의 테러리즘이 확산하면서 미국 국무부가 지정한 테러 지원국이자 최근 사이버 공격과 해킹에 집중하는 북한에 대한 우려가 커졌다. 북한의 해킹 조직이 국내 외교 안보 전문가에게 악성 코드가 담긴 '피싱 메일phising email'을 살포하는 일은 이제 꽤 익숙하다. 숱한 피해자가 주소록의 모든 지인에게 연락해 계정이 도용됐으니 수상한 메일을 열지 말라고 당부하는 일도 흔한 일상이 됐다. 북한 정권은 우리의 정보 통신망을 교란하고 동향을 수집하며 랜섬웨어ransomware까지 유포해 암호화폐를 빼앗기도 한다.

우리 당국은 북한의 해킹, 바이러스 유포, 메일 폭탄, 정보시스템 침입을 사이버 테러로 규정한다. 국가 기능을 마비시키고 정보를 뺏는 신종 테러라고도 덧붙인다. 2013년 3월 20일에 일으킨 테러가 분기점이었다. 당시 주요 방송사와 금융기관 여섯 곳의 전산망이 북한의 사이버 테러로 마비됐다. 북한 정찰총국을 배후로 꼽았지만 북한은 모르쇠로 일관했다. 일 년 후 미국 소니픽처스가 김정은 암살을 소재로 한 코미디 영화 〈인터뷰〉의 개봉을 앞두고 해킹당하면서 5만 건 이상의 개인 정보가 유출됐다. 미국이 북한을 배후로 지목하자 북한은 근거 없는 비방이라고 펄쩍 뛰며 북미 공동 조사를 제안하기도 했다.

그런데 북한의 반응은 기존 테러 단체의 행태와 꽤 다르다. 북한은 사이버 공격에 깊이 간여하지만, 극단주의 테러리스트와 정반대로 폭력과 범죄행위를 전면 부인한다. 북한도 국력이 월등히 앞서는 우리를 상대로 사이버 공격을 벌이며 비전통적 전력으로 허를 찌른다. 남한의 경제력과 군사력을 따라잡을 수 없게 되고 '적화통일赤化統一'의 가능성이 작아지면서 북한 정권은 더욱 교묘한 비대칭 공격을 벌인다. 그러나 북한의 목적은 '보여주는 테러리즘'과 관심 끌기가 아니라 드러내지 않으면서 우리에게 직접적인 피해와 혼란을 일으키는 데 있다. ISIS가 일시적으로 폭발적인 관심을 유도해 현상 변경을 시도한다면, 체제 수호가 최종 목표인 북한 정권은 선택적인 시선 끌기로 현상 유지를 추구한다.

테러리즘의 본질이 최대한 많은 사람의 관심을 끌어내 국제사회의 공포감과 궁금증을 유발하는 데 있다면 북한 정권에는 불특정 민간인을 계획적으로 위협해 불필요한 국제적 관심을 받을 정치적 동기가 별로 없다. 북한을 향한 국제사회의 과도한 관심은 오히려 외부 자극과 충격으로 작용할 수 있어 부담스럽다. 따라서 북한은 위험 회피에 적격인 자발적 고립과 폐쇄적인 주체사상에 집착한다. 북한이 적화통일의 가능성을 크게 계산하던 시절에는 아웅산 묘역과 대한항공 858편 폭파처럼 극악무도하고 대담한 만행을 저지르기도 했으나 이때도 잡아떼고 우겼다. 북한 정권은 2022년 미사일 최다 발사로 역대급 도발을 일으켰고 2023년에도 무력 과시를 이어갔다. 이들은 기괴한 허세를 부리고 있지만 현상 변경으로 이어질 수 있는 과욕은 체제 수호에 금물이라는 걸 누구보다 잘 안다.

북한 정권은 체제 수호와 현상 유지를 목표로 방어 전략에 치중하기에 초국가 극단주의 테러 단체처럼 공격을 구사하지는 않는다. 그렇다고 해서 우리가 테러의 위협에서 벗어난 것은 아니다. 우리나라 경제와 외교가 개방적인 국제 질서에 의존하기 때문이다. 2015년 우리나라 10대 청소년이 튀르키예에서 시리아로 들어가 세기말적 지하디스트 조직인 ISIS에 자발적으로 가담했다고 알려졌고 이후 미군 폭격에 의한 사망설이 나왔다. 같은 해 ISIS 리비아 지부가 트리폴리의 한국 대사관을 공격해 현지인 경비원 두 명이 사망하기도 했다. 또 우리는 2014년부터 전 세계 65개국이 함께 조직한 반ISIS 국제 연합 전선의 일원으로 활약했고, ISIS는 공식 홍보 책자인 〈다비크DABIQ〉에서 우리를 주적인 '십자군 동맹국' 리스트에 포함했다. 우리가 선진국 대열에서 책임 있는 국제사회의 리더로 활동하는 한 테러리스트의 비대칭 틈새 공격의 위협에 더욱 노출될 수밖에 없다. 탈냉전 시기에 민주주의국가가 치러야 하는 어쩔 수 없는 비용이다.

3
이슬람 테러 조직의
프랜차이즈화

예측할 수 없는 테러의 발생

누구든지 테러리스트가 될 수 있다

테러리스트의 프로파일링은 갈수록 어려워진다. 냉전 이전의 테러리스트 유형은 명확했다. 제대로 교육을 못 받은 실업자에, 사회로부터 소외된 10대 후반에서 20대 초반 미혼 남성이었다. 하지만 냉전 이후 그 구분이 모호해졌다. 대학 교육은 물론 박사 학위 소지자에 결혼과 사회생활을 안정적으로 영위하는 다양한 연령층과 여성까지 테러리스트로 가담했다. 레이디 알카에다로 불리는 아피아 시디키Aafia Siddiqui는 파키스탄 출신으로 1990년 미국으로 유학을 와서 매사추세츠공과대학교 생물학부를 졸업하고 2001년 브랜다이스대학교에서 신경과학 박사 학위를 받은 엘리트 과학자였다. 하지만 시디키는 2008년 아프가니스탄에서 생화학 무기를 이용한 구체적인 대량 살상 계획 문건을 소지한 혐의로 경찰에 체포된 후 미국으로 이송됐으며 2010년 86년 형을 선고받고 텍사스주 소재 교도소에서 복역 중이다. 시디키는 대학원 시절에 무슬림 학생 조직에 가입하면서 극단주의 성향의 학생과 어울렸고 과격한 행동을 보였다고 한다.

여기에 ISIS가 등장하며 그야말로 테러리스트의 유형화 불가능 시대가 열렸다. ISIS 조직원은 전 세계 90여 나라에서 몰려든 초국제, 다국적, 다인종, 다언어를 특징으로 한다. 이들은 사이버 공간의 단체 대화방을 거쳐 스스로 극단주의에 입문하므로 조직 수뇌부의 서열과 명령체계를 존중하지도 않는다. ISIS 조직원의 프로파일링 결과는 다양한

영국식 억양을 사용해 'ISIS 비틀즈'로 불린 런던 서부 출신 ISIS 외국인 전투원 네 명을 그린 댄 에번스Dan Evans의 일러스트. 이들은 세계 각국 출신의 인질을 고문하고 처형하는 부대에 소속됐고 인질 참수 장면을 찍은 동영상에 영국식 영어를 구사하며 등장했다. 2023년 현재, 한 명은 ISIS 격퇴전에서 폭격으로 죽고 두 명은 미국 법원에서 종신형을 선고받았으며 나머지 한 명은 영국에서 재판 중이다.

2015년 11월, ISIS가 파리에서 일으킨 연쇄 테러로 희생당한 이들을 추모하고자 모인 인파.

범주의 사람이 특정한 정치적 목적 없이 쉽게 테러리스트로 전락할 수 있다는 것이다.

게다가 ISIS의 테러가 일어난 곳을 살펴보면 중동과 유럽은 물론 미국, 캐나다, 호주, 인도네시아, 방글라데시, 말레이시아, 필리핀, 카자흐스탄 등의 대도시부터 소도시까지 지구 구석구석에 ISIS 조직원이 사는 것처럼 종잡을 수가 없을 정도다. 시간 순으로 보면 2014년에 벨기에, 이라크, 호주, 캐나다, 미국, 프랑스, 2015년에는 사우디아라비아, 리비아, 덴마크, 튀니지, 예멘, 미국, 튀르키예, 프랑스, 쿠웨이트, 이라크, 이집트, 레바논, 시리아, 2016년에 리비아, 이집트, 튀르키예, 인도네시아, 사우디아라비아, 시리아, 벨기에, 예멘, 이라크, 방글라데시, 카자흐스탄, 프랑스, 말레이시아, 미국, 독일, 아프가니스탄, 파키스탄, 2017년에 튀르키예, 이라크, 아프가니스탄, 파키스탄, 시리아, 방글라데시, 영국, 이집트, 스웨덴, 프랑스, 필리핀, 인도네시아, 호주, 이란, 핀란드, 스페인, 캐나다, 미국 등의 다양한 도시에서 한 번에서 수차례에 이르기까지 '알라후 아크바르Allahu Akbar'(신은 가장 위대하다)를 외치는 ISIS 표방 테러가 잇달아 일어났다.

이들 테러 공격의 동선은 '동에 번쩍, 서에 번쩍' 하는 것을 넘어서 분신술에 가깝다. ISIS의 거점 지역인 시리아와 이라크에 가까운 중동과 유럽은 그렇다 치더라도 북미와 아시아에서 동시다발로 일어난 ISIS 테러를 어떻게 설명할 수 있을까? 가까운 중동과 유럽의 사례도 고개를 갸우뚱하게 만든다. 튀니지의 튀니스 국립박물관에서 무차별 총격과 인질 테러를 벌인 ISIS가 이틀 후 어떻게 예멘 서남부 끝의 사나Sanaa로 이동해 시아파 모스크에서 자살 폭탄 테러를 벌일 수 있을까? 실제로 한 신문 기사는 극성을 부리는 ISIS 테러의 배경으로 ISIS의 놀랍도록 빠른 기동력에 초점을 맞추기도 했으나 정확한 분석은 아니다.

ISIS의 프랜차이즈 그룹과 특이점

ISIS 지도부와 주력 조직의 근거지인 시리아 북동부와 이라크 북서부가 아닌 곳에서 일어난 테러는 ISIS 프랜차이즈 그룹의 소행이다. ISIS를 표방한다고 다 ISIS는 아니다. 이들 프랜차이즈 그룹은 먼저 공공시설 폭파, 총기 난사, '묻지 마 살인' 등을 자행한 후 ISIS에 충성을 맹세한다고 선언했다. 조금 지나 ISIS 중앙 지도부도 이들의 충성 맹세를 확인한 후 배후를 인정했다.

중동 내에서 ISIS 지부를 새롭게 자처하는 조직은 ISIS보다 훨씬 앞

	1그룹	2그룹	3그룹
근거지	시리아 북동부와 이라크 북서부	리비아, 이집트, 나이지리아 등 중동과 주변 무슬림 국가	서구와 일부 아시아
주요 구성원	ISIS 중앙 지도부와 주력 집단	안사르 알샤리아, 보코하람, 윌라야트 알시나 등 군소 이슬람 극단주의 단체	주류 사회에서 소외된 소수 무슬림 이민자 혹은 사회 부적응자
목적	단일 수니파 이슬람 국가 수립	테러 후 ISIS에 충성을 맹세하며 유명세 편승	테러 후 ISIS와 연계 강조하며 테러 행위 정당화

서 오래전부터 존재했으나 그다지 주목받지 못하다가 ISIS의 유명세에 편승하고자 브랜드를 빌렸다. 중동 외 지역의 사례도 마찬가지다. 유럽과 북미, 아태 지역의 사회 주변부에 머물던 반사회적인 무정부주의자 개인이나 조직 폭력범이 ISIS 브랜드를 내세우며 범죄에 이용하는 현상에 가깝다. 이러한 프랜차이즈 현상은 ISIS 조직 자체의 역량과는 밀접한 관계가 없다. 사실 극단주의를 추종하는 군소 조직이 먼저 테러를 저지른 후 ISIS 배후를 주장한다고 해도 ISIS의 지도부도 잃을 게 전혀 없다. 디지털 플랫폼을 이용한 ISIS의 선전 홍보는 크게 주효했지만 세계 각국에서 모여든 젊은 빌런이 인터넷 평등주의를 외치면서 지도부의 권위는 오히려 추락했다. 하지만 극단주의 조직 수뇌부의 목표는 존재감을 과시해 최대한 많은 추종자를 끌어들이는 것이니 위계질서의 약화는 큰 상관이 없다. 일면식도 없는 조직과 사람이 ISIS 브랜드를 빌리는 상황은 오히려 고맙기까지 하다.

ISIS 테러의 배후 그룹을 세분화하면 근거지에 따라 세 카테고리로 나눌 수 있다. 1그룹은 시리아 동부와 이라크 북서부를 장악해 국가를 선포한 주력 조직으로 중앙 지도부를 포함한다. 2그룹은 무슬림 국가의 군소 이슬람 극단주의 단체, 3그룹은 주로 서구의 소외된 무슬림 이민자 그룹이다. 1그룹이 극악무도한 테러를 자행하며 전 세계의 이목을 끌자 추종 세력이 빠르게 늘어나면서 ISIS 브랜드의 프랜차이즈화 현상이 나타났다. 2그룹의 단체와 3그룹의 개인이 1그룹의 잔혹한 행위를 추종·모방하고 충성을 선언하는 양상이다. 2그룹과 3그룹은 중앙 지도부와 연결 고리가 약하게 존재하기는 하나 지도부의 치밀한 명령 체계 아래 조직적으로 움직이지 않고 1그룹의 유명세에 편승하려 한다.

2그룹에 해당하는 조직은 2014년 ISIS가 생겨나기 이전부터 존재했다. 리비아의 안사르 알샤리아Ansar al-Sharia와 나이지리아의 보코하람 Boko Haram이 각 나라의 ISIS 지부임을 선언했고 ISIS의 이집트 지부를 자처하는 월라야트 알시나(Wilayat al-Sina, 과거 안사르 베이트 알마크디스 Ansar Bait al-Maqdis)는 이집트에서 출발한 러시아 여객기를 추락시켰다고 주장했다. 파키스탄의 '파키스탄 탈레반'과 인도네시아의 제마 이슬라미야Jemaah Islamiah도 ISIS 지지 선언을 했다.

3그룹은 서구권에서 총기 난사와 묻지 마 살인을 저지른 후 ISIS와의 연계성을 내세우는 개인이다. 이 자생적 테러리스트는 사회 주변부를 떠돌던 무정부주의자나 조직폭력배 출신이다. 이들 중 일부가 ISIS의 장악 지역에서 군사훈련을 받고 돌아와 ISIS 브랜드를 범죄에 활용하기도 한다. 2015년 파리 테러범 대부분이 강도와 폭력 전과범으로 사회 부적응자였다. 이들의 성장 배경을 보면 중산층 출신의 지극히 평범해 보이는 이웃집의 조용한 청년이 있는가 하면, ISIS 장악 지역인 시리아에서 군사훈련을 받고 돌아온 조직폭력배도 있었다. 2015년 미국 샌버나디노San Bernardino 총기 난사 테러 역시 평범해 보이던 자생적 극단주의 추종자가 저질렀고 테러 자행 후 ISIS에 충성을 맹세했다.

2016년에 들어와 시리아와 이라크 장악 영토의 3분의 1 이상을 잃은 ISIS는 재정 압박에 시달렸고 조직원 다수가 떠나가는 위기에 처했다. 반ISIS 국제 연합 전선의 공습 및 쿠르드계 민병대와 이라크 정부군의 공세로 전투에서 밀리니 비대칭 전략인 테러에 더욱 매달릴 수밖에 없었다. 이슬람 칼리프 국가 선포 2주년을 앞두고 존재감을 나타낼 테러 공격이 절실했던 수뇌부는 온라인 선전 선동에서 성스러운 달인 라마단 기간에 성전을 벌이라고 부추겼다. 곧 ISIS 표방 테러가 전 세계에서 동시다발로 정신없이 일어났지만 ISIS는 2017년 말 시리아에 이어 2018년 초 이라크에서도 패퇴했다.

ISIS의 프랜차이즈화 현상이 ISIS 자체가 아닌 각 나라 고유의 사회경제적 취약점과 연동된다는 사실이 더 무섭다. 세기말적인 ISIS 모방 테러는 각 나라의 특정한 국내 문제와 맞물리며 더욱 확산했다. 시리아와 이라크에 근거지를 둔 ISIS 수뇌부가 사라져도 각 나라의 부정부패, 치안 부재, 이민자 통합, 총기 허가 등 특정 취약 고리와 사회 불만이 만나 자생적 극단주의의 프랜차이즈화가 나타난 것이다. 2016년 튀르키예 이스탄불 국제공항 테러 역시 에르도안 대통령의 부정부패와 권위주의 정치가 결정적인 촉발 요소로 작용했다. 물론 튀르키예가 반ISIS 국제 연합 전선에 참여하고 시리아와 긴 국경선을 접하는 데다가 과거 '이웃 국가와 문제없이 지내기zero problems with neighbors' 정책으로 이슬람 극단주의 격퇴에 어정쩡한 태도를 보인 것도 배경이다. 그러나 당시 유독 튀르키예에서 ISIS 테러가 집중적으로 일어난 까닭은 에르도안 대통령이 유능한 테러 전담 인력을 정적과 시민단체를 관리하는 공안 부서로 대거 이동 배치해 생겨난 안보 공백에 있었다. 미국에서 연속적으로 일어난 ISIS 연계 테러는 총기 규제의 허술함이 방아쇠 역할을 했다. 9·11 테러 이후 보안 검색이 강화됐으나 미국의 고질적인 총기 규제 실패가 온라인 극단화를 거친 외로운 늑대에게 빌미를 제공했다.

ISIS는 국제사회의 이목을 모으고 건재를 과시하려고 민주주의국가를 상대로 테러를 시도할 것이다. 이들의 후속 테러 가능성은 늘 존재한다. 하지만 ISIS는 낮은 응집력 문제로 점차 약화할 것이며 간헐적인 서구 테러로 명맥만을 유지할 것이다. 그래도 ISIS 테러 문제는 그 조직 자체보다는 각 나라에 누적된 국내 고유의 정치, 사회, 경제 문제와 깊이 연결되어 있으므로 근본적인 해결에 시간이 더 걸릴 것이다.

에필로그

중동 문제, 남의 일이 아니다

중동은 빠른 속도로 변하고 있다. 민족과 종교 및 종파를 비롯해 1인당 국민총소득, 인간개발지수, 민주주의 수준이 서로 다른 20개 나라를 공통으로 엮을 수 있는 키워드는 '변화'다. 중동의 변화를 눈에 띄게 이끄는 나라는 개방적인 왕정 국가군에 밀집되어 있다. 파격적인 개혁 개방으로 전 세계를 놀라게 한 걸프 산유국은 제한적 민주주의국가인 이스라엘과 깜짝 놀랄 연대를 선언하고 위압적 권위주의 국가와는 치열한 눈치 싸움 속 해빙 무드를 주도하며 취약한 독재국가의 장기 내전에 영향력을 행사했다. 이들은 새로운 외교 안보 정책을 무슬림 혼인에 비유하며 미국과의 우방 관계에만 기대지 않고 구시대적 민족주의에서도 벗어나겠다고 했다.

중동 주요국 간의 불꽃 튀는 탐색전이 이어졌다. 걸프 산유국의 과감하고 낯선 개혁 질주는 역내 나비효과를 불러왔고 중동 지정학을 거세게 흔들었다. 그러나 이들 나라가 올인 한 국가 체질 개선 프로젝트는 냉철한 경제 실용주의에 기댈 수밖에 없기에 혼란스러워 보이던 역내 각축전은 곧 잠잠해졌다. 걸프 산유국은 정권 생존을 위해 개혁을 선택했고 이들 나라가 개혁을 택한 순간 협력과 안정이 따라왔다.

중동의 빠른 변화는 긍정의 신호다. 그러나 정확한 여론이 투명하게 드러나지 않은 곳이기에 불가측성이 여전히 높다. 언제 어디서 불쑥 튀어나올지 모르는 위기에 대응하려면 한 나라의 결정이 내부의 복잡하고 격렬한 권력 경쟁을 뚫고 나온 손익계산의 역동적 결과라는 사실에 집중해야 한다. 국가는 한목소리를 내는 단일 행위자가 아니다. 걸프 산유국의 개혁은 카라반 부모 세대에서 벗어나려는 MZ 세대의 요구와 왕실의 치밀한 정권 생존 전략이 맞물린 결과다. 안보 포퓰리즘을 선동하는 이스라엘 우파와 팔레스타인과의 공존을 주장하는 중도 연합의 갈등, 팔레스타인 서안 지역을 통치하는 부패한 파타흐와 가자 지구를 지배하는 이슬람 급진주의 하마스의 정쟁, 튀르키예의 21세기 술탄이라 불리는 에르도안 대통령과 그 일인 체제에서 분투하는 반정부 야권 연합, 반미 구호 아래 핵 개발도 불사하는 이란 보수파와 정상 국가 회귀가 목표인 개혁파의 충돌을 둘러싼 역동성을 살펴야 역내외 이해관계 구도가 정확히 나온다. 탈중동을 선언했으나 쉽사리 발을 빼지 못하는 미국의 개입 역시 공화당과 민주당의 다른 계산법을 주목해 따져봐야 한다. 미국의 세계 패권 자리가 불편해 딴지를 거는 러시아와 중국은 미국 내부의 양당 정치를 매우 잘 이용한다.

하지만 긍정적 변화의 바람이 미치지 못한 어두운 곳도 있다. 중동에서는 10여 년 전 시민혁명으로 독재 정권이 무너졌으나 민주주의는 쉽게 오지 않았다. 아랍의 봄 혁명 당시 청년층의 트위터와 페이스북 파워가 세계적인 주목을 받았으나 독재자를 단숨에 끌어내는 데 이들의 역할은 촉발 요소에 불과했다. 독재 몰락의 결정적인 요인은 표면적인 안정과 실제 취약함을 구분하지 못한 독재자의 착각이었고, 엘리트의 빠른 변심이 그 몰락의 속도를 높였다. 곧 실망스러운 결과가 이어졌다. 전조 없이 극적으로 몰락한 독재 정권의 빈자리를 무늬만 다른 독재 정권이나 장기 내전의 비극이 채웠다. 게다가 MZ 세대 빌런이 앞다퉈 가입한 초국제 기업형 이슬람 극단주의 테러 집단인 ISIS도 중동의 위기 요소다. ISIS의 핵심 지도부는 제거됐으나 이들 집단은 인터넷 평등주의에 기반한 상향식 결정과 분점화 특성을 갖기에 하부 조직의 독자 행동은 생명력을 갖고 이어졌다.

우리에게 중동의 깜짝 변화와 고질적 위험 요소는 어떤 의미일까? 멀게 느껴지는 중동의 현실에 우리가 민감해야 할 이유가 있을까? 우리의 중동 인식 여론 조사에서 나타났듯이 응답자의 80% 이상이 중동은 국익을 위해 중요하다고 여겼고 중동에서 자원 부국의 이미지를 떠올렸다. 맞다, 우리에게 중동은 경제적으로 중요한 지역이다. 2022년 기준 세계 7위의 에너지자원 소비국인 우리나라는 수요의 약 75%를 중동에서 수입한다. 해외 건설 계약의 60%가 중동에서 이뤄지기도 한다. 최근 우리와 중동 여러 나라의 경제 협력은 에너지자원과 건설 및 제조업 수출 부문을 넘어 중동의 산업 다각화 프로젝트로 옮겨가는 중이다. 특히 아랍에미리트는 중동을 넘어 글로벌 혁신 국가로 질주해왔고 사우디아라비아가 최근 공개한 최첨단 친환경 미래 도시 네옴 프로젝트는 세계인의 상상력을 뒤흔들었다. 네옴 건설의 예상 비용은 약 5천억 달러로, 우리나라 돈으로 650조 원에 달하며 많은 나라의 쟁쟁한 기업이 앞다퉈 수주전에 뛰어들었다. 아랍에미리트와 사우디아라비아가 대외 정책의 다변화까지 선언한 후라 이들 나라의 초대형 첨단 기술 프로젝트를 따내려는 국가들의 경쟁이 뜨겁다.

다행히 아랍에미리트와 사우디아라비아를 비롯한 여러 중동 국가에서 최근 한국의 발전 모델 배우기 열풍이 뜨겁다. 우리나라는 많은 개발도상국에 국가 역량 키우기의 롤 모델로 여겨진다. 한국은 원조 수여국에서 공여국으로 전환한 매우 드문 성공 사례다. 유엔 무역개발회의는 2021년 한국의 지위를 선진국 그룹으로 변경했다. 이 기구가 1964년 설립된 이래 개발도상국에서 선진국으로 지위가 변경된 나라는 우리나라가 처음이다.

우리나라는 빠른 경제 발전과 민주화 안착에 이어 국제사회 기여 역시 확대했다. 2010년대 초반 이래 중동 지역을 중심으로 인도적 지원, 평화유지군 활동, 대테러 임무를 수행했다. 2014년 조직된 반ISIS 국제 연합 전선에 우리나라는 원년 회원국으로 참여했다. 2023년 국제 연합 전선의 회원국은 80개 국가와 5개 기구로 늘어났고 2018년 5개 기구 중 하나인 인터폴의 수장으로 한국인이 선출되기도 했다. 현재 레바논의 동명부대, 남수단의 한빛부대, 아덴만의 청해부대가 세계 평화를 지키고자 활약하고 있으며 2021년 한국은 유엔 평화 유지 활동 분담금 규모 10위를 기록했다. 우리나라의 활발한 국제 협력 활동과 높아진 위상이 국내에서는 많이 알려지지도 않고 그리 환영받지 못하는 편이다. 나라 안에도 문제가 쌓였는데 굳이 해외에서 돈을 써가며 위험하기까지 한 정책을 펴는 이유가 뭐냐는 핀잔성 여론이 그 배경이다. 그래도 여러 개발도상국은 한국 모델의 레시피를 처지에 맞게 고쳐 쓰고자 분주하다. 특히 중동 이슬람 세계의 여러 나라는 종교와 전통 가치를 중요하게 여기기 때문에 사회주의 체제나 서구식 자유주의 모델 모두를 불편해하고 의심한다. 사회주의는 종교가 인민의 아편이라며 이슬람 세력을 탄압했다. 영국과 프랑스는 중동의 여러 나라를 직간접적으로 식민 지배했고 이후 미국은 네 차례의 중동전쟁, 레바논 내전, 이란이라크전쟁, 걸프 전쟁, 이라크 전쟁 등에서 영향력을 행사했다.

통제와 시장이라는 좌우 이념에 휘둘린 이들 중동 나라에 한국 모델은 아시아의 전통 가치를 포기하지 않고도 국가와 사회가 혼연일체가 되어 시장경제 발전을 빠르게 이뤄낸 주변국의 쾌거다. 국가가 수출 주도 성장이라는 시장 친화적 발전 목표를 제시하고 정부의 당근과 채찍에 반응한 대기업은 세계시장에서 경쟁력을 높였고 결국 노동 집약적 수출산업이 부지런한 시민의 삶을 제법 균등하게 개선했다.

중동의 여러 나라는 국가와 대기업, 노동자가 오기와 끈기로 의기투합한 한국의 모습을 분명히 목격했다. 1970~1980년대 중동의 모래사막에서 밤낮없이 고속도로, 항만, 댐을 만들던 우리 부모 세대의 미담은 오늘날까지도 사우디아라비아, 아랍에미리트, 쿠웨이트의 젊은 세대에게 전해져 회자한다. 특히 중동의 리더는 2011년 아랍의 봄 혁명 이후 한국 모델에 다시금 깊은 관심을 보인다. 독재 정권이 급작스레 줄지어 무너지고 내전이 이어지는 혼란을 지켜본 중동의 위정자는 정권의 위기를 미리 방지하고자 한다. 특히 청년 일자리 창출에 몰두하며 심적 압박에 시달린다.

과연 1970년대 한국 발전 모델을 현재 중동에 적용할 수 있을까? 중동의 많은 나라에서 발견되는 사회·경제 문제의 근본 원인은 바로 부패하고 무능한 국가 권력이다. 문제의 해결사 노릇을 해야 할 주체가 바로 그 문제의 원인 제공자인 셈이다. 이기적인 통치 세력과 기회주의적 관료가 국가를 포획한 반면, 이를 견제할 시민 세력은 매우 약하거나 지나치게 급진적이다. 이 상황에서 한국 모델처럼 국가의 주도적 역할을 강조하는 처방전은 문제를 악화시킬 소지가 다분하다. '워싱턴 합의'를 강조하는 국제통화기금과 세계은행 등은 개발도상국 발전의 가장 큰 방해물이 국가이기 때문에 '국가의 축소'를 해결책이라고 본다. 하지만 국가를 장악한 중동의 기득권 세력은 스스로 후퇴하지 않는다.

남의 발전 모델을 적용해 국가 역량을 키운다는 명분 아래 그나마 기능하던 제도와 조직을 축소하거나 제거해서는 안 될 일이다. 실세가 변덕을 부리거나 정권이 갑자기 바뀌거나 외부 세력이 들어와 재건 정책을 시행할 때 흔히 벌이는 실수다. 이라크와 아프가니스탄 전쟁 이후 안정화 과정에서 숱하게 봤다. 먼저 관료가 외부 압력에 굴하지 않고 공익 제공이란 본연의 임무를 충실히 행하도록 지원해야 한다. 축소 조정은 그 이후에도 가능하다. 이때 관료 충원의 방식으로 한국 모델이 자랑하는 균등한 기회 보장과 능력주의에 따른 시험제도를 생각해볼 수 있다. 개천에서 용 나는 게 극도로 어려운 중동에서 1970년대 한국 모델의 활발한 계층 이동은 여전히 촌스럽지 않다. 국가 능력을 우선 키우고 싶은 중동 나라에 '한국의 국가 발전 모델' 사용법 중 가장 중요한 포인트다. 한국 모델을 향한 동경심을 표현했던 아랍에미리트 아부다비 통치자와 사우디아라비아 왕세자가 최근 석유 의존 구조와 보수 이슬람 체제의 개혁을 직접 이끌었다. 자원의 저주에서 벗어나려고 새로운 발전 경로를 탐험 중이다. 화성 탐사선을 발사했고 BTS를 초청한 공연에서 남녀 혼석을 허용했다. 정치적 미래가 보장된 군주는 일반 정치인보다 단기적이고 국지적인 이해관계에서 벗어날 수 있다. 이점은 한국 모델을 적용하고 실행하는 데 유리한 조건으로 작용한다.

아랍에미리트는 첫 원전 수주를 한국에 맡겼다. 2009년 한국은 프랑스, 미국, 일본과의 치열한 경쟁을 뚫고 아랍에미리트의 초대형 원전 건설 사업자로 선정됐다. 우리나라 최초의 원전 수출이자 아랍 지역 최초의 상업용 원전인 바라카Barakah 원자력발전소다. 우리 정부는 아랍에미리트 원전 수주를 따내려고 군사 협력을 제안했고 당시 아랍에미리트의 실권자인 무함마드 빈 자이드 아부다비 왕세제는 한국 특전사가 아랍에미리트 특수부대의 교육 훈련을 맡아주길 바랐다. 아랍어로 형제라는 뜻의 '아크akh부대'가 곧 아랍에미리트로 건너갔고 활발한 국방 교류 협력을 다졌다. 2018년에는 우리와 아랍에미리트가 '특별 전략적 동반자 관계'를 맺었다. 아랍에미리트는 우리의 최대 건설 수주국이자 중동 내 최대 수출국이기도 하다. 2011년 기공식을 가진 바라카 원전은 2023년 현재 1~3호기를 상업 운전 중이다. 4호기도 완공을 마치고 운영 준비 단계에 들어갔다. 아랍에미리트가 목표로 내건 미래 청정에너지 전환 정책을 이끄는 상징적인 프로젝트다. 사우디아라비아 역시 무함마드 빈 살만 왕세자가 주도하는 탈석유 개혁의 일환으로 12조 원 규모의 원전 프로젝트를 발표했고 우리는 미국, 중국, 프랑스,

러시아와 함께 예비 사업자로 선정됐다. 우리는 사우디아라비아와도 친환경 에너지와 원전, 국방 협력은 물론, 인공지능과 로봇, 클라우드 서비스 등의 첨단 디지털 기술 분야에서 파트너십을 다지고 있다.

변화를 갈망하는 아랍에미리트와 사우디아라비아는 개혁 현장에 투입할 핵심 인재를 육성하고자 청년과 여성의 교육 분야에 공격적으로 투자하고 정성을 들인다. 개혁으로 출구 찾기에 나선 아랍에미리트와 사우디아라비아에는 개혁을 향한 확고한 지지 세력이 어느 때보다 절실하기 때문이다. 전체 인구의 절반이 넘는 글로벌 감각이 뛰어난 젊은 세대가 바로 이들이다. 아부다비에는 세계 명문대 분교가 자리 잡았고 두바이에서는 우버Uber와 아마존Amazon이 탐내는 토종 스타트업이 배출된다. 아시아적 가치를 포기하지 않고도 경제 발전을 이룬 우리나라에 공무원을 비롯한 여러 교육단을 계속해서 보낸다.

2020년 화성 탐사 궤도선 발사에 성공한 아랍에미리트의 젊은 과학자 팀은 한국에서 기술을 배웠다. 2006년 아랍에미리트 청년 십여 명은 우리나라 인공위성 벤처기업인 '쎄트렉아이'에 들어가 10여 년간 기술을 습득하고 도중에 카이스트 석사과정에 입학해 학업을 병행했다. 쎄트렉아이는 우리 카이스트 졸업생이 영국의 위성 기술을 배워 온 후 자립해 1999년에 세운 회사다. 한국에서 공부한 아랍에미리트 과학자는 귀국 후 아랍에미리트 정부의 전폭적인 지원으로 우리보다 먼저 화성 탐사선을 쏘아 올렸고 이어 독자적으로 지구관측위성을 개발했다. 2023년 카이스트 총동문회는 아랍에미리트의 과학기술 발전을 주도한 카이스트 석사 졸업생들을 초대 해외 동문상 수상자로 선정했다.

현재 이들은 각각 아랍에미리트 첨단과학기술부 차관보, 무함마드 빈 라시드 우주센터의 총괄이사와 행정 총괄이사로 활동 중이다. 한편 위성 프로젝트의 총책임자는 1987년생 여성 과학자 알 아미리 첨단과학기술부 장관으로, 프로젝트 전체 인력 중 여성이 35%를 차지했다. 이들 왕정의 국가 주도형 인력 양성이 중동 발전의 방아쇠를 힘차게 당길지 주목해볼 만하다. 한국의 발전 모델을 따르고 싶은 이들에게 우리나라는 절대 '헬조선'이 아니다.

이처럼 중동과 걸프 산유국에서 한국 발전 모델이 후한 점수를 받는데 반해 우리의 중동 정책은 자국의 경제 이익에 초점을 맞춘 제 잇속 챙기기라는 평가를 종종 받았다. 아직은 신흥 선진국이란 핑계로 우리만의 중동 정책을 개발하는 중이라고 둘러대지만 말하고 듣는 이 모두 불편하다. 중동 출신 무슬림 이민자를 향한 우리 사회 내부의 부정적인 시선이 알려지지 않을까 조마조마하다. 선진국의 자리에는 책임이 따른다. 중동의 인도적 위기를 둘러싸고 G20 국가인 우리에게 국제사회의 일원으로서 어차피 분담해야 할 몫이 있다. 싫어도 어쩔 수 없다. 우리는 팔레스타인 자치 정부, 이라크, 리비아뿐만 아니라 튀르키예, 레바논, 요르단 내 난민 캠프에 인도적 지원금을 제공해왔다. 난민 수용도 마찬가지다. 우리나라 경제 규모와 국력에 따른 책임이며 난민 협약 조약국으로서 지켜야 할 의무다. 우리나라는 2012년 아시아 최초로 난민법을 제정해 이듬해 시행했다. 탈북자와 북한 인권을 향한 관심으로 비롯됐으나 세계적인 인권 선진국으로 발돋움하려는 포부도 컸다.

2022년 유엔난민기구가 발표한 세계 평균 난민 인정률은 30% 안팎이지만 우리의 실질 난민 인정률은 4% 남짓이다. 2018년에는 난민법을 폐지하자는 청와대 국민 청원에 60만 명 넘게 찬성했다. 예멘인 500여 명이 무비자 입국이 가능한 제주도에 들어와 난민 신청을 하면서부터다. 테러리스트와 잠재적 성폭력범에게 세금을 쓸 수 없다는 반대가 쏟아졌다. 일자리를 얻으러 거짓 신청을 한다는 의심도 퍼졌다. 이들이 단지 무슬림이라는 이유로 근거 없는 이슬람 혐오 정서가 번져갔다. 혐오 주장의 근거는 이슬람 극단주의 테러 조직인 ISIS가 내세웠던 선전·선동과 거의 같았다. ISIS의 가장 큰 피해자는 바로 이들 무슬림이다.

시리아와 예멘은 중동의 대표적인 독재국가다. 2011년에 아랍의 봄 시위가 발발해 중동 전역을 휩쓸었고 시리아에서 내전이 일어났다. 2014년에는 예멘의 불안정도 내전으로 이어졌다. 두 내전은 정부군-반군-이슬람 극단주의 세력의 삼파전인 동시에 다른 국가가 개입된 대리전이라는 점에서 닮았다. 시리아 주민은 민간인을 향한 알아사드 정권의 무차별적 화학무기 공격과 ISIS의 세기말적 테러로 고향을 떠났다. 알아사드 정권의 인권침해는 내전이 일어나기 전부터 악명 높았다. 예멘인은 내전 대치 세력의 박해는 물론 콜레라 창궐과 아사 위기를 피해 탈출했다.

공정한 심사를 거친 난민의 수용은 선택 사항도, 제로섬 게임도 아니다. 나아가 국익과도 연결된다. 우리에겐 한반도 의제를 둘러싼 세계 여론의 지지와 윤리적 권위가 늘 중요하기 때문이다. 북한 급변 사태 시 우리의 이해관계에 맞춘 안정화 정책을 주도적으로 이끌려면 평소 국제사회의 책임 있는 일원으로서 다자 외교, 인권, 민주주의, 열린 시장을 도모하는 중견국 외교를 펼쳐 국제사회에서 위상을 다지는 것도 방법이다. 그런데 중견국 외교정책은 당장 국익에 도움이 되지 않거나 경제적 이익과 상충할 수 있다. 그럼에도 국제 규범의 준수를 강조하는 중견국 외교는 장기적인 국익 확보 면에서 매우 중요한 정책임에는 분명하다. 이렇듯 중동은 우리에게 정치적 파급효과를 가져오기도 한다.

2010년대 초부터 우리 정부는 한반도와 동북아시아에 갇혀 있던 외교 안보 정책을 중견국의 다자주의 정책으로 확대했다. 중동 내 비자유주의 질서가 확산하면서 국제사회와 동맹 우방국이 우리에게 바라는 바가 점차 커지기도 했다. 시리아·예멘·리비아의 내전과 난민 위기, 이슬람 극단주의의 부상, 이스라엘·튀니지·튀르키예·이란·레바논의 민주주의 후퇴, 시리아 세습 독재의 생존, 이란·러시아·중국의 반미 연대 강화 등이 대표적인 양상이다. 세계시장에서 수출 주도 정책으로 성장한 우리나라 국민은 중동을 포함한 해외 곳곳에서 일하고 공부하고 여행한다. 안보 취약 지역인 중동의 혼란은 우리의 경제적 이해관계와 국제사회에서의 책임은 물론 국민의 안전과도 밀접히 연결돼 있다.

특히 알아사드 세습 독재 정권의 생존과 중동 내 반미 연대의 확대는 한반도에도 영향을 미칠 가능성이 크다. 또 다른 세습 정권 때문이다. 시리아와 북한의 세습 정권은 지구상에 거의 둘뿐이라 친분도 매우 깊다. 북한은 2022년 탄도미사일, 순항미사일, 방사포를 40여 차례 70발 넘게 쐈다. 공식 집계가 시작된 1984년 이래 연간 최다 횟수를 기록하며 역대급 도발을 일으켰다. 유엔안전보장이사회 결의안 위반으로 부담을 느낄 만도 한데도 거침없다. 게다가 유사시 핵무기를 선제공격의 수단으로 쓰겠다며 핵 무력을 법령으로 제정했다. 중국, 러시아, 이란의 변함없는 지지에 시리아 독재 정권의 무사 귀환을 지켜본 탓인지 거리낌이 없다. 오히려 막말을 퍼붓는다. 당당한 세습 독재 정권의 기괴한 뉴노멀 시대다.

시리아 정권의 귀환을 보며 김정은은 매우 기뻐할 것이다. 북한의 삼대 세습 독재자는 할아버지 때부터 이어온 알아사드 정권과의 친분을 중시하며 시리아 내전에서 싸우는 정부군을 위해 군사자문단을 보냈다. 1970년대부터 시리아 군은 북한제 무기로 무장했다. 양측은 대량살상무기 개발에도 협력했다. 두 나라는 최악의 인권침해국으로도 악명 높다. 김정은과 알아사드 세습 정권은 전시가 아닌 평시에 국가가 저지른 반인도적 범죄 때문에 유엔 인권조사위원회가 꾸려진 것으로 유명하다.

시리아·이란·러시아의 연대가 튼튼해지는 일 역시 김정은에게 흐뭇한 소식이다. 중동에서 헤게모니를 장악해나가는 이란 혁명수비대는 북한과 핵 기술 개발 커넥션을 갖는 것으로 알려졌다. 2015년 이란 개혁파 정부가 주요 6개국과 핵 합의를 한 뒤 석 달도 지나지 않아 혁명수비대는 탄도미사일을 시험 발사했다. 두 달 후 미국은 제재 리스트를 발표했는데 북한과 긴밀히 협력해온 이란인 세 명이 포함됐다. 러시아는 시리아 내전 시 화학무기 사용 진상조사를 위한 유엔안전보장이사회 결의안에 거부권을 12번 행사해 채택을 무산시켰다. 중국도 거부권과 기권을 행사하며 러시아를 밀었다. 유엔안전보장이사회 상임이사국인 두 나라가 북한을 두둔하는 모양과 매우 닮았다.

물론 1979년 이란혁명, 2011년 아랍 혁명에 따른 장기 독재 정권의 급작스러운 몰락 역시 한반도 의제에 주는 함의가 크다. 장기 독재는 한순간에 무너진다. 극소수 지배 세력의 사적 이익을 지키기 위해 대다수 시민의 희생을 강요하는 독재 체제는 시한폭탄과도 같다. 많은 사람의 불만을 폭력으로 억누르기 때문이다. 더구나 독재자와 측근 엘리트가 정권의 취약성을 미처 깨닫지 못한다는 점에서 위험은 배가된다. 체제의 운명이 한 개인의 손에 달린 삼대 세습 독재도 마찬가지다. 여론이 부재한 북한의 폭압 정치에서는 독재자와 측근 엘리트, 시민 모두 지금의 상황이 정권 몰락으로 쉽게 이어질 수 있다는 걸 알지 못한다. 겉으로는 안정적으로 보이기 때문이다.

이란과 아랍의 사례처럼 북한의 독재 역시 매우 극적인 모습을 띠며 붕괴할 것이다. 김정은이 한순간 긴장을 놓거나 뜻밖의 오판을 하면 측근 엘리트의 불안이 시작될 것이다. 곧 엘리트와 시민은 미래를 향한 계산과 눈치 보기에 돌입할 것이다. 숙청이 난무하는 삼대 세습 독재 체제에서 엘리트의 충성은 언제라도 변할 수 있다. 침묵하던 시민 역시 새로운 여론에 맞춰 연쇄적으로 태도를 바꿀 것이다. 여론 통제와 감시가 심하고 정권을 향한 불만이 깊을수록 불만의 분출은 돌발적인 상황으로 이어져 북한의 불안한 균형을 무너뜨릴 것이다. 이때 당황한 독재자는 오판하기 쉽다. 이란, 튀니지, 이집트, 리비아, 예멘의 독재 정권 몰락에서 보듯이 정권 수호의 핵심 행위자인 독재자가 태도를 변경하는 순간 체제를 뒤흔드는 충격이 따라온다. 시스템이 최대한 견딜 수 있는 압박을 간신히 지탱하는 상황에서 체제의 운명이 한 개인에게 과도하게 의존해 있으면 그 개인의 작은 변화에도 체제가 크게 흔들리기 때문이다. 북한의 균형을 무너뜨릴 요소는 내부의 지도자로부터 올 수밖에 없다. 그리고 뒤따르는 엘리트의 계산과 행보는 다른 독재와 마찬가지로 주변 엘리트의 선택에 달려 있다.

문제는 독재의 붕괴 이후다. 이란과 아랍 혁명이 주는 교훈은 붕괴 후의 정권이 과연 이전 정권보다 더 나을 것인가라는 점이다. 이란에서는 샤 체제의 붕괴 후 강경하고 급진적인 울라마가 권력을 독점하는 예상치 못한 상황이 일어났다. 호메이니와 울라마 그룹이 좌파와 자유주의 혁명 세력을 대대적으로 숙청하자 이에 급진 좌파가 암살과 폭탄 테러로 맞서는 혼란이 이어지기도 했다. 이집트에서는 쿠데타가 일어나 더욱 열악한 권위주의로 후퇴했고 사회 분열이 극심해졌다. 리비아, 예멘, 시리아에서는 내전이 이어졌다. 이란과 아랍에서 나타났던 혁명의 부정적 결과가 북한에서도 나타날 수 있다. 구정권의 붕괴가 예상치 못하게 일어날수록 혁명 세력 간의 격렬한 충돌 가능성은 커진다. 북한에 호메이니와 같은 저항의 상징이자 대안적 인물이 없다면 한국이라는 대안이 존재한다는 것을 알려야 한다. 한국의 경제력과 민주주의가 대안 이데올로기의 역할을 할 수 있다. 메시지는 단순할수록 좋다. 김정은 정권이 붕괴할 때 한국이라는 대안이 있다는 메시지가 북한 내에 퍼지는 것이 중요하다. 이란혁명에서 호메이니는 누구나 동의할 수 있는 반제국주의를 내세웠고 단순한 구호 아래 다양한 사람이 모였다. 현재 북한은 물체의 상태가 바뀌기 직전인, 매우 불안정하지만 겉에서 감지하기 어려운 단계에 분명히 들어섰다.

우리의 중동 활용법은 꽤 다양하고 국익과도 매우 밀접하다. 중동은 우리의 핵심 경협 파트너 국가가 밀집한 지역이다. 자유주의 국제 질서와 인권 민주주의를 지지하는 우리나라 외교 역량의 리트머스 시험지이기도 하다. 또 이란과 리비아의 핵 개발, 중동 독재의 극적 몰락, 시리아 부자 세습 체제의 생존, 중동 내 반미 연대의 강화 등이 한반도 의제에 주는 함의를 추적해볼 수 있다. 이에 더해 중동 탐험과 이해는 세련된 코즈모폴리턴cosmopolitan이 될 지름길이라는 점도 덧붙이고 싶다. 해외여행, 워킹 홀리데이working holiday, 유학 등으로 넓은 세상에 빠르게 눈뜬 젊은 세대는 세계시민으로 성숙했다. 한반도에만 있자니 위에서는 미사일 발사, 옆에서는 경제 보복과 역사 왜곡 등 답답한 게 당연하다. 1980년대 '한강의 기적'도 해외로 눈을 돌린 것이 신의 한 수였다.

지구 평화를 위협하는 아웃라이어 이슬람 문명, 미 제국주의와 유대 자본의 결탁이 가져온 세계 갈등 등의 날 선 논쟁과 음모론 속에서 세계시민은 자신의 과학적 논리를 개발할 필요가 있다. 원치 않더라도 비슷한 주제의 토론에 종종 초대될 수밖에 없다. 다른 나라에서 온 세계시민 동료가 한국 거주 무슬림이 모스크를 지으려는데 왜 지역 주민이 결사반대하느냐고 물어온다면 논리적이고 과학적인 의견을 밝힐 수 있어야 한다. 또 세계시민으로서 비교적인 시각을 개발하는 것은 매우 유용하다. 이 책에서 훑어봤듯이 우리의 경제지수는 중동의 걸프 산유국보다 낮으나 인간개발지수와 민주주의 지수는 높다. 카타르(97,097달러), 아랍에미리트(74,299달러), 바레인(51,855달러), 사우디아라비아(50,023달러), 쿠웨이트(49,169달러)의 1인당 국민소득은 우리나라(44,501달러)보다 높다. 그 뒤를 이스라엘(44,272달러)이 바싹 따라온다. 우리의 인간개발지수(0.925)는 중동 20개국 가운데 가장 높은 이스라엘(0.919), 그다음으로 높은 아랍에미리트(0.911)보다 조금 더 높다. 우리 나라의 민주주의 지수(83)는 중동에서 민주주의가 가장 발달한 이스라엘(76)보다 높다. 우리보다 경제지수는 낮으나 민주주의 지수가 높은 나라도 많다. 우루과이(97), 칠레(94), 체코(92)가 대표적이다. 2000년대 중반까지 우리나라, 일본, 대만, 이스라엘은 비슷한 민주주의 지수 그룹에 속했으나 20년이 지난 현재 일본(96), 대만(94)의 민주주의는 발전했고 이스라엘은 후퇴했다. 핀란드, 스웨덴, 노르웨이의 지수는 수년째 100이고 시리아(1), 투르크메니스탄(2), 북한(3)은 바닥에 머물러 있다.

최근 인구 절벽과 시급한 이민 수용의 화두에 맞닥뜨린 우리는 다문화 사회로 향할 수밖에 없는 미래 앞에서 세계시민으로서 갖춰야 할 국제정치 감각을 익혀야 한다. 2022년 우리나라는 전 세계에서 합계 출산율 1명 이하의 유일한 국가가 됐다. 2020년부터 사망자 수가 출생아 수를 넘어 일할 수 있는 연령대가 빠르게 줄고 있다. 청년 인구를 보기 힘든 지방에서는 이미 인구 소멸 위기가 시작됐다. 그곳의 생산직을 외국인 노동자가 메운 지는 한참 됐다.

출산과 육아가 부담스럽지 않고 노동 현장이 안전한 사회를 만드는 동시에 합리적인 이민정책이 한시바삐 필요하다는 목소리가 높다. 법무부는 외국인 정책이 백년대계라며 이민청을 꾸려 우수 인력을 위한 비자 트랙을 유연하게 만든다고 한다. 지금껏 우리나라의 이민정책은 동화주의에 가까웠다. 다문화 가정이라고 불렀지만, 결혼 이민자의 모국 문화를 지키는 여유 대신 일방적 동화가 답이었다. 이민자가 개발도상국 출신인 경우에는 예외가 없었다. 미국처럼 앵글로색슨 문명에 기반하지만 캐나다의 이민정책은 철저히 다문화주의다. 브리티시컬럼비아주 밴쿠버에는 인도계, 중국계, 한국계, 이란계, 필리핀계, 일본계가 따로 또 같이 살고 있다. 정부가 나서 다양한 문화의 공존을 장려하다 보니 이민자가 서투른 영어로 말한다고 해서 크게 눈치 볼 일은 없다. 한 초등학교 개학맞이 학부모 모임에서 교장 선생님이 학교의 다문화 전통을 내세우며 전체 학생과 교직원 400여 명이 집에서 쓰는 언어가 총 41가지라고 자랑했다. 학교에는 난민 가정의 학생도 많다. 3·4학년 수업에서 음력 새해가 중국 새해만 뜻하는 것은 아니니 한국의 새해맞이는 어떻게 다른지 배우는 시간을 갖기도 했다. 다만 이곳에서는 미국처럼 주류 문화에 주눅 드는 일이 덜한 대신 공공질서를 향한 사회적 압박이 조금 약하기는 하다.

캐나다 정부는 2025년까지 이민자 150만 명을 받겠다고 발표했다. 저출산과 고령화로 노동인구가 턱없이 부족해 젊고 숙련된 인력을 받아들이되 최대한 중소도시의 제조업, 농업, 어업 분야에 유입되도록 한단다. 우리와 비슷한 배경에 계획도 닮았다. 확연히 다른 점은 캐나다의 정책이 훨씬 개방적이고 능동적이라는 데 있다. 낯선 곳에 정착할 이민자라면 당연히 환영과 존중을 받는 곳을 택한다. 다양한 문화의 공존을 장려하는 캐나다의 이민정책은 앞으로 우리가 참고할 만하다. 30여 년 전 주류 캐나다인 역시 다문화주의 이민정책에 저항했다. 그러나 세수가 줄어들고 연금제도가 뿌리째 흔들리며 국가 소멸의 위기가 드러나자 적극적인 이민이라는 사회 공감대가 퍼졌다. 현재 캐나다에는 이민 1·2세대가 인구의 약 4분의 1을 차지한다. 캐나다 지하철에 있는 광고 문구를 보면 보편 가치와 윤리를 지키는 세계시민의 정체성을 콕 짚어준다. '문제는 당신이 얼마나 캐나다 사람 같은가가 아니라 캐나다에 사는 당신이 어떤 사람인가입니다It's not how Canadian you are; it's who you are in Canada.'

우리에게는 중동과 이슬람 세계를 바라보는 불편한 시선이 있다. 이런 시선에 두루뭉술한 감정과 당위에 치우친 피곤한 구호보다는 과학적이고 비교·분석적인 접근을 제안하고 싶다. 코즈모폴리턴답게 말이다. 낯설고 복잡한 듯하나 변혁으로 꿈틀거리는 젊은 지역인 중동을 과학으로 '이웃 나라'처럼 친근하게 만들어 기회를 활용해보자. 기존 설명의 허점을 논리적으로 파헤치고 이슈마다 통념을 뒤집는다면 중동 분석에 새로운 눈이 뜨일 것이다. 중동을 어느 정도 이해할 수 있다면 웬만한 국제정치의 수수께끼는 쉽게 풀린다. 합리적인 중동을 논리적으로 분석해보자.

1 수니파Sunni派의 아랍어 발음은 자음 'n'을 두 번 모두 발음해 '순니'가 맞지만 국립국어원은 외래어 표기 용례에 따라 '수니'를 바른 표기로 정하고 있다.

2 이집트 외교관 출신으로 6대 유엔사무총장을 지낸 '부트로스 부트로스 갈리Boutros Boutros-Ghali', 영화 〈보헤미안 랩소디Bohemian Rhapsody〉의 주인공 역을 맡은 이집트계 미국 배우 '라미 말렉Rami Malek', 영화 〈알라딘Aladdin〉에서 주인공으로 나온 이집트계 캐나다 배우 '메나 마수드Mena Massoud' 모두 콥트교회 신자다. 영화 〈닥터 지바고Doctor Zhivago〉와 〈아라비아의 로렌스Lawrence of Arabia〉에 출연한 이집트 영화배우 오마 샤리프Omar Sharif는 그리스정교회 신자다.

3 Daron Acemoglu and James A Robinson, *Why Nations Fail: The Origins of Power, Prosperity and Poverty*, New York: Crown Publishers, 2012; Peter Evans, *Embedded Autonomy*, Princeton: Princeton University Press, 1995; Francis Fukuyama, *State-Building: Governance and World Order in the 21st Century*, Ithaca: Cornell University Press, 2004; Clement M. Henry and Robert Springborg, *Globalization and the Politics of Development in the Middle East*, Cambridge: Cambridge University Press, 2010; Douglass North, *Institutions, Institutional Change and Economic Performance*, Cambridge: Cambridge University Press, 1990; Dani Rodrik, *Economics Rules: The Rights and Wrongs of The Dismal Science*, New York: W. W. Norton, 2015.

4 Steven Levitsky and Lucan A. Way, *Competitive Authoritarianism: Hybrid Regimes After the Cold War*, Cambridge: Cambridge University Press,

2010.

5 1952년 이집트를 시작으로 1958년 이라크, 1963년 시리아, 1969년 리비아에서 쿠데타가 발발하여 왕정을 무너뜨리고 아랍 사회주의 공화국을 세웠다. 튀니지, 알제리, 남예멘은 각각 1956년, 1962년, 1967년에 독립과 동시에 사회주의 공화국으로 출발했다. 새롭게 건립한 공화국과 왕정은 서로 첨예하게 대립했다. 1963년 북예멘에서 군사 쿠데타가 일어나 내전이 발발하자 사우디아라비아, 요르단, 모로코는 왕정복고 세력을, 이집트는 공화국 세력을 지원했다.

6 Lisa Anderson, "The State in the Middle East and North Africa", Comparative Politics 20(1), 1987; Nazih Ayubi, *Over-stating the Arab State*, London: I. B. Tauris, 1995; Michael Hudson, *Arab Politics: The Search for Legitimacy*, New Haven: Yale University Press, 1977.

7 ASDA'A BCW, The 14th Annual Arab Youth Survey Arab Youth Survey, 2022, arabyouthsurvey.com/wp-content/uploads/whitepaper/ays-2022-top-findings-presentation-en.pdf; Albert Hirschman, *Exit, Voice, and Loyalty*, Cambridge: Harvard University Press. 1970.

8 Freedom House, *Freedom in the World*, New York: Rowman & Littlefield, 2022; United Nations Development Programme, Human Development Report, 2021/2022, https://hdr.undp.org/content/human-development-report-2021-22; World Bank, GNI per capita, PPP(current international $), 2022, https://data.worldbank.org/indicator/NY.GNP.PCAP.PP.CD2022.

9 Joseph Kéchichian, *Legal and Political Reforms in Saudi Arabia*, London: Routledge, 2012.

10 Marina Ottaway and Thomas Carothers, "Think Again: Middle East Democracy", Foreign Policy 83(6), 2004.

11 2019년 12월 4일부터 같은 달 24일까지 전국 만 19세 이상 성인 남녀 1,500명을 대상으로 무작위 전화 여론조사를 통해 응답자 패널을 구축한 후 온라인 조사 실시(95% 신뢰구간에서 ±2.5%포인트의 표집오차). 장지향·강충구, "한국인의 대對중동 인식과 정책적 함의", 〈아산 이슈브리프〉, 2020-14.

12 Pew Research Center, "Most Muslims Want Democracy, Personal Freedoms, and Islam in Political

Life", Pew Research Center Report, July 10, 2012; Ronald Inglehart and Pippa Norris, "The True Clash of Civilizations", Foreign Policy, March/April, 2003.

13 2022년 3월 10일~12일(한미 관계), 17일~18일(주변국 인식) 전국 만 19세 이상 성인 남녀 1,000명 대상으로 무작위 전화 인터뷰 조사 실시(95% 신뢰구간에서 ±3.1%포인트의 표집오차). 제임스 김·강충구·함건희,《한국인의 한미관계 인식》, 아산정책연구원, 2022; Pew Research Center, "Negative Views of China Tied to Critical Views of Its Policies on Human Rights", Pew Research Center Report, June 29, 2022.

14 Michael Ross, "Oil, Islam, and Women", American Political Science Review, 102(2), 2008.

15 '아랍 청년 여론조사'는 아스다 버슨-마스텔러ASDA'A Burson-Marsteller사가 2008년부터 실시해온 아랍 10~17개국 만 18~24세 청년층을 대상으로 한 정기 여론조사다. 10개 부문(이민, 시위, 부패, 개인 부채, 일자리, 정체성, 여성 인권, 선호 국가, 대외 관계, 디지털 세대)에 대한 대면 인터뷰 결과를 다룬다. 연도별 조사 대상과 설문 항목이 달라 특정 대상에 대한 장기 변화 추적에는 한계가 있으나 아랍 청년층에 특화된 유일한 정기 여론조사라는 점에서 유용하다. 미국 '조그비 리서치 서비스'는 2017년부터 2019년까지 아랍에미리트와 사우디아라비아를 포함해 아랍 8개국의 만 15세 이상 성인 남녀를 대상으로 이란과 이스라엘 인식에 관한 여론조사를 진행했다. 장지향·유아름, "UAE·사우디아라비아의 개혁 정책과 청년 의식 변화의 역할", 〈아산 이슈브리프〉, 2021-19.

16 Palestinian Center for Policy and Survey Research, "Public Opinion Poll No. 82", December 14, 2021, https://www.pcpsr.org/en/node/866.

17 Daniel Kahneman and Amos Tversky, "Prospect Theory An Analysis of Decision under Risk", Econometrica. 47(2), 1979; Daniel Kahneman, *Thinking, Fast and Slow*, New York: Farrar, Straus and Giroux, 2011.

18 Ziya Onis, "Political Islam at the Crossroads: From Hegemony to Co-existence", Comparative Politics 7(4), 2001; Shibley Telhami, *The 2011 Arab Public Opinion Poll*, Washington DC: Brookings Institute, 2011.

19 Albert Hirschman, *The Passions and the Interests: Political. Arguments for Capitalism before Its Triumph*, Princ-

eton: Princeton University Press, 1977; Charles de Secondat Montesquieu, *De l'espirit des Lois*, Berkeley: University of California Press, 1977.

20 Burak Bekdil, "Many Turks Feel They Don't Belong in Their Own Country", The Algemeiner, November 25, 2020; Bethan McKernan, "Turkish Students Increasingly Resisting Religion, Study Suggests", The Guardian, April 29, 2020.

21 Soner Cagaptay, *The New Sultan: Erdogan and the Crisis of Modern Turkey*, New York: I.B. Tauris, 2017; Kaya Genç, *The Lion and the Nightingale: A Journey Through Modern Turkey*, New York: I.B. Tauris, 2019.

22 장지향, 〈이란 핵 협상 사례 분석〉, 《대북정책전략 수단 효용성 분석: 이란의 경험과 경제 제재를 중심으로》, 통일연구원, 2016.

23 Vali Nasr, *The Shia Revival: How Conflicts within Islam Will Shape the Future*, New York: W.W. Norton, 2006.

24 Uzi Rabi, "The Obama Administration's Middle East Policy: Changing Priorities", In *The Arab Spring: Will It Lead to Democratic Transitions?*, edited by Clement M. Henry and 장지향, New York: Palgrave Macmillan, 2013.

25 장지향 and Peter Lee, *Asan Report: The Syrian Civil War and Its Implications for Korea*, The Asan Institute for Policy Studies, 2013에서 재정리.

26 Bruce Bueno de Mesquita, "Game Theory, Political Economy, and the Evolving Study of War and Peace", American Political Science Review, 100(4), 2006.

27 Jason Brownlee, "Can America Nation-Build?", World Politics 59(2), 2007; James Dobbins, Benjamin Runkle, Austin Long, and Michele A. Poole, *After the War: Nation-Building from FDR to George W. Bush*, Santa Monica: RAND Corporation, 2008; Francis Fukuyama, "Nation-Building and the Failure of Institutional Memory", In *Nation-Building Beyond Afghanistan and Iraq*, edited by Francis Fukuyama. Baltimore: Johns Hopkins University Press, 2006.

28 Robert Jervis, *Why Intelligence Fails: Lessons from the Iranian Revolution and the Iraq War*, Ithaca: Cornell University Press, 2010; Seyed Hossein

Mousavian and Shahir Shahidsaless, *Iran and the United States: An Insider's View on the Failed Past and the Road to Peace*, New York: Bloomsbury Publishing, 2015.

29 Malcom Gladwell, *The Tipping Point*, Boston: Little, Brown and Company, 2006; Nassim Taleb, *The Black Swan: The Impact of the Highly Improbable*, New York: Random House and Penguin. 2010.

30 장지향, 《중동 독재 정권의 말로와 북한의 미래》, 아산정책연구원, 2018; Timur Kuran, *Private Truths, Public Lies: The Social Consequences of Preference Falsification*, Cambridge: Harvard University Press, 1995.

31 Theda Skocpol, *States and Social Revolutions: A Comparative Analysis of France, Russia and China*, Cambridge: Cambridge University Press, 1979.

32 Arang Keshavarian, *Bazaar and the State in Iran*, Cambridge: Cambridge University Press, 2007.

33 Clement M. Henry, "Political Economies of Transition", In *The Arab Spring: Will It Lead to Democratic Transitions?*, edited by Clement M.

Henry and 장지향, New York: Palgrave Macmillan, 2013.

34 Charles Kurzman, *The Unthinkable Revolution in Iran*, Cambridge: Harvard University Press, 2004.

35 아산정책연구원, 〈리비아 사례: UN의 형해화와 국제 질서의 붕괴〉, 《2021 아산 국제정세전망: 혼돈의 시대》, 2020.

36 장지향, 〈아랍의 봄 민주화 운동의 비교정치학적 분석: 혁명 발발의 불가측성과 민주화 성공의 구조적 요인〉, 《민주화운동의 세계사적 배경》, 한울아카데미, 2016에서 재정리.

37 장지향, 같은 책에서 재정리; Zoltan Barany, "The Role of the Military", *Democratization and Authoritarianism in the Arab World*, edited by Larry Diamond and Marc F. Plattner, Baltimore: Johns Hopkins University Press, 2014.

38 Adam Przeworski, *Democracy and the Market*, Cambridge: Cambridge University Press, 1991; Philippe C. Schmitter and Terry Lynn Karl, "What Democracy Is… and Is Not", Journal of Democracy 2(3), 1991.

39 장지향, "Islamic Capital and Democratic Deepening", In *The Arab Spring: Will It Lead to Democratic Transitions?*, edited by Clement M. Henry and 장지향, New York: Palgrave Macmillan, 2013; Barrington Moore Jr., *Social Origins of Dictatorship and Democracy*, Boston: Beacon Press, 1966.

40 장지향, "Islamic Fundamentalism", *International Encyclopedia of the Social Sciences*, edited by William A. Darity. vol. 3, 2nd edition, Macmillan Reference. 2008; Eva Bellin, *Stalled Democracy: Capital, Labor, and the Paradox of State-Sponsored Development*, Ithaca: Cornell University Press. 2002; Roger Owen, *State, Power, and Politics in the Making of the Modern Middle East*, New York: Routledge, 2004.

41 파와즈 게르게스, 장지향·신지현 공역, 《지하디스트의 여정: 나는 왜 이슬람 전사가 되었는가?》, 아산정책연구원, 2011.

42 Fawaz Gerges, *The Far Enemy: Why Jihad Went Global*, Cambridge: Cambridge University Press, 2005.

43 Marc Sageman, *Leaderless Jihad: Terror Networks in the Twenty-First Century*, Philadelphia: University of Pennsylvania Press, 2011.

44 Brian Michael Jenkins, "The New Age of Terrorism", Rand Reprint, Santa Monica: Rand Corporation, 2006.

45 Robert Pape, *Dying to Win: The Strategic Logic of Suicide Terrorism*, New York: Random House, 2005.

46 장지향, "Disaggregated ISIS and the New Normal of Terrorism", Asan Issue Brief, August 12, 2016에서 재정리.

Adam Przeworski, *Democracy and the Market*, Cambridge: Cambridge University Press, 1991.

Albert Hirschman, *Exit, Voice, and Loyalty*, Cambridge: Harvard University Press, 1970.

Albert Hirschman, *The Passions and the Interests: Political. Arguments for Capitalism before Its Triumph*, Princeton: Princeton University Press, 1977.

Arang Keshavarian, *Bazaar and the State in Iran,* Cambridge: Cambridge University Press, 2007.

ASDA'A BCW, The 14th Annual Arab Youth Survey Arab Youth Survey, 2022, arabyouthsurvey.com/wp-content/uploads/whitepaper/ays-2022-top-findings-presentation-en.pdf.

Barrington Moore Jr., *Social Origins of Dictatorship and Democracy*, Boston: Beacon Press, 1966.

Bethan McKernan, "Turkish Students Increasingly Resisting Religion, Study Suggests", The Guardian, April 29, 2020.

Brian Michael Jenkins, "The New Age of Terrorism", Rand Reprint, Santa Monica: Rand Corporation, 2006.

Bruce Bueno de Mesquita, "Game Theory, Political Economy, and the Evolving Study of War and Peace", American Political Science Review, 100(4), 2006.

Burak Bekdil, "Many Turks Feel They Don't Belong in Their Own Country", The Algemeiner, November 25, 2020.

Charles Kurzman, *The Unthinkable Revolution in Iran*, Cambridge: Harvard University Press, 2004.

Charles de Secondat Montes-quieu, *Del'espirit des Lois*, Berkeley: University of California Press, 1977.

Clement M. Henry and Robert Springborg, *Globalization and the Politics of Development in the Middle East*, Cambridge: Cambridge University Press, 2010.

Clement M. Henry, "Political Economies of Transition", In *The Arab Spring: Will It Lead to Democratic Transitions?*, edited by Clement M. Henry and 장지향, New York: Palgrave Macmillan, 2013.

Dani Rodrik, *Economics Rules: The Rights and Wrongs of The Dismal Science*, New York: W.W. Norton, 2015.

Daniel Kahneman and Amos Tversky, "Prospect Theory An Analysis of Decision under Risk", Econometrica. 47(2), 1979.

Daniel Kahneman, *Thinking, Fast and Slow*, New York: Farrar, Straus and Giroux, 2011.

Daron Acemoglu and James A Robinson, *Why Nations Fail: The Origins of Power, Prosperity and Poverty*, New York: Crown Publishers, 2012.

Douglass North, *Institutions, Institutional Change and Economic Performance*, Cambridge: Cambridge University Press, 1990.

Edward Said, *Orientalism*, New York: Pantheon Books, 1978.

Eva Bellin, *Stalled Democracy: Capital, Labor, and the Paradox of State-Sponsored Development*, Ithaca: Cornell University Press. 2002.

Fawaz Gerges, *The Far Enemy: Why Jihad Went Global*, Cambridge: Cambridge University Press, 2005.

Francis Fukuyama, "Nation-Building and the Failure of Institutional Memory", In *Nation-Building Beyond Afghanistan and Iraq*, edited by Francis Fukuyama. Baltimore: Johns Hopkins University Press, 2006.

Francis Fukuyama, *State-Building: Governance and World Order in the 21st Century*, Ithaca: Cornell University Press, 2004.

Freedom House, *Freedom in the World*, New York: Rowman & Littlefield, 2022.

James Dobbins, Benjamin Runkle, Austin Long, and Michele A. Poole, *After the War: Nation-Building from FDR to George W. Bush*, Santa Monica: RAND Corporation, 2008.

Jason Brownlee, "Can America Nation-Build?", World Politics 59(2), 2007.

Joseph Kéchichian, *Legal and Political Reforms in Saudi Arabia*, New York: Routledge, 2012.

Kaya Genç, *The Lion and the Nightingale: A Journey Through Modern Turkey*, New York: I.B. Tauris, 2019.

Lisa Anderson, "The State in the Middle East and North Africa", Comparative Politics 20(1), 1987.

Malcom Gladwell, *The Tipping Point*,

Boston: Little, Brown and Company, 2006.

Marc Sageman, *Leaderless Jihad: Terror Networks in the Twenty-First Century*, Philadelphia: University of Pennsylvania Press, 2011.

Marina Ottaway and Thomas Carothers, "Think Again: Middle East Democracy", Foreign Policy 83(6), 2004.

Michael Hudson, *Arab Politics: The Search for Legitimacy,* New Haven: Yale University Press, 1977.

Michael Ross, "Oil, Islam, and Women", American Political Science Review, 102(2), 2008.

Nassim Taleb, *The Black Swan: The Impact of the Highly Improbable*, New York: Random House and Penguin. 2010.

Nazih Ayubi, *Over-stating the Arab State*, London: I. B. Tauris, 1995.

Palestinian Center for Policy and Survey Research, "Public Opinion Poll No. 82", December 14, 2021, https://www.pcpsr.org/en/node/866.

Peter Evans, *Embedded Autonomy*, Princeton: Princeton University Press, 1995.

Pew Research Center, "Most Muslims Want Democracy, Personal Freedoms, and Islam in Political Life", Pew Research Center Report, July 10, 2012.

Pew Research Center, "Negative Views of China Tied to Critical Views of Its Policies on Human Rights", Pew Research Center Report, June 29, 2022.

Philippe C. Schmitter and Terry Lynn Karl, "What Democracy Is… and Is Not", Journal of Democracy 2(3), 1991.

Robert Jervis, *Why Intelligence Fails: Lessons from the Iranian Revolution and the Iraq War*, Ithaca: Cornell University Press, 2010.

Robert Pape, *Dying to Win: The Strategic Logic of Suicide Terrorism*, New York: Random House, 2005.

Roger Owen, *State, Power, and Politics in the Making of the Modern Middle East*, New York: Routledge, 2004.

Ronald Inglehart and Pippa Norris, "The True Clash of Civilizations", Foreign Policy, March/ April, 2003.

Samuel P Huntington, *The Clash of Civilizations and the Remaking of World Order*, New York: Simon and Schuster, 1996.

Seyed Hossein Mousavian and Shahir Shahidsaless, *Iran and the United States: An Insider's View on the Failed Past and the Road to Peace*, New York: Bloomsbury Publishing, 2015.

Shibley Telhami, *The 2011 Arab Public Opinion Poll*, Washington DC: Brookings Institute, 2011.

Soner Cagaptay, *The New Sultan: Erdogan and the Crisis of Modern Turkey*, New York: I.B. Tauris, 2017.

Steven Levitsky and Lucan A. Way, *Competitive Authoritarianism: Hybrid Regimes After the Cold War*, Cambridge: Cambridge University Press, 2010.

Theda Skocpol, *States and Social Revolutions: A Comparative Analysis of France, Russia and China*, Cambridge: Cambridge University Press, 1979.

Timur Kuran, *Private Truths, Public Lies: The Social Consequences of Preference Falsification*, Cambridge: Harvard University Press, 1995.

United Nations Development Programme, Human Development Report, 2021/2022 https://hdr.undp.org/content/human-development-report-2021-22.

Uzi Rabi, "The Obama Administration's Middle East Policy: Changing Priorities", In *The Arab Spring: Will It Lead to Democratic Transitions?*, edited by Clement M. Henry and 장지향, New York: Palgrave Macmillan, 2013.

Vali Nasr, *The Shia Revival: How Conflicts within Islam Will Shape the Future*, New York: W.W. Norton, 2006.

World Bank, GNI per capita, PPP (current international $), 2022, https://data.worldbank.org/indicator/NY.GNP.PCAP.PP.CD2022.

Ziya Onis, "Political Islam at the Crossroads: From Hegemony to Co-existence", Comparative Politics 7(4), 2001.

Zoltan Barany, "The Role of the Military", *Democratization and Authoritarianism in the Arab World*, edited by Larry Diamond and Marc F. Plattner. Baltimore: Johns Hopkins University Press, 2014.

아산정책연구원, 〈리비아 사례: UN의 형해화와 국제 질서의 붕괴〉, 《2021 아산 국제정세전망: 혼돈의 시대》, 2020.

장지향 and Peter Lee, *Asan Report: The Syrian Civil War and Its Implications for Korea*, The Asan Institute for Policy Studies, 2013.

장지향, "Disaggregated ISIS and the New Normal of Terrorism", Asan Issue Brief. August 12, 2016.

장지향, "Islamic Capital and Democratic Deepening", In *The Arab Spring: Will It Lead to Democratic Transitions?*, edited by Clement M. Henry and 장지향, New York: Palgrave Macmillan, 2013.

장지향, "Islamic Fundamentalism", *International Encyclopedia of the Social Sciences*, edited by William A. Darity, vol. 3, 2nd edition, Macmillan Reference, 2008.

장지향, 《중동 독재 정권의 말로와 북한의 미래》, 아산정책연구원, 2018.

장지향, 〈아랍의 봄 민주화 운동의 비교 정치학적 분석: 혁명 발발의 불가측성과 민주화 성공의 구조적 요인〉, 《민주화운동의 세계사적 배경》, 한울아카데미, 2016.

장지향, 〈이란 핵 협상 사례 분석〉, 《대북정책전략 수단 효용성 분석: 이란의 경험과 경제 제재를 중심으로》, 통일연구원, 2016.

장지향·강충구, "한국인의 대(對)중동 인식과 정책적 함의", 〈아산 이슈브리프〉, 2020-14.

장지향·유아름, "UAE·사우디아라비아의 개혁 정책과 청년 의식 변화의 역할", 〈아산 이슈브리프〉, 2021-19.

제임스 김·강충구·함건희, 《한국인의 한미관계 인식》, 아산정책연구원, 2022.

파와즈 게르게스, 장지향·신지현 공역, 《지하디스트의 여정: 나는 왜 이슬람 전사가 되었는가?》, 아산정책연구원, 2011.

39쪽: Nedal1979/Shutterstock.com

51쪽: Pita Design/Shutterstock.com(맨 왼쪽)

Alexander Smulskiy/Shutterstock.com(가운데)

People's life/Shutterstock.com(맨 오른쪽)

59쪽: ⓒSimon & Schuster

1996년도 판 표지: https://msuweb.montclair.edu/~lebelp/1993SamuelPHuntingtonTheClashOfCivilizationsAndTheRemakingofWorldOrder.pdf

1997년도 판 표지: https://www.antiqbook.com/search.php?action=search&l=en&owner_id=-csmx&author=Samuel+Huntington&page_num=1&sort_order=usd_price&sort_type=asc

2003년도 판 표지: https://www.walmart.com/ip/The-Clash-of-Civilizations-and-the-Remaking-of-World-Order-Paperback-Used-0684844419-9780684844411/682926274?from=/search

2011년도 판 표지: https://www.simonandschuster.com/books/The-Clash-of-Civilizations-and-the-Remaking-of-World-Order/Samuel-P-Huntington/9781451628975

62쪽: ⓒPantheon Books(왼쪽의 《오리엔탈리즘》 책 표지)

https://www.amazon.com/Orientalism-Edward-W-Said/dp/039474067X

퍼블릭 도메인(오른쪽 〈뱀 조련사〉 그림)

https://en.wikipedia.org/wiki/The_Snake_Charmer#/media/File:Jean-L%C3%A-9on_G%C3%A9r%C3%B4me_-_Le_charmeur_de_serpents.jpg

70쪽: 아랍에미리트 화성 탐사 소개 페이지

https://www.emiratesmarsmission.ae/

78쪽: H1N1/Shutterstock.com

94쪽: ⓒofficial_white_house_photo

https://en.wikipedia.org/wiki/Abraham_Accords

108쪽: ⓒMrPenguin20(왼쪽 파타흐 로고)

https://commons.wikimedia.org/w/index.phpsearch=fatah+logo&title=Special:MediaSearch&go=Go&type=image

ⒸHamas(오른쪽 하마스 로고)
https://commons.wikimedia.=org/wiki/
File:Hamas_%D8%AD%D9%85%D8%
A7%D8%B3_logo.svg
113쪽: ⒸBanksy(그라피티), ⒸPawel Rys-
zawa(사진)
https://commons.wikimedia.org/wiki/
File:Bethlehem_Wall_Graffiti_1.jpg
120쪽: ⒸYıldız Yazıcıoğlu
https://en.wikipedia.org/wiki/Neo-Ot-
tomanism#/media/File:Recep_Tayyip_
Erdo%C4%9Fan_Mahmoud_Abbas.jpg
131쪽: Mustafa Canturk/Shutterstock.
com
145쪽: ⒸMehdi Bakhshi(사진), Ⓒwww.
mehrnews.com(저작권자)
https://commons.wikimedia.org/wiki/
File:2019_Sacred_Defence_Week_parade_
(1109).jpg?uselang=ko
146쪽: ⒸKhamenei.ir
https://commons.wikimedia.org/wiki/
File:Ali_Khamenei_at_Afsari_Universi-
ty_2019_5.jpg?uselang=ko
160쪽: ⒸRanan Lurie
https://commons.wikimedia.org/wiki/
File:His_red_lines,_by_Ranan_Lurie.png
174쪽: ⒸRussian Presidential Executive
Office
http://en.kremlin.ru/events/president/
news/57786/photos
187쪽: 퍼블릭 도메인
https://commons.wikimedia.org/wiki/
File:Anonymous_-_Prise_de_la_Bastille.
jpg
188쪽: Ⓒiichs.ir
https://commons.wikimedia.org/wiki/
File:Group_of_demonstrators_during_
Iranian_Revolution.jpg
197쪽: ⒸJonathan Rashad
https://commons.wikimedia.org/wiki/
File:Tahrir_Square_-_February_9,_2011.
png
209쪽: Ⓒkhalid Albaih
https://commons.wikimedia.org/wiki/
File:ArabicDominoDictation.jpg
220쪽: ⒸVOA
https://commons.wikimedia.org/wiki/
File:Crowds_in_front_of_Kabul_Interna-
tional_Airport.jpg
239쪽: Ⓒrds323
https://commons.wikimedia.org/wiki/
File:Explosion_following_the_plane_im-
pact_into_the_South_Tower_(WTC_2)_-_
B6019~11_(cropped).jpg
245쪽: ⒸChairman of the Joint Chiefs
of Staff from Washington D.C, United
States
https://en.wikipedia.org/wiki/War_
against_the_Islamic_State#/media/
File:24_December_2016_CJCS_USO_
Holiday_Tour_PT._2_161224-D-
PB383-080_(31850877755).jpg
260쪽: ⒸDan Evans32
https://www.vice.com/en/article/
qvezew/how-four-west-london-boys-
became-the-isis-beatles

최소한의 중동 수업

초판 1쇄 발행일 2023년 10월 20일
초판 2쇄 발행일 2023년 12월 6일

지은이 장지향

발행인 윤호권
사업총괄 정유한

편집 신주식 **디자인** 표지 최초아 본문 곰곰사무소 **마케팅** 윤아림
발행처 ㈜시공사 **주소** 서울시 성동구 상원1길 22, 7-8층(우편번호 04779)
대표전화 02-3486-6877 **팩스(주문)** 02-585-1755
홈페이지 www.sigongsa.com / www.sigongjunior.com

글 ⓒ 장지향, 2023

ISBN 979-11-7125-150-6 03300

*시공사는 시공간을 넘는 무한한 콘텐츠 세상을 만듭니다.
*시공사는 더 나은 내일을 함께 만들 여러분의 소중한 의견을 기다립니다.
*잘못 만들어진 책은 구입하신 곳에서 바꾸어 드립니다.

WEPUB 원스톱 출판 투고 플랫폼 '위펍' __wepub.kr
위펍은 다양한 콘텐츠 발굴과 확장의 기회를 높여주는
시공사의 출판IP 투고·매칭 플랫폼입니다.